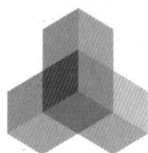

本书得到国家"985工程优势学科创新平台"项目专项经费资助

基本养老保险制度分析与评估

——基于养老金水平的视角

JIBEN YANGLAO
BAOXIAN ZHIDU
FENXI YU PINGGU

李 珍／著

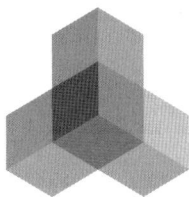

人民出版社

前　言

1997 年建立的城镇职工基本养老保险制度（以下简称"基本养老保险制度"）是我国社会保险制度中建立最早、参保人和受益人最多、基金收支最大、对社会和经济影响最深刻的制度。

基本养老保险制度不仅在制度结构和参量的设计上影响了新型农村养老保险制度和城镇居民养老保险制度，它的设计理念以及它社会统筹与个人账户相结合的制度结构甚至影响到了城镇职工基本医疗保险制度的安排。所以，对基本养老保险制度进行理论的分析和实践的验证，其意义绝不止于研究对象本身，相关的研究思路、理论基础、分析路径、研究结论也是适用于新型农村养老保险、城镇居民养老保险和基本医疗保险等制度的。

20 世纪 50 年代，在中国的城镇建立了劳动保险制度。该制度为劳动者及其家属提供养老、医疗、工伤等一揽子保护，其中最重要的内容之一是退休金制度。中国的劳保制度的特点是企业—国家保障模式，即运行主体是用人单位（企业），而国家是最后的埋单人。20 世纪 80 年代以来，中国开始对计划经济体制进行改革，逐步向社会主义市场经济体制转型，原来的企业—国家保障体制渐渐不能适应新的经济体制。与此同时，我们也在检讨此前的平均主义的分配制度对效率造成的伤害。建立与经济体制转型相适应的社会保障制度的需求日益强烈。在中国探索建立社会保障体制之时，适逢新自由主义在西方渐成主流。在社会保障领域，新自由主义主张减少政府的干预、社会保障私有化等，一些国家的社会保障制度改革正好体现了新自由主义的思想。在这种背景下，中国的社会保险制度也打上了这一段历史的烙印。

　　1997 年建立的基本养老保险在制度结构上是社会统筹与个人账户相结合的制度，企业缴费为职工工资的 20%，进入社会统筹账户，实行现收现付的财务制度；职工个人缴费为本人工资的 8%，进入个人账户并实行基金积累制度，在积累期间按一年期银行利率记入利息。受益人达到退休年龄且满足其他条件后，可从社会统筹账户获得基础养老金，同时从个人账户获得个人账户养老金。基础养老金的多少取决于本人缴费记录（缴费基数和年限）以及社会平均工资等因素；个人账户养老金的多少则取决于账户的本利和以及退休年龄。制度还建立了养老金增长的调整机制。按制度设计，当一个人缴费 35 年且 60 岁退休时，他能从社会统筹和个人账户获取的养老金相当于社会平均工资的 58% 左右，我们可以理解为政策的目标是养老金的社会平均工资替代率达到 58% 左右。但制度又规定，获取养老金的资格是缴费 15 年且满足退休年龄。退休年龄是 20 世纪 50 年代劳动保险制度沿用下来的，女性工人为 50 岁，女性干部为 55 岁，男性为 60 岁。制度又规定企业和个人缴费的基数有上下限，下限为社会平均工资的 60%，上限为社会平均工资的 300%。

　　基本养老保险制度运行了十多年，对保障数以千万计的退休人员的基本生活起了重要的作用。但从制度运行的结果看，问题也是严重的。最不容易理解的问题是，中国 2000 年才进入老龄化社会，人口年龄结构比高收入国家年轻，中国基本养老保险制度内参保职工与退休职工之比为 3∶1，中国的缴费率在国际上属于较高水平，达到 28%，而养老金水平却从 1997 年社会平均工资的 78% 下降为 2011 年的 44%，近年来理论界和媒体更是频繁聚焦基本养老保险制度的天量收支"缺口"。人们常常将这个"高费率低保障"的现象称为悖论。这个悖论是许多年来社会焦虑的来源之一，人们不禁要问，这个制度到底怎么了？我们缴纳了这么多的保费，等我们退休时我们能从这个制度拿到多少养老金？

　　关于基本养老保险，学界较多关注的是制度的收支平衡问题，即制度的可持续性问题，鲜有从职工的养老金水平来观察的。本书是从养老金水平的角度入手，研究养老金水平下降的制度性原因。本书通过对基本养老保险的定性和定量的分析，提出了将个人账户捆绑在社会保险中在理论上和实践中引起了许多的混乱，尤其是在实践中模糊了政府责任的边界，完全失去了制度设计之初的激励功能。同时，最重要的是从养老金水平的角度看，在中国经济高速增长（即使未来较长期以7%—8%的速度增长）和正常人口增长水平下，个人账户资金即使能做实、即使能进入资本市场投资运营，也很难保证它的收益率盯住工资增长率，而当收益率盯不住工资增长率时，养老金的社会平均工资替代率下降是必然的。这是制度结构不合理引起的问题，同时制度的参量设计更直接引起养老金水平的下降。制度为了达到广覆盖的目标，采用了获得养老金资格的低门槛参量，定量分析发现，低缴费基数、低退休年龄、低缴费年限共同作用必然导致养老金水平的下降。当政府不愿看到那些低门槛条件退休的人养老金过低而对其进行补贴时，制度的可持续性便会变得更差。比如，按基本养老保险计发办法计算，2012年北京市有7000人只能拿到每月500—700元养老金，这个数字比最低生活保障线还要低，相关管理部门只能对这部分人口进行补贴，使其养老金达到每月1200元。随着时间的推移，越来越多在基本养老保险建立时参加制度的"中人"和新人进入退休年龄，这种以低门槛条件进入和退出的退休人口也会越来越多。这部分退休人口的养老金替代水平会进一步下降，而制度对这部分人口的补贴也会快速增加，制度收支平衡的压力也会进一步加大。获得养老金的门槛条件低导致部分人口的养老金低，拉低了整体养老金水平，同时，因为门槛条件低下，并不是全体人口的全部工资在承担高费率，全体参保人的缴费工资基数比全体人口的实际工资小三到四成。另外一部分人在达到退休年龄之前因为满足了缴费15年的要求便停止了缴费，所以制度看上去是三个在职参保人供养一个退休人口，但事实上并不意味着三个人都在缴费，即实际的赡养比较低。这两个因素的共同作用造成了养老保险的名义缴费率居高不下。

　　总之，本书不仅解释了养老金水平下降的制度性原因，也部分解释了基本养老保险制度长期内不可持续的制度性原因，同时也从一个侧面解释了为什么会发生"高费率低保障"的悖论。

本书发现，"广覆盖、保基本、多层次、可持续"作为社会保障制度的原则是对的，而将这一原则直接引入基本养老保险则不行，"广覆盖"和"保基本"、"可持续"是冲突的，要广覆盖则必须降低制度的门槛，降低制度的门槛则许多人的养老金收入达不到保基本，而要想通过制度的补贴达到保基本则制度不可持续。让我们来看一个最新的数据。目前江西省缴满15年保费就中断缴费的人有5万—7万。15年向社会统筹、个人账户的缴费及利息的总和，只够放发其5年的养老金。而江西女性的平均寿命是75岁，男性是74岁①。由此我们可以知道，制度必须补贴女性十余年，贴补男性近十年。这些人口的养老金收入绝对低下是肯定的，制度的不可持续也是肯定的。

基于坚守提供合意的退休金以"保基本"和制度长期可持续发展的原则，本书建议对基本养老保险制度进行改革："调结构，改参量"。所谓"调结构"是指社会统筹和个人账户分离，政府对社会统筹（真正的社会保险）部分负责，个人账户部分交给市场，以便做到"政府的归政府，市场的归市场"。"改参量"则是指逐步提高获取养老金的资格条件。改革可能是艰难的，但是我们别无选择，否则基本养老保险制度将不可持续发展。

本书的一个特点是国际比较研究。我们期望通过对高收入国家过去三十多年中在新自由主义思潮主导下的社会养老保险私有化的制度结构性改革和参量改革的研究，找出对中国基本养老保险制度可持续发展的经验和教训。我们发现，第一，在人口老龄化和经济增速减缓的情况下，多数国家并没进行私有化改革，但所有的国家都进行了参量改革，以增强制度的可持续性；第二，福利是有刚性的，所以无论是结构性改革还是参量改革都是艰难的；第三，由公共（社会）养老保险向个人账户转变的私有化的改革有助于减轻政府的负担，但将养老金的风险转嫁给了个人，从社会福利的角度看很难判断此项改革的成效。

本书受教育部"211"工程三期子项目"中国特色的公共管理与公共政

---

① 《社保金预算首度现身省两会养老金盈余引争议》，《21世纪经济报道》2013年2月2日。

策学科平台建设"的资助。本成果是以李珍为项目负责人的团队研究成果。本书的写作分工是：第一章至第七章，李珍、王海东；第八章，董克用、孙博；第九章，李珍；第十章，李珍、王海东；第十一章，李珍。

李　珍

2013 年春节于北京

目　录

第一章 结构改革与参量改革并举 加强 基本养老保险制度可持续性建设

1997 年国务院发布了《关于建立统一的企业职工基本养老保险制度的决定》（国发［1997］26 号，简称"26 号文"），标志着经过多年的艰难探索，中国城镇职工社会养老保险由此全面建立。经过不断发展与完善，2005 年国务院发布了《关于完善企业职工基本养老保险制度的决定》（国发［2005］38 号，简称"38 号文"），促进了基本养老保险制度的基本定型。城镇职工基本养老保险（简称"基本养老保险"）是社会主义市场经济的产物。经过十余年的发展和完善，筹资渠道多元化、覆盖城镇各类所有制劳动者、社会化管理的养老保险取得了重要的成就，2011 年参保人员已达 2.8 亿，领取养老金的人口达 7800 万。但另一方面，我们的研究发现制度还存在结构性缺陷，在参量方面也存在不利制度长期可持续发展和不利保障水平稳定发展的问题，因而我们建议应同步进行结构改革和参量改革，加强基本养老保险制度可持续性建设。

第一节 基本养老保险制度包含的合理因素及分析

一、基本养老保险制度的主要内容

基本养老保险制度是在改革原有的企业退休金制度的基础上建立的，

1

是中国唯一的与就业有关的社会养老保险制度。

从 1991 年至 2005 年，基本养老保险制度几经演变和发展，至今已经基本定型：它是一个筹资来源多元化、管理社会化、覆盖不同所有制、为参保人提供基本收入保障的退休金制度。

基本养老保险制度是社会统筹和个人账户相结合的制度，是一个混合制度。制度的所有制结构安排是社会统筹（公共养老保险）和个人账户（强制性私人养老金）相结合，前者体现公平，后者体现效率。考虑到人口老龄化问题，基本养老保险的财务制度是现收现付与基金积累制相结合，目前政策规定的缴费比例为：企业缴纳为职工工资总额的 20%，进入社会统筹并实行现收现付的财务制度；职工个人缴纳工资的 8%，进入个人账户并实行基金积累制度。在责任方面，社会统筹实行的是待遇确定型计划（Defined Benefit Plan，简称"DB 计划"），当参与者达到一定条件时，制度按照一个给定的公式计算受益人的养老金，收支平衡的责任由制度负担；而个人账户部分则是缴费确定型计划（Defined Contribution Plan，简称"DC 计划"），即这部分的养老金取决于个人账户的供款和利息的积累额，收支平衡的责任是个人的。总之，基本养老保险制度在结构上是一个混合制度。

对于个人而言，养老金来源于社会统筹和个人账户，除此之外，制度建立了按物价和工资增长的调整机制，来保证养老金相对于工作期间的收入不至于大幅下降。

在坚持保障水平与经济发展水平的原则下，基本养老保险制度确定了保基本的定位，政策目标替代率为社会平均工资的 60%。在改革前，企业退休金制度的保障水平大体为职工最后工资的 70%—80%[①]。

基本养老保险的主要参量有：缴费工资下限和上限分别为当地上年社会平均工资的 60% 和 300%；个人账户基金按一年期银行利息计息；取得养老金资格的最低缴费年限要求为 15 年；退休年龄为男性 60 岁，女性干部为 55 岁，女性工人为 50 岁。

---

① 部分地区较高，在 80% 以上，甚至超过 90%。

二、基本养老保险制度包含的合理因素分析

基本养老保险制度建立在中国经济转型时期，它不仅是一个老年收入保障制度，也是一个社会改革时期的稳定器。评价基本养老保险制度及其成就不能离开它产生的历史背景。20 世纪 50—80 年代，中国实行计划经济体制，在所有制方面，几乎是国有经济一统天下。中国在 20 世纪 50 年代初为城镇职工建立的退休金制度是劳动保护制度的重要内容之一，这一制度最后的责任人是国家，但制度运行管理的主体却是企业，所以实质上的"国家保险"表现为"企业保险"。20 世纪 80 年代，中国开始对计划经济体制进行改革，逐步向社会主义市场经济体制的转型，与计划经济体制相适应的退休金制度阻碍了经济体制的改革和转型。企业保险制度以所有制分割了劳动力市场，劳动力的自由流动受阻；越来越多新增劳动者既不能进入原来退休制度的保护网，又没有其他制度的保护；尤其是进入 20 世纪 90 年代，国有企业三分之二经营亏损，中小企业的关停并转势在必行，2500 多万劳动者面临下岗失业的风险，这意味着这些人口在失去工作时一并失去附着在就业上的所有福利，包括退休金福利。中国市场导向的改革进入了艰难时期。企业保险的社会化改革正是在这种背景下产生的，所以，中国的基本养老保险制度不只是提供老年收入的保障，在这个特别的时点上，它为中国的经济体制顺利转型所起的历史作用是不可估量的。

企业保险向社会保险的转向，在制度安排上由县（市）级统筹向省级统筹过渡，并相应地建设了社会化管理体制，这些都是正确的选择，既是市场经济的内在要求，也是市场经济健康运行的条件。社会保险的建立解决了企业负担畸轻畸重的问题和事务负担过重的问题，也部分解决了劳动力跨所有制流动的障碍问题。独立于企业事业单位之外的养老金发放制度，保障了经济体制改革引起大量破产的企业退休职工的利益。政策从早期以县市为统筹单位，到后来强调以省为统筹单位是正确的，以省为统筹单位可以在更大范围内进行资金调节和再分配，也更有利于劳动力在统筹范围内的自由流动。

基本养老保险强调保基本，强调将养老金替代水平由原来的职工本人最后工资的 70%—80% 降为社会平均工资的 60% 左右是正确的，它正确地反应了社会保障水平与经济发展水平相一致的原则，同时也是对应人口老龄化的应有选择。

扩大覆盖面的努力是正确的，是与市场经济发展的目标相一致的。覆盖率的高低是衡量社会保险制度公平性的一个重要指标，覆盖率高意味着更多的人受到制度的保护，当然也意味着制度更具财务上的可持续性。从 1991 年保障的对象仅限于国有企业职工，到 1995 年扩大到各类企业职工，基本养老保险制度一直到 2005 年提出鼓励个体工商户和灵活就业人员参保的具体办法，基本养老保险制度每一步都在进步。

第二节　制度结构与参量皆对基本养老保险制度可持续发展产生负面影响

一、关于基本养老保险制度可持续性的讨论

一般地，当人们讨论养老保险可持续性时，着眼于制度的收支在长期内的平衡。笔者认为，仅有收支平衡这个维度是不够的，如果不加约束条件的话，收支平衡并不是难事：人们可以通过提高费率来增加收入，也可通过降低养老金水平来减少支出，或者同时提高费率和降低养老金水平来使制度的收支达到平衡。如果这种情况发生了，我们不认为养老保险制度是可持续发展的。

我们认为养老保险的可持续发展是指在人口年龄结构既定的情况下，在费率可负担情况下的养老金水平保持相对稳定，并且在长期内保持财务收支平衡。

　　我们对于基本养老保险的基本判断是：中国当下的人口结构仍然年轻，而养老保险的费率很高，同时，养老金水平却在不断下降。我们明白，影响养老金水平下降的主要是"老人"和"中人"，但我们对基本养老保险制度的研究表明，随着制度的成熟，养老保障水平下降将是一种趋势。综观中国人口年龄结构、费率和养老金水平三个要素，我们不认为基本养老保险制度具有可持续性。

　　2000 年中国 60 岁及以上的人口达 10%，65 岁及以上的人口达 7%，中国由此进入老龄化社会。尽管如此，中国的经济活动人口的存量仍然很大，2000 年 15—64 岁经济活动人口占 70%，65 岁以上的老年人口占 7%，[①] 老年赡养比为 10∶1。而同期基本养老保险制度内的赡养比为 3∶1，制度内的人口老化程度远远高于总人口的老化程度。我们认为，这是基本养老保险的参量设计不当使然。在中国拥有 70% 经济活动人口的情况下，基本养老保险政策要求的费率从 1995 年的 20%（企业 17%，个人 3%）很快上升到 28%（至少名义上是这样。企业 20%，个人 8%），这是一个与中国人口结构不相称的高水平费率，它将养老的负担提高到了一个极限的水平，很难想象随着人口快速老龄化时代的到来（2028 年以后）工作一代有能力承受更高水平的费率。不管缴费由企业承担还是由个人承担，抑或是由政府的税收承担，养老金都是劳动力成本的一部分，基本养老保险费率高则劳动力成本高，对当下的社会经济发展都是不利的。按照目前的费率及赡养比，即使将个人缴费全部积累起来，仅企业缴费的 20% 就足以使退休人口的保障水平达到政策设定的 60% 的社会平均工资替代水平（按照 3∶1 的赡养比推算）。但事实是，在如此高费率的情况下，个人缴费也没有实际积累起来，而是用于了现收现付（一些地方个人账户做实的试点积累起来的资金主要是政府的转移支付[②]）。更严重的问题是，基本养老保险养老金的社会平均工资替代水平由制度建立初的 77% 持续下降到 2011 年的 44%。[③]

---

① 数据来源：《中国统计年鉴 2009》，国家统计局网站。

② 目前 11 省市个人账户做实的试点积累起来的资金主要来自于政府的转移支付。

③ 根据人力资源和劳动社会保障部各年的统计公报计算。

上述问题的原因是多方面的，基本养老保险制度的结构和参量设定都对制度的不可持续性产生着作用。

二、基本养老保险个人账户制度及其引发的问题

由于决策者相信个人账户是"多劳多得"，能够有效纠正"搭便车"的问题，能够有效刺激职工参保的积极性并提高覆盖率；决策者还相信累积制度能够有效率解决人口日益老化情况下的退休保障问题，所以基本养老保险中建立了个人账户制度。而实践证明，个人账户对劳动力配置的效率影响不明显，对解决人口老龄化问题只是一个逻辑推理；相反，内置于基本养老保险中的个人账户制度除了引起理论和管理的混乱外，重要的是它降低了预期的退休收入，削弱了制度的长期可持续发展的能力。

1994 年，世界银行发布了政策报告《防止老年化危机》，向它的成员国建议降低社会养老保险的权重，以便腾出空间来发展强制性的私人养老保险（企业年金和强制性储蓄账户）。世界银行建议建立三支柱养老保险制度，即：社会养老保险（公共年金，Public Pension）为第一支柱；强制性私人养老保险（私人年金，Private Pension）为第二支柱；个人自愿储蓄为第三支柱①。这就是著名的"三支柱方案"。

中国的基本养老保险制度在某种程度上可以看做是对世界银行三支柱方案的一个回应。它降低了公共退休金的保障水平的权重，原来所有的退休金都是公共退休金，现在只有社会统筹部分是公共的。但是，基本养老保险与世界银行三支柱方案不同的是，将第一支柱与第二支柱捆绑在一起，组成了一个混合制度。

基本养老保险中设置强制性个人账户引起了许多问题：

首先，基本养老保险中设置强制性个人账户引起了理论上的混乱。个人账户强调的是精算公平，而基本养老保险是社会保险，社会保险强调的是社会公平，是通过风险分散的机制达到社会公平、社会平等的制度。个

---

① The World Bank, *Averting the Old Age Crisis*, Oxford University Press, 1994.

人账户内置于社会保险之内，与社会保险的价值观和运行机理都是冲突的。这种理论上的混乱与冲突必然引起实践上的问题。从逻辑上讲，按平均水平设计的个人账户制度，必有相当比例的人的养老金达不到平均水平，并可能陷入老年贫困状态①。

其次，基本养老保险中设置强制性个人账户引起了管理上的困难。为了提高征缴和基金管理的效率，长期以来有费税之争，费税之争除了出于实践中的部门利益之争外，个人账户缴费到底能不能由税收部门征收一直是个困扰。从长远看，预算管理是必由之路，个人账户缴费必然是个障碍。

再次，基本养老保险中设置强制性个人账户模糊了政府责任的边界。基本养老保险中，社会统筹是待遇确定型计划（DB 计划），它的意义是：给付的责任是既定的，由制度来承担，在社会保险的情况下，待遇确定型计划的最后责任人是政府。而个人账户制度是缴费确定型计划（DC 计划），即退休金水平的责任由个人来承担，建立个人账户制度的国家是希望政府能从 DB 计划中解脱出来。而我们将待遇确定型计划和缴费确定型计划捆绑在一起则模糊了政府责任的边界。我们的定量研究表明，按现行银行一年期计息的政策，在规定的计发期内，个人账户肯定不能提供预期的保障水平。那么，只有两种结果：职工退休保障水平（如替代率）下降，出现大面积老年贫困；或政府作为最后的埋单人出资弥补退休收入的不足。我们知道，目前规定的个人账户计发月数少于实际的生命预期寿命，也就是说，绝大多数人在个人账户积累按规定计发完后还会继续存活，而养老金的来源只有社会统筹（或者由制度给予补贴，弥补个人账户的缺口），此时的问题也是一样，或者是老年收入严重不足，或者是政府的责任加重。个人账户设置的用意原本是要分清政府和个人各自的责任，由于个人账户制度内置于基本养老保险制度内，各自的责任变得模糊不清，政府和个人都不能确定自己的风险。

---

① 智利个人账户的例子证明了这一逻辑。智利官方预测，在未来20年，将有接近50%的参保人口领不到政府规定的最低养老金，届时老年贫困现象会凸显出来。智利是1981年放弃社会养老保险制度，建立强制性个人账户制度的。

最后，个人账户制度的设计引起了转制成本问题。这是一个老话题，转制成本有多少、由谁来承担以及如何偿还，在政策层面都没有现成的答案。由于转制成本的问题没有解决，又引起"空账运行"的问题。空账制度意味着基本养老保险制度仍然是一个现收现付制度，这与政策的初衷相背，政策设立个人账户是希望能积累基金以应对人口老龄化。

我们的定量研究表明，在中国，内置于基本养老保险制度内的个人账户制度，在中国人口和经济环境下比现收现付制度更昂贵，且不能提供预期的保障水平。个人账户能不能提供有效的保障以及它的经济性取决于它的收益率能否盯住工资增长率。由于空账，个人账户基金不得不给最低的利息率，因为计息越高制度的负债就越大。个人账户按一年期银行利息率记息的负面结果是多重的：对于制度而言，由于没有资产收益却要给个人利息，无缘无故多出负债来；对于个人而言，个人缴费高达工资的8%，这是一笔巨大的长期资金（多者长达40年甚至更高），制度却只给个人短期利息，极大损害了个人的利益，而无人从中受益；又由于中国经济处于高速增长期，工资增长速度高，目前的计息制度使个人账户不仅不能提供预期的和有效的养老金，而且还是影响养老金下降趋势的一个重要因子。根据我们的测算（例1）：在个人收入处于社会平均工资水平，以及8%的工资增长率、2.88%的个人账户计息水平等情况下，按照38号文的计发月数，男性、女干部和女职工的个人账户养老金社会平均工资替代率仅分别为11.92%、9.3%和7.61%（远低于24%的设计目标）。实际上，过去十多年来的参保者工资增长水平远高于8%，照此计算出来的个人账户养老金替代率将更低。

为了解决空账问题，基本养老保险政策进行了个人账户做实的试点，这是一个正确的方向。但是，这一政策又引了起新的问题，一是做实的钱从哪里来，二是做实后的基金如何管理。由于不能肯定回答这两个问题，个人账户做实的进程缓慢。省级地方政府对个人账户做实的热情不高，影响了做实的进程；做实后基金不能市场化运营，只能存入银行，在通货膨胀的情况下，基金的实际安全性受到威胁，进一步影响了政府做实个人账户的积极性。关于基本养老保险个人账户做实并市场化管理运营的讨论持续了多年，但2010年通过的《社会保险法》只字未提基金的市场化配置，这意味着一场讨论的终结。基金市场化运营未必能保证个人账户制度是有效的，但可以肯定的是，非市场化利用资金，个人账户肯定是无效的。

三、制度参量对基本养老保险可持续发展的负面影响

前面我们论述了，基本养老保险的可持续性是多维度的，是在人口年龄结构既定情况下，在可负担的费率下，养老金水平相对稳定条件下的长期财务平衡。人口年龄结构对于制度而言是一个外生的变量，我们无法改变它。我们发现，基本养老保险建立后，制度内赡养比大体稳定在3∶1。26号文发布后，费率大体稳定在28%左右（至少中央政策层面是这样），在没有相应积累起个人账户基金的情况下，最明显的问题是养老金保障水平的不断下降。正因为如此，本书的着重点放在了养老金水平方面。我们的研究发现，在费率一定时，缴费工资基数的缩小、个人账户收益率的低下、退休年龄相对人口预期寿命的低下、领取养老金的最低缴费年限过低等参量都是导致养老金保障水平下降的原因，其中有些因素还同时减少了制度的收入，比如较低的退休年龄和缴费年限以及缴费工资基数缩小等等。我们着眼的是个人的养老金水平。

虽然这些因素都在对基本养老保险制度的长期可持续性产生负面影响，但都没有引起政策层面的足够关注。

缴费工资基数缩小对养老金下降弹性大。在费率一定时，工资基数决定制度的保费收入。为了提高覆盖率或是别的原因，在实践过程中，我们使用缴费工资作为基数，而缴费工资往往是社保部门与企业谈判的结果，总的来说，缴费工资基数就低不就高，该基数大大低于实际工资基数。比较直观的是，缴费工资基数的缩小会减少制度的保费收入。事实上，由于基础养老金的计算考虑了个人的终生缴费，所以，缴费基数小会减少基础退休金。我们的计算表明，缴费基数对养老金水平的弹性大于1，所以养老金水平下降的水平大于缴费基数缩小的水平。提高养老金水平的方法之一

是切实按真实的工资基数缴费。

个人账户低利率使个人账户无法提供有效保障。个人账户除了前面提到的问题，更重要的是它无法提供有效的养老收入。1997 年至今，中国的经济以年均近 10% 的速度增长，在职职工工资以 16% 的速度增长，[1] 个人账户利息率平均为 2.88%，远远低于工资增长率。如果像世界银行前首席经济学家林毅夫认为的，在未来的 20 年中国经济将以年均 8% 的速度增长，可以预见工资增长的速度将高于 8%，按目前的政策，个人账户的收益率在未来 20 年将远远低于工资增长率，个人账户的保障作用甚微。当"新人"进入退休状态时，他们的相对养老金收入较之于"老人"和"中人"会更少[2]。

退休年龄政策既削弱了制度收支平衡的能力，也是养老金下降的一个重要原因。在人口预期寿命不断延长的情况下，基本养老保险仍然沿用 20 世纪 50 年代初的退休年龄政策，男性为 60 岁，女性干部为 55 岁，女性职工为 50 岁。人口预期寿命延长而退休年龄不作相应的提高，对于养老保险来说，既影响制度的保费收入也影响制度的支出，削弱了制度的长期财务可持续发展的能力。这一点受到了较多的关注。人们关注不够的是，这一退休政策也影响个人的养老金收入水平，因为基础养老金部分的计发办法是与缴费年限有关的，个人账户部分则不仅与缴费年限有关，也与退休后的生命余岁有关。我们的定量研究表明：（同例 1）按照现行制度 38 号文规定的计发月数，男性、女干部和女职工退休后的养老金社会平均工资替代率分别为 49%、41% 和 36% 左右，但若按照实际生命余岁进而根据精算平衡原则来计算个人账户养老金替代率，则个人账户养老金替代率还将进一步降低，进而总替代率会降至 41%、35% 和 29% 左右。现行制度下的个人账户计发月数仅为实际生命余岁的一半左右！（这里强调的是制度设计问题，而不是主管部门声称的可用统筹基金续发、总待遇不下降的问题）。

---

① 人力资源和劳动社会保障部网站统计年报。
② "老人"即新制度建立时已退休的人员，"中人"指制度建立时已有工作经历但未退休的人员，"新人"指新制度建立后加入的人员。

学界基于养老保险制度长期财务可持续的考虑而主张提高退休年龄的文献已有许多，也有人基于年轻人就业的考虑反对提高退休年龄。但事实是，20 世纪 70 年代，各国降低法定退休年龄，以此来解决高失业问题，结果是失业的问题没解决，但养老的成本却增加了。20 世纪 90 年代后，各国又纷纷提高退休年龄以减轻养老制度的负担。本书对 OECD 各国的经验总结发现，提高退休年龄是应对人口老龄化的一个普遍做法。

领取养老金资格设定为 15 年缴费年限不仅对制度长期财务收支平衡不利，也是部分人员养老收入保障不足的重要原因。基本养老保险政策从开始就认定 15 年缴费为领取养老金的资格，除少数学者外，已有的文献对这一参量的影响讨论不多。我们不知道设定 15 年缴费年限的政策依据是什么，但我们认为，15 年缴费年限的规定过于宽松，领取养老金资格的可及性太强。一部分人在满足 15 年缴费年限后会选择停止缴费，这会恶化制度的赡养比，减少制度的保费收入。对于个人而言，选择只缴费 15 年的人养老金保障水平严重不足，因为基础养老金和个人账户的积累都与缴费年限相关。通常来说，这部分人多半分布于非正式部门，以灵活就业人员和农民工居多，他们是低收入者，同时也会是选择最低缴费基数的人。若干要素重叠，可以肯定的是，这部分人口的退休收入会严重不足。接上例 1，若某男选择在 45 岁时开始缴费，以便在 60 岁退休时达到 15 年的缴费年限要求，则其在退休后的基础养老金替代率仅为 14%，而个人账户仅为 2%，共计 16%。若该男较早地（如参加工作时）缴满了 15 年即停止缴费，直到 60 岁开始领取养老金，则其养老金替代率将更低！

据我们对主要 OECD 国家的观察，除了美国的领取养老金资格是缴费 40 个季度（10 年）之外，许多国家获得领取养老金资格要求的缴费年限要长得多。我们对 OECD 各国的研究也发现，进一步提高缴费年限也是社会保险制度参量改革的重要内容。如，法国私人部门的缴费年限为 40 年，公共部门的缴费年限原本为 37.5 年，为了减轻财政负担，近年的改革内容之一是将公共部门的缴费年限提高到 40 年。

第三节 结构改革与参量改革并举，加强基本养老保险制度可持续性建设

鉴于以上的分析，我们认为应改革并完善基本养老保险，使基本养老保险真正具有可持续发展的能力。改革和完善基本养老保险可从制度结构和参量两方面同时入手。

一、明确树立基本养老保险公平优先的价值观

基本养老保险建立之初明示其价值观为"效率优先、兼顾公平"。体现效率优先的，一是个人账户的建立，二是在基础退休金计发办法上引入缴费年限和个人缴费基数指数。其实，公平与效率没有对错之分，"多劳多得"并不错，但在社会保险领域却不完全适用。社会保险需要在不同人群中分散风险达成社会政策的目标，社会养老保险的目标是为成员提供基本的养老保险。定量分析表明，按照现行政策，制度内部的收入差距会很大，这就意味着众数与平均数偏离大，平均数以下会有大量退休人口收入严重不足。党的十七大报告明确提出，"初次分配和再分配都要处理好效率和公平的关系，再分配更加注重公平"，但在基本养老保险政策的调整中并没有体现这一精神。现在是时候重新树立公平优先的价值观了。

二、审慎确认基本养老保险的社会功能

基本养老保险的长期可持续性和受益人群上是有冲突的，我们需要审慎定位并作一个取舍。多少人能从制度受益，除了人口预期寿命外，缴费资格年限是最重要的参数。缴费资格年限越短则退休金可及性越强，受益人口越多，制度的可持续性则越差。15 年的缴费资格年限是宽松的，其中

释放的是政策希望为更多的人提供退休收入的善意，但它的确与制度的可持续性是矛盾的，继续提高费率和降低养老金水平空间都很小，所以我们必须在制度的长期可持续性和保障的人群之间作一个审慎的选择。这样，我们需要回答：社会养老保险是为缴费年限足够长的人群提供基本保障，还是为尽可能多的人群提供不充分的保障。这是一个开放性的问题，可以有更多的争论和更深入的讨论。不过我们的看法是，老年收入保障不应只靠一个社会养老保险制度来解决，还要有其他的制度来配合。

三、分离统账制度，政府对社会统筹制度负责

我们看到，个人账户既没有增进效率也没有（也不可能）解决人口老龄化情况下的退休收入保障问题，却带来了一连串的理论的、实际的难题，引起了退休收入的下降，长期看必然对制度的财务平衡造成压力。所以，建议分离社会统筹和个人账户，且将个人账户做成第三支柱，即自愿的储蓄保险。

社会统筹即基础养老金部分是典型的现收现付的公共年金制度，这一制度的好处是具有再分配功能，易于管理，资产不受通货膨胀的侵蚀。中国目前制度内职工与退休人口的赡养比为3∶1，也就是说20%的费率正好可以保证退休人口的养老金收入社会平均工资替代率达到60%。随着经济的发展，这一替代率可有一定的下降，因为"老人"和"中人"的工作时期是在低工资制度时代，他们自己没有或少有退休收入准备，而"新人"的工作收入基本是市场化的，他们多少有些储蓄，所以未来的养老金替代率可逐步下降至50%。而另一方面，制度通过参量改革，保证在未来数十年内能达到赡养比3∶1，即使赡养比达2.5∶1，在不提高费率的情况下，制度也可收支平衡。政府对此制度负责，数十年后，人口进一步老化，赡养比恶化时则可动用全国社会保障基金。

分离后的个人账户并入自愿性企业年金或自愿性个人养老储蓄账户，即世界银行推荐的第三支柱。有学者建议将个人账户从基本养老保险制度中分离出来，并入企业年金制度，并使企业年金全民化。强制性企业年金

制度是世界银行所说的第二支柱，中国的企业年金制度是自愿性，是第三支柱。我们认为中国目前不适合建立强制性企业年金制度，原因是绝大多数企业和职工没有能力承担额外的保费。纵观国际的经验，有第一支柱（社会养老保险）的国家都不会建强制性企业年金，而少数建强制性企业年金或强制性个人储蓄账户的国家或地区都没有第一支柱。如澳大利亚和荷兰，这两个国家有强制性企业年金，但它们没有第一支柱，只有零支柱（普惠制度，收入很低且有收入审查制度）。在新加坡和中国香港，强制性个人储蓄账户是唯一的老年收入制度。

四、扩大缴费基数，增加制度收入，提高个人养老金水平

这里扩大缴费基数有几层意思：一是对制度的收支平衡而言，要增加劳动收入在 GDP 中的占比，以扩大制度收入的基数；二是扩大覆盖面，增加就业人口尤其是年轻的人口以扩大制度的收入，这一点我们一直都在努力。本书的定量分析表明，个人的养老金高低不仅直接与自己的工资有关，更直接与自己的缴费基数有关。基于提高养老金的考虑，在征缴过程中，应该尽量减少投保人的博弈行为，缩小缴费工资基数与实际工资的差距。

五、建立个人账户基金市场化管理机制

不管基本养老保险制度是否进行统账分离的改革，建立个人账户市场化运营和管理的制度都是必须的。如果不能进行制度的结构性改革，个人账户仍然是基本养老保险的组成部分，则必须做实个人账户，进行个人账户基金的市场化运营，并将投资收益与个人账户挂钩，否则空账制度除了引起一系列的问题之外，不能解决任何问题。如果统账分离的改革得以进行，则个人账户是自愿性储蓄账户，市场化管理其账户资金是自然的事，但政府仍然需要提供法律管理体系。

六、逐步提高退休年龄和领取养老金资格的缴费年限

在人口老龄化的情况下，提高退休年龄是国际化的趋势，OECD 国家提

出的口号是"活得更长，工作更长"，此理容易理解。现在的问题有两个：一是有观点认为，提高退休年龄会影响年轻人就业；二是社会舆论认为提高退休年龄对养老保险制度的财务平衡有益，而对受益人是一种伤害。所以，各国提高退休年龄政策往往受到强烈反对，这种舆论在中国也是一样。但是，社会舆论忽视了一点，即在人口老龄化情况下，不相应提高退休年龄，结果是费率的提高进而压迫就业，或者是养老金的持续降低引起普遍的老年贫困，事实上这两种情况在中国都发生了。如果不采取措施，情况会进一步恶化。

目前领取养老金资格设定的缴费年限为 15 年，这既是制度赡养比恶化、平均退休收入下降的的原因，也是许多人养老金不足的原因，这在机理上与退休年龄是一样的。

目前中国刚刚进入老年型社会，但中国的老龄化速度是世界上最快的。据联合国的预测，中国的人口老化过程可分为三个阶段：第一阶段为 2000—2020 年，是缓慢老化期。65 岁及以上人口比例从 2000 年的 6.97% 上升到 2020 年的 11.7%，20 年时间仅上升 4.73 个百分点。第二阶段为 2020—2040 年，是快速老化期。65 岁及以上人口比重将从 2020 年的 11.7% 快速攀升到 2040 年的 21.8%，20 年间将上升 10.1 个百分点。第三阶段为 2040—2050 年，是高峰平台期。这一阶段将是中国人口老化的严重阶段，但人口老化速度开始下降，10 年间老年人口比例只增加 1 个百分点。从现在起到快速人口老龄化阶段还有不到 10 年，我们要利用这段时间来逐步提高退休年龄。

我们深知，所有的社会制度改革都是利益的再分配，改革必然会有巨大的阻力，但我们没有选择。

参考文献

[1] 李铁映：《建立具有中国特色的社会保障制度》，《求是》1995 年第 19 期。

［2］李铁映：《完善企业职工养老保险制度》，《中国国情国力》1997年第10期。

［3］胡晓义：《关于逐步提高养老保险统筹层次——十六届三中全会〈决定〉学习札记之二》，《中国社会保障》2004年第1期。

［4］胡晓义：《国务院〈决定〉解读系列之二——保障水平要与我国社会生产力发展水平及各方面承受能力相适应》，《中国社会保险》1997年第11期。

［5］胡晓义：《我们为什么要搞养老保险——关于我国养老保险制度历史、现实和未来的思考》，《中国社会保障》2001年第12期。

［6］王建伦：《加快社会保险制度改革的几个问题》，《劳动内参》，1996年11月10日。

［7］王建伦：《关于新的社会保险制度》，《科技与经济画报》1996年1月15日。

［8］王建伦：《统一企业职工基本养老保险制度中若干政策问题的说明——在全国社会保险工作会议上的讲话》，《中国劳动年鉴》，1998年1月1日。

［9］王建伦：《中国完善城镇社保保障体系改革试点》，《劳动保障通讯》，2004年10月。

［10］周小川：《建立个人账户制实现社会保障体制转轨》，《中国市场经济报》1999年7月1日。

［11］何平：《养老保险基金平衡及对策研究》，《经济研究参考》1998年第1期。

［12］何平：《关于个人账户功能实现问题》，《中国劳动保障》2005年第3期。

［13］李珍：《中国的社会保障制度转型能不付成本吗》，《改革》1997年第2期。

［14］李珍：《个账基金运营所面临的挑战和机遇》，《中国社会保障》2006第12期。

［15］董克用：《中国基本养老保险制度改革中有关问题的探讨》，《经济理论与经济管理》2000 年第 2 期。

［16］董克用、郭开军：《中国社会保障制度改革 30 年》，《中国国情国力》2008 年第 12 期。

［17］董克用：《我国社会保险制度改革的背景环境和模式选择》，《管理世界》1995 年第 4 期。

第二章 基本养老保险制度的
定性分析及评价

1997 年国务院 26 号文的颁布，标志着经过多年的艰难探索，中国城镇职工社会养老保险制度由此全面建立。制度运行十多年来，在参量方面暴露出一些不利于制度长期可持续发展和保障水平稳定发展的问题。从本章开始，我们着重对基本养老保险制度的演进和发展进行全面的定性分析，后续各章还将对保障水平进行定量分析。

第一节 基本养老保险制度的确立：
政策分析与评价

一、基本养老保险制度建立的背景

20 世纪 80 年代以来，中国开始对计划经济体制进行改革，逐步向社会主义市场经济转型，与计划经济相适应的退休金制度阻碍了经济体制的改革和转型。众所周知，中国在 20 世纪 50 年代初为城镇职工建立的退休金制度是劳动保护制度的重要内容之一。在 1956 年所有制改造完成以后，城镇基本上只有单一的国有经济部门，职工退休金制度的最后责任人实际上是国家，在这个意义上，我们说这一制度是国家保险制度，这是典型的"苏联模式";职工的退休金是由企业发放和管理运作的,在形式上又表现为企业退休金制度(企业保险)。这一制度由于人口年龄结构轻,在计划经济体制下它的运行是良好和有效的。

当计划经济向市场经济转型时,问题就产生了。首先,国家对企业放权让利,也将职工养老的责任下放给企业,企业成为了经济利益的主体,也成为了相关责任的主体,而企业间的养老负担不平衡,企业要求政府为其提供一个公平竞争的环境,这是一个合理的要求;其次,在企业作为责任主体的情况下,原有退休金制度的单一的资金来源、高水平的保障等因素都引起了广泛的批评;再次,企业作为风险分散单位不能有效发挥大数法则的作用,企业和退休职工的风险增大,尤其在 20 世纪 80 年代末至 90 年代中期,国有企业多半亏损,许多中小企业关停并转,职工的退休权益不保;最后,各种所有制度快速发展,吸纳越来越多的新增劳动力,这部分人口缺乏社会保障制度的保护。这一阶段的劳动力是按所有制度分割的,劳动力的流动受到社会保障藩篱的阻碍,正因为如此,对原有的企业退休金制度进行改革势在必行。早在 20 世纪 80 年代早期,我国就开始对新增劳动力试行社会养老保险的探索,我们且称其为"增量改革"。

除了经济体制转型这个宏大的历史背景外,20 世纪 90 年代人口老龄化问题的提出,以及"开放"历史背景下,在理论上和实践上向国外学习、借鉴,都对基本养老保险制度的设计产生了重要的影响。

二、基本养老保险制度的逐步确立:政策的内容及其分析

1991 年 6 月国务院颁布了《关于企业职工养老保险制度的决定》(以下简称"《决定》"),1995 年国务院颁发了《关于深化企业职工养老保险制度改革的通知》(以下简称"《通知》"),这两个纲领性文件逐步确立了基本养老保险制度。它的特点是社会统筹和个人账户相结合、现收现付与积累制度相结合、覆盖广泛、保障水平适度、资金来源多元化、管理社会化的社会养老保险。这一制度与原有的企业保险制度完全不同。

基于对现实的认识和对试点探索的总结,1991 年 6 月,国务院颁布

《决定》，提出建立基本养老保险制度的设想。1991年《决定》的意义在于，它构建了一个适度保障水平、多方共担的社会养老保险制度。

到20世纪90年代中期，国有企业改革进入"攻坚期"，就业人口的所有制结构发生了巨大变化，而且国有企业职工占比越来越小，而其他所有制就业人口迅速扩大。同时，退休金制度内的赡养比（在职人口比退休人口）进一步恶化，由1990年的6∶1下降到1995年的4.8∶1，此时人口老龄化的问题也被提出来。国际上社会保障私有化改革的理论与实践也被广泛介绍到中国。这样，向非国有经济扩大覆盖面和防止人口老龄化的问题反映在养老保险的制度设计中。1995年国务院颁发了《通知》，回应了这些社会需求。

1995年的《通知》是基本养老保险的另一个里程碑。除了继续强调社会养老保险的基本水平、资金来源多渠道、保障方式多层次之外，《通知》的主要内容有：扩大保障的对象，基本养老保险"适用城镇各类企业职工和个体劳动者"，增量改革推向劳动力的存量，并且强调社会化管理。

《通知》的核心内容是"基本养老保险由企业和个人共同负担，实行社会统筹与个人账户相结合"（以下简称"统账制度"）。"企业和个人共同负担"的原则修正了1991年的《决定》中关于国家、企业和个人共同负担的筹资原则，强调了微观主体的责任，而政府自此则从退休金制度的责任中退出。社会统筹与个人账户相结合的原则是1993年《中共中央关于建立社会主义市场经济若干问题的决定》中首次提出的，1995年的《通知》实践了这一原则。基本养老保险实行社会统筹与个人账户相结合，是对《通知》中关于公平与效率相结合原则的诠释。社会统筹部分是公共养老金，是真正意义的社会养老保险，具有再分配性质，体现公平。社会统筹部分在财务上实行现收现付。个人账户则是私有的、不具再分配性质的基金积累制度，政策制定者认为这一制度从所有制上是为了体现效率，多劳者多得，从财务制度上是为了防止人口老龄化。这样，社会统筹与个人账户相结合的制度，在所有制上是一个公私结合的制度，在财务上是部分积累制度。

　　统账制度的目标是"合理的保障水平、筹资水平和积累率"。① 其具体内容是基本养老金替代率保持在 60% 左右；相当于职工工资 16% 的缴费进入职工个人账户，其中个人缴费从 3% 开始，逐年递增直到达 8%，企业缴费为 13%，且逐年递减，到 8% 为止。个人账户为工资 16% 的理由是"根据测算，一个职工由单位和个人按本人工资的 16% 左右缴纳养老保险费，35 年工作期储蓄的本金和利息可以为退休后支付 18 年养老金，养老金替代率为 60% 左右，能够保障退休职工的基本生活。因此，基本养老保险个人账户可按职工的 16% 记入"。企业为社会统筹账户缴费，《通知》并没有明文规定费率，但根据对个体工商户缴费的规定②以及关于企业和个人缴费保持在工资 20% 左右的规定，我们可以理解企业向社会统筹缴费为工资的 4% 左右。按个人账户的设计，个人账户未来可以满足个人的养老金支付需求，社会统筹用于支付已退休人口和"中人"在旧制度中的权益。我们将这一制度称之为"大账户、小统筹"的制度。到此为止，所谓社会统筹和个人账户相结合的制度，对新加入制度的人而言，它就是个人账户制度，社会统筹部分是用于保障已退休的"老人"和已有工作经历的"中人"的相应权益的。

　　《决定》和《通知》中构建的基本养老保险制度包含着许多正确的内容，但笔者认为也还有待我们进一步讨论和思考的地方。

　　第一，企业保险的社会化是一个伟大的选择。在理论上，它体现了历史唯物主义的思想；在实践上，它推动和适应了社会主义市场经济的发展。它不仅是一个老年收入保障制度，它为中国的经济体制改革的顺利进行起到了保驾护航的作用，也为中国在不同所有制间建立一个自由流动的劳动力市场起到了重要的、积极的促进作用。

　　第二，基本养老保险强调养老金水平的适度保障，这对原有企业保险

---

　　①　李铁映：《建立具有中国特色的社会保障制度》（1995），收于论文集《中国社会保障体制改革》（徐滇庆等主编），经济科学出版社 1999 年版，第 15 页。

　　②　《通知》要求个体工商户参加基本养老保险并缴纳工资的 20%，其中 16% 记入个人账户，4% 进入社会统筹。

下的高水平是一个适当的修正。在原有的制度下，职工的退休金是自己最后工资（通常是最高工资）的70%—80%，在人口日益老化的情况下，这显然是不可持续的。基本养老保险强调适度保障、强调保障基本生活，是对中国经济发展水平和人口结构变化的正确认识。下一章我们对保障水平有进一步的讨论。

第三，企业和个人成为制度的缴费主体，有利于唤醒微观主体对制度的责任意识，从长远来看也应该有利于对制度的约束。从理论上来讲，无论是政府的一般税收支持还是微观主体的缴费，都是工作一代赡养退休一代，但在一般税收支持的情况下，微观主体的义务与权利没有联系，更有可能倾向于"搭便车"。

第四，扩大基本养老保险的保障对象无疑是正确的方向。随着经济体制在20世纪90年代的快速变迁，劳动力所有制结构发生了巨大的变化，国有企业职工在就业人口中的比例迅速下降，同时由于新增劳动力不能进入原有体制，基本养老保险制度内职工对退休人口的赡养比恶化得最快，1995年全国就业人口赡养比为5.1：1，集体企业为4.9：1，国有经济为4.6：1，而其他所有制经济仍然达12.2：1。扩大基本养老保险的保障对象，反映了社会养老保险政策适应了社会经济结构变迁的需求；从公民的权利看，有利于保障其他劳动力的权利；从制度的可持续性看，有利于改善国有企业系统内的赡养比例，减轻国有企业的负担和增强制度的财务可持续性；有利于劳动力的跨所有制流动，对国有企业的"抓大放小"（即中小国有企业的民营化改革，我国此间有2000多万国有企业职工失业）起到了保驾护航的作用①。

第五，基本养老保险社会化管理不仅减轻了企业的事务负担，更重要的是它能确保退休人员的养老金按时足额发放，使他们的退休金权益得到

---

① 在实践中此间扩大覆盖面的实际收效并不好。由于20世纪90年代初企业经营状况不好，国有企业纷纷进行改革，大量劳动力流出国有企业，同时养老保险扩大覆盖面的操作政策不细且约束力不强，所以《通知》并没有遏制覆盖率进一步下降的趋势，到1998年，覆盖率一度下降到66%。

了制度性的保障。企业退休金制度向社会保险的转化仅仅是资金筹集的社会化还是不够的，因为它只解决了企业负担畸轻畸重的问题，没有解决企业事务负担过重的问题。同时，在经济体制大变革的背景下，即使企业和职工参加了保险，但许多中小型国有企业、集体企业一夜破产，在企业代为发放退休金的情况下，职工的权益仍然会受损。《通知》要求基本养老保险社会化管理，既减轻了企业的事务负担，也保证了职工在流动和企业破产情况下的权益，为所有制变革下的劳动力建立了一个有效的保护网络，反过来说，基本养老保险社会化管理对促进经济体制转型具有良好的作用。

但另一方面，笔者认为，对于社会统筹与个人账户相结合的政策的评价则要复杂得多。

基本养老保险是社会统筹与个人账户相结合的制度，它体现了效率优先的价值观。当时主管社会保障制度改革的国家体制改革委员会在对《通知》的解读时就明确指出："社会保险的主要项目，坚持'效率优先、兼顾公平'的原则。"[1] 这一价值观深深影响了中国养老保险制度的设计，并透过制度设计影响了政策的实践，造成了实践中一系列的问题。效率优先的价值观体现在如下几个方面：第一，国家从基本养老保险中全身而退，在1991 年的《决定》中，强调"国家、企业和个人"共同承担养老的责任，而在1995 年的《通知》中，基本养老保险的资金来源只有企业和个人，强调微观主体对社会养老保险的责任，这可以理解为宏观意义上的效率优先；第二，决策者认为，个人账户可以鼓励职工参保、鼓励多劳多得，有利于提高制度的覆盖率，有利于遏制提前退休，个人账户体现的是效率，"大账户"则是体现"效率优先"的原则，而"小统筹"体现的是兼顾公平的原则。

关于效率优先价值观的分析和评价。笔者一直认为，社会保险是再分配制度，应该坚持"公平优先"。[2] 企业退休金制度向社会养老保险制度改

---

[1]　李铁映：《建立具有中国特色的社会保障制度》（1995），收于论文集《中国社会保障体制改革》（徐滇庆等主编），经济科学出版社 1999 年版，第 8 页。

[2]　李珍：《社会保障制度与经济发展》，武汉大学出版社 1998 年版，第 70 页。

革的背景之一是反省"大锅饭"的分配政策。20 世纪 80—90 年代，有共识的分配原则是效率优先、兼顾公平。退休金制度改革是社会保险领域的第一个改革项目，政策制定者将初次分配中的效率优先、兼顾公平原则简单移植到再分配领域，这种做法是不妥当的。初次分配领域，市场是按要素分配的，市场机制的必然结果是收入差别拉大，无论是从低收入者的角度还是从政府管理总有效需求或是管理社会的角度，通过再分配制度缩小贫富差别、减缓贫困的痛苦都是有必要的①。《通知》中确立的统账制度坚持的是效率优先的价值观，坚持以个人账户来体现"效率优先的原则"。由此统账结合的基本养老保险制度结构引起了一系的问题，包括转制成本的问题、个人账户要不要做实以及做实基金后的保值增值问题等等。最现实的是个人账户的保障能力问题，我们在第四章会有定量的分析，发现问题非常严重。

关于个人账户积累制度的分析和评价。也许我们不能改变个人账户积累制度已经建立的现实，但理论层面的讨论还是必要的。个人账户积累制度包含所有制和财务制度两方面的内容。

从理论上看，个人账户是"公共地悲剧"理论的产物，而公共地悲剧理论是否适用于社会保险领域值得我们认真思考。社会养老保险是一个风险分散机制，它将不同程度的风险集合在一起，在高收入者和低收入者、长寿者和早逝者间分配风险，使加入者都能得以保护。

社会保险制度的批评者认为，在公共账户（社会保险）的情况下容易产生"搭便车"的行为，而个人账户则能有效地解决这个问题。决策者认为个人账户制度会鼓励职工参加保险、鼓励职工延长工作年限，但后来的事实证明，制度的覆盖率与个人账户制度、个人账户规模的大小无关，覆盖率与企业的经营状况、私有部门劳动力供求的状况和政策执行的能力高度相关，而职工缴费年限主要取决于退休金资格的规定和退休年龄的规定，多劳可以多得，但想多得而进行多劳的决策并不完全取决于个人，所以个

---

① 李珍：《社会保障制度与经济发展》，武汉大学出版社 1998 年版，第 35—45 页。

人账户对劳动供给的影响是有限的。此外，在个人可以决策的情况下（个体工商户、灵活就业人员），参加保险与否除了个人的风险偏好因素外，还取决于个人对缴费的当前现值和未来现值的比较及选择，在账户基金不能有效增值的情况下，同一货币单位的现值较大，人们会选择不参保而不是相反。总之，决策者忽视了这些影响因素，过于相信"一私就灵"。（20 世纪 80—90 年代选择全部或部分私有化社会养老保险并建立个人账户的拉美国家，参保率或多或少下降，无一例外，这与制度的初衷是相背的①）。

　　在中国人口和经济增长水平的条件下，积累制度是一个比现收现付制度成本更高的制度。中国选择积累制度是因为决策者相信，在人口老龄化的情况下，积累制度比现收现付制度更经济，且更能有效地在较低费率的情况下解决老龄化问题。由于政策的设计没有考虑中国人口结构较年轻、经济增长的高速度等因素，同时又没有个人账户基金的投资运营体制与之相对应，使得个人账户的长期资金按一年期银行利率计息，导致个人账户在理论上较之于现收现付制度更无效，在实践上不能有效提供退休金的保障，后面我们会有定量的分析。20 世纪 70 年代以后，一些国家的学者认为现收现付的养老保险制度会挤出储蓄从而阻碍经济的增长，相反，基金制度会提高储蓄率从而促进经济增长。持这一观点的主要代表人物是哈佛大学的马丁·费尔德斯坦（Martin Feldstein）。中国从来都是一个高储蓄率的国家，中国选择"大账户"并选择账户积累制度不是基于增加储蓄的考虑而是基于现收现付与基金制度的成本比较。据称，如果仍然沿用现收现付制度，到 2033 年 60 岁以上人口达 22.3% 时，养老保险费率会高达 39.27%，相反，如果实行完全的积累制度则 2000 年的费率就会高达 34%。② 而个人账户 16% 用于积累是一个合理的积累率。现收现付还是基金制度成本更低？早在 20 世纪 50 年代保罗·萨缪尔森（Paul A. Sameudson）就对这个问题给出过答案：如果工资的增长率加上劳动力的增长率所形成

---

① 详见李珍：《瑞典名义账户制度解决了什么？》，《经济学动态》2010 年第 8 期。

② 李铁映：《建立具有中国特色的社会保障制度》（1995），收于论文集《中国社会保障体制改革》（徐滇庆等主编），经济科学出版社 1999 年版，第 8 页。

的"生物回报率"大于利率，现收现付制度在长期的运作中仍然有成本优势和较高的收益率，所提供的养老保险也不会影响经济增长；在长期来看，资本的边际产出大于工资总额的增长率，此时，如果生物回报率低于利率，基金制度更具备成本优势和较高的收益率，并有助于减少阻碍增长的隐含成本。事实上，从制度设计之初到本世纪中叶，中国的"生物回报率"大于利率的条件应该是可以实现的，相反，同期内利率高于"生物回报率"是一件更难的事情。《通知》设计了基金积累制度，却没有设计有效的基金投资管理制度；制度设计中规定个人账户按一年期银行利息记息，所以无论是基金的实际收益率还是个人账户记息率，在中国现有人口年龄结构和工资增长率的条件下，都大大低于"生物回报率"。还有一种简单的评价方法就是，积累制度的成本优势是基金的投资收益率高于通货膨胀率且高于工资增长率，中国的经验数据表明，1995 年以来，个人账户的收益率基本上没有盯住通货膨胀，更没有盯住工资增长率。这也是为什么费率越来越高而养老金水平越来越低的原因之一，在后面的一些章节，我们会有进一步的定量分析。袁志刚（2001）认为，在关于养老保险制度改革的讨论中，人们夸大了从现收现付制向基金制过渡的好处。

关于政府责任免除的分析和评价。基本养老保险免除政府转制成本的责任是不妥的。统账结合的基本养老保险在"效率优先"的价值观指导下，政策规定"基本养老保险由企业和个人共同负担"，一笔就免除了政府的责任，这一政策引起一系列理论和实践方面的问题。1995 年《通知》中明确建立个人账户并实施积累制度，这就意味着制度由原来的代际转移向部分代际转移、部分积累制度转换，也就意味着转制成本的产生，转制成本等于转制期间个人账户的积累额，这是一个巨大的数额。《通知》没有对改革前退休及有工作经历职工的退休金的权益进行任何界定、计算，更不用谈转制过程中对这部分权益进行补偿，而是希望通过新制度的运行逐步消化这个成本。这一政策首先在理论上是讲不通的。笔者和许多学者一样，认为转制成本应该由政府负担，原因是"中国长期实行低工资的收入分配政策，劳动者在进行工资分配前已经进行了六项扣除，其中包括养老保险的费用。但是，被扣除的养老保险费用并没有以养老保险基金的形式形成积累，而是被政府当做生产基金直接用于国有企业的投资，职工养老金的权益直接表现为政府的债务"。[1] 1952 年到 1978 年职工工资的年均增长率仅为 0.38%，1978 年的全年工资水平为 615 元，低于 1957 年，而同期的积累率已从 1952 年的 21.4% 上升到 1978 年的 43.8%。[2] 如果仍然沿用代际转移支付制度是没有问题的，但部分积累制度的实施必然引起转制成本，这一成本不应该由企业和职工来承担。

在实践中，这一政策的结果是退休者和目前在职一代双双受损，且引发个人账户"空账运行"的问题，与《通知》所设想的"合理的保障水平、筹资水平和积累率"相去甚远。许多人意识到如果政府不负担转制成本将使在职一代受损，因为他们既要通过代际转移支付赡养已退休一代，同时又要为自己的将来养老做准备，但往往忽视了退休一代也为制度转型付出了代价，这种代价表现为不断下降的退休金水平。由于政府从养老金责任中的退出，在职一代的负担加重，退休一代的保障水平下降。根据 1997 年联合国的报告，中国老工业基地企业的社会保险缴款负担很重，一般达到工资的 40%—50%。在上海这样的地区，仅养老保险一项缴费率就达工资的 28% 以上。到目前为止，许多地区的费率一直维持在这一水平之上。无论是企业的缴费还是个人的缴费都是由在职一代承担的。实践中，在职一代的负担远不是制度设计之初所想象的工资的 20%。一方面，在职一代负担在加重；另一方面，退休人口的保障水平却在不断下降，从 1999 年开始呈单边下降的趋势，2003 年开始低于制度设计的社会平均工资替代率 60%，到 2011 年更是下降为 44%（见图 2-1）。新制度运行的结果不但使筹资水平高、保障水平低，而且由于当期收入用于当期支付，积累制度有名无实，制度"空账运行"。

---

[1] 李珍：《社会保障制度与经济发展》，武汉大学出版社 1998 年版，第 130 页。
[2] 翁天真、贺天中：《论深化养老保险制度的改革》，《经济管理》1995 年第 6 期。

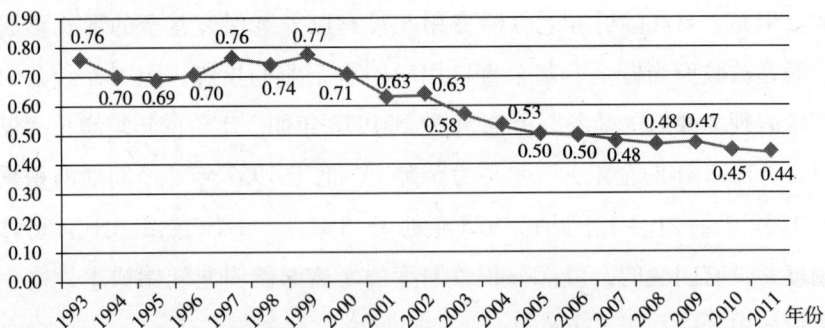

图 2 – 1　1993—2011 年基本养老保险社会平均工资替代率

资料来源：根据中国统计年鉴（1993—2011 年）相关数据计算。

第二节　统账制度的修正：政策的内容及分析评价

1997 年 26 号文成为建立全国统一的基本养老保险的标志。1995 年《通知》推荐的统账制度的实施很快暴露出许多问题，1997 年、2000 年、2005 年政府分别对该制度进行了修正。虽然各修正方案也涉及扩覆及管理的问题，但核心的内容还是在不断调整社会统筹和个人账户的权重。

1997 年，针对"基本养老保险制度不统一、企业负担过重、统筹层次低、管理制度不健全"等问题，国务院发布了 26 号文。26 号文的核心内容是统一了各地不同模式的统账制度的费率、统筹和个人账户的比重以及计发办法。政策规定：企业缴费率一般不超过职工工资总额的 20%；个人账户规模统一为职工工资的 11%，个人缴费从个人工资的 4% 起步，逐年提高 1 个百分点，直到达 8%，不足部分由企业缴费补齐；明确基本养老保险养老金由基础养老金和个人账户养老金组成，基础养老金月标准为省、自治区和直辖市上年度职工月平均工资的 20%，个人账户养老金标准为个人账户余额除 120 个月。同时，26 号文要求提高统筹层次，逐步由县级统筹向省级统筹发展。

仔细思考可以发现，26 号文较之于 1995 年的《通知》包含以下一些积极的意义：第一，它统一了全国的保费率和养老金的计发制度，统一的养老金制度有利于统一的劳动力市场的形成。第二，对个人而言，制度引入了"社会统筹"，这无疑是正确的方向。基本养老保险由基础养老金和个人账户养老金组成，而基础养老金具有明显的再分配色彩。26 号文改变了社会统筹与个人账户的权重，社会统筹部分权重变大，有利于再分配，个人账户的权重下降了，有利于减小个人账户长期内资产管理的风险，[①] 也有利于缩小转制成本的规模。第三，基础养老金的发放使制度开始具备了再分配的功能。缴费满 15 年者有资格领取当地社会平均工资 20% 的基础养老金，这一制度简单而具有较强再分配性质。统账比重的调整和基础养老金的设计，使得统账制度向社会公平靠近一步。

但是，26 号文关于个人账户计发办法有一个明显的技术性漏洞：个人账户养老金标准为账户余额除 120 个月。按中国的退休年龄政策，职工退休后的生命余岁远远大于 120 个月，那么此后只有基础养老金可拿了，而基础养老金显然是不足以支持"基本生活"的（如果继续领取个人账户的养老金，则需要制度给予补贴）。

另外，26 号文并没有解决企业负担重的问题，也没有解决"空账运行"的问题。企业负担重的原因有许多，其中有两个重要的原因，一是企业分担了转制成本，二是基本养老保险制度赡养率恶化。26 号文对这两个引起企业负担上升的因素都未触及，所以，它不可能解决企业负担过重的问题。26 号文规定的企业和个人缴费之和较之 1995 年《通知》预期的高出 8 个百分点。

在 2000 年《国务院关于印发完善城镇社会保障体系试点方案的通知》（国发［2000］42 号，以下简称"42 号文"）中对企业缴费、社会统筹和个

---

① 李珍：《个人账户风险及其管理》，《管理世界》1997 年第 11 期。

人账户的比例再一次进行了组合，相应地也调整了基础退休金的权重。42号文规定企业缴费为企业工资总额的20%左右（高于此费率的可维持不变），且不再划入个人账户，个人账户规模进一步下降为8%，全部由个人缴费。缴费满15年退休时，基础养老金为省、市、自治区或市（地）上年度职工月平均工资的20%，以后每缴费满一年增加一定比例的基础养老金，总体水平控制在30%左右。个人账户的月发放标准仍然为积累额除120个月，个人账户基金用完后，由社会统筹基金支付。

42号文中公平与效率的天平进一步向"公平"一边滑动，统筹与个人账户的比例为20%：8%，社会统筹费率上升，个人账户费率进一步下降。基础养老金有所上升，工作年限足够长的话，基础养老金可达30%。虽然没有规定，个人账户基金用完后由社会统筹基金支付多少，但统筹基金支付进一步体现的是再分配的功能，相应的个人风险进一步减小。

但制度其他的问题仍然没有解决，尤其是制度的空账运行、覆盖率不能有效提高等（见图2－2）。2005年国务院发布了《关于完善企业职工基本养老保险制度的决定》（国发［2005］38号，以下简称"38号文"）。38号文针对"个人账户没有做实、计发办法不尽合理、覆盖范围不够广泛"等问题提出了解决办法。

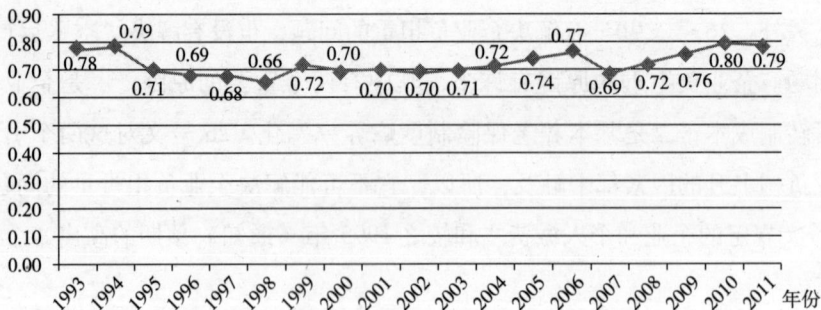

图 2－2　1993—2011 年基本养老保险覆盖率

注：计算覆盖率的分母为城镇总就业人口减去公务员和事业单位就业人员，分子为参保人数。
资料来源：根据中国统计年鉴（1993—2011 年）相关数据计算。

38 号文实质性的内容，一是第一次明确了个体工商户和灵活就业人口参加基本养老保险制度的缴费基数为当地上年度职工平均工资，费率为 20%，其中 8% 记入个人账户，其余缴费进入社会统筹，被保人与企业职工享受同样的权益；二是要求做实个人账户；三是又一次调整计发办法。

个体工商户和灵活就业人员参保政策是一项倾斜政策，从理论上讲应该对扩大覆盖面有正面的作用。

做实个人账户毫无疑问是一个正确的选择。在早期，政策制定者认为"空账"不是一个问题，正像银行储蓄无需存在库里一样。[①] 经过多年相关的争论，中央政府在东北三省试点，中央和地方共同出资做实个人账户，这不仅是关于转制途径的认识上的进步，在实践上也是政府开始承担转制成本的具体行动。但 38 号文并没有进一步具体的规定，目前有 11 个省市根据东北三省的试点经验在做实个人账户。根据东北三省的试点经验，个人账户做实是由较低的水平起步，比如工资的 3%，此后逐年提高 1 个百分点，直到 8%。中央政府负担了由做实个人账户引起的现收现付不足部分的一个固定的百分比，各地称其为"静态补助"，随着个人账户做实比例的提高和工资基数的扩大，地方政府需要更多的财政支出，地方政府的支出一般只能靠新增的财力。一句话，中央承担的责任不足，所以个人账户做实的政策何时能在全国推广也还有待观察。从 2001 年辽宁开始做实个人账户的试点至今已十多年，此项工作还远未全面铺开。

38 号文在时隔 5 年后，对 2000 年 42 号文的基础养老金和个人账户的发放做了进一步调整，缴费满 15 年后，基础养老金以当地上年度在岗职工平均工资和本人指数化月平均工资的平均值为基数，缴费每满 1 年发给 1%，个人账户养老金月标准为积累额除以计发月数，计发月数根据职工退休时人口预期寿命、本人退休年龄、利息等因素确定。针对 50 岁、55 岁以及 60 岁退休的实际计发月数规定为 195 个月、170 个月和 139 个月。

---

① 李铁映：《建立具有中国特色的社会保障制度》（1995），收于论文集《中国社会保障体制改革》（徐滇庆等主编），经济科学出版社 1999 年版，第 17 页。

原有基础养老金支付政策中包含着一种价值判断："基础养老金计发办法缺乏激励机制",① 因为缴费 15 年取得养老金资格后,无论工作年限长短,基础养老金只能在 20%—30% 之间。而 38 号文后,退休人口的基础养老金可以拉开距离,工作 15 年和工作 45 年的人,后者的基础养老金可以是前者的 3 倍,以此来激励人们多工作。对个人账户基金支付的调整是基于这样的认识,"个人账户养老金计发不适应人均寿命不断延长的实际情况,且不能体现个性化的特征。"②

在公平与效率的天平上,1995 年的《通知》是一头沉向效率的,1997 年 26 号文和 2000 年的 42 号文通过对社会统筹和个人账户权重的调整以及计发办法的调整,逐步使效率一头沉的状况有所改善,而 38 号文又在效率的一头加了一个砝码。21 世纪初,中国人均 GDP 达到 1000 美元,而此时收入分配不平等已经积累了许多年,中国的再分配制度重视"效率优先、兼顾公平"的原则受到质疑。同时,社会舆论关切拉美现象会否在中国重演,分配和再分配的重要性被日益重视。2002 年党的十六大明确提出再分配制度要"注重公平",但 2005 年的 38 号文没有体现这一要求。

个人账户计发办法的改变,较之于 42 号文规定个人账户用完后由社会统筹支付肯定会减轻社会统筹的压力,同时也会减少个人账户的月收入,尤其是女性的退休收入,因为女性更早退休且寿命更长(如果个人账户的计发月数结束后,仍由社会统筹支付,则需要制度的补贴)。基础养老金计发办法的改变肯定会拉大收入差距,工作年数长的收入会增加,工作年限短的收入会减少,大体上是一个零和游戏,不是福利的增进和改善。至于说到它有助"缴费"的积极性,还有待于时间来评估。38 号文实施的结果有三个:一是制度收支平衡压力会减少,因为制度不用为个人账户支付完后付费(至少没有明确这一点);二是基础养老金收入差距会拉大,尤其是

---

① 赵志刚:《我国调整和完善城镇职工基本养老保险制度的实践探讨》,《中国劳动》2004 年第 10 期。

② 赵志刚:《我国调整和完善城镇职工基本养老保险制度的实践探讨》,《中国劳动》2004 年第 10 期。

男性和女性之间的差距会比较明显；三是随着制度的成熟，养老金水平会下降更快，因为按月计发的个人账户收入因计发月数增加而减少，同时个人账户积累额发放完毕后，收入可能会进一步减少。

表 2-1 社会统筹与个人账户组合的变化

	费率		养老金待遇计发	
	社会统筹费率	个人账户费率	基础养老金	个人账户
1995 年《通知》	4%	16%		60%
1997 年 26 号文	17%	11%	20%	积累/120
2000 年 42 号文	20%	8%	20%—30%	积累/120
2005 年 38 号文	20%	8%	N%	积累/n

第三节 对基本养老保险制度的评价及相关理论的讨论

一、对基本养老保险制度发展演进的总结

从 1991 年至 2005 年，经过十余年的建设，基本养老保险制度已经定型。从制度结构方面考察，它是一个混合制度：所有制上它是社会统筹（公共养老保险）和个人账户的结合，财务制度上它是现收现付和积累制度的结合，退休收入上它是基础养老金和个人账户养老金的组合。从表 2-1中我们可以看到，由于公平与效率的把握尺度不同，不断调整统账制度的费率组合和支付组合成为政策演进的主要内容。除此之外，改革的主线还有：一是企业保险转向社会保险，政策不断要求提高社会统筹的层次，与此相应建立了社会化管理体制；二是各期政策一直追求扩大覆盖面，保障

的对象不断由国有企业职工向其他所有制职工扩张，鼓励个体工商户和灵活就业人员参加保险；三是强调微观主体对于制度的责任，同时政府的角色退出；四是将替代率降低至60%左右。

二、对基本养老保险制度的评价

企业保险向社会保险的转向，在制度安排上由县（市）级统筹向省级统筹过渡，并相应地建设了社会化管理体制，这些都是正确的选择，是市场经济的要求也是市场经济的条件。社会保险的建立解决了企业负担畸轻畸重的问题和事务负担过重的问题，也部分解决了劳动力跨所有制流动的障碍问题。独立于企业事业单位之外的退休金发放制度，保障了经济体制改革引起大量破产的企业退休职工的利益。政策从早期以县市为统筹单位，到后来强调以省为统筹单位是正确的，以省为单位统筹可以在更大范围内进行资金调节和再分配，更有利于劳动力在更大的统筹范围内自由流动。

基本养老保险强调"保基本"，强调将养老金替代水平由原来的自己最后工资的70%—80%降为社会平均工资的60%左右是正确的，它正确地反应了社会保障水平与经济发展水平相一致的原则，同时也是对应人口老龄化的应有选择。但是，由于基本养老保险内部的结构和参量等安排并不能满足制度设定的保障水平，实践的结果是养老金替代水平呈下降趋势，早已远离政策的目标（见表2-2）。所以我们需要反省，是目标替代率设定不合理还是其他方面出了问题。后文的定量分析将告诉我们，制度的统账结构及制度内的各参量设计都不能保证实现制度的保障目标。

扩大覆盖面的努力是正确的，是与市场经济发展的市场目标相一致的。覆盖率的高低是衡量社会保险制度公平性的一个重要指标，覆盖率高意味着更多的人受到制度的保护，当然也意味着制度更具财务上的可持续性。从1991年保障的对象仅限于国有企业职工，到1995年扩大到各类企业职工，一直到2005年提出具体鼓励个体工商户和灵活就业人员参保的办法，每一步都在进步。

但是，笔者认为体现在基本养老保险制度中的价值观，以及由此引起的社会统筹和个人账户的制度结构需要我们认真评估。

基本养老保险制度中体现的是效率优先的价值观，强调多劳多得，强调个人账户对效率的作用。但我们认为这一价值观与保险的本质是冲突的，保险的本质是互助共济，是"一人为众，众人为一"的风险分散机制。社会保险则不仅强调风险在众人中分散，还强调通过一定程度的再分配使制度中的风险程度较高的成员得以保障。社会保险中确实广泛存在"搭便车"的问题，但个人账户不是解决问题的道路。近三十年二十余国（包括中国在内）的经验并没有显示社会保障私有化（个人账户）对效率产生作用。[①]

在效率优先的价值观下，我们设计了个人账户制度，尽管个人账户的权重一直在下降，从完全的个人账户制度下降到11%，2005年进一步下降到8%，但个人账户仍然在基本养老保险中占有重要的地位。政策不断下调个人个账户比例不仅说明决策者的价值观一直摇摆不定，也说明个人账户的建立是有问题的。经过十几年的发展，经验证明，个人账户并没有实现预期的促进效率的效果，对于劳动力市场的效率，我们看到，制度的覆盖率与个人账户并无明显联系；至于个人账户可以减轻负担和提供足够的退休保障，这一预期能否实现取决于个人账户的投资收益率是否能够盯住工资增长。已有的经验告诉我们，中国在过去的十几年经历了工资的高增长，在可预见的未来工资将继续高增长，而个人账户按一年期银行利率计算利息的政策已使个人账户成为一个无效的制度。我们在后文中有定量分析。

在效率优先的原则下，基本养老保险将全部的责任从政府转移到企业和个人，尤其在社会统筹和个人账户相结合的制度下，政府从基本养老保险领域的退出引起了一系列的问题。个人账户的建立意味着目前工作的一代人既要赡养旧制度遗留中已退休的一代人，同时又要为自己的未来储蓄，一代人养两代人的老，在理论上是不合理的。同时，退休一代工作时，中国实行的是低工资高福利制度，他们的劳动剩余转化为政府的收入和对国有企业的投资，政府理应承担转制成本。

---

① 李珍：《社会养老保险私有化的反思》，《人民大学学报》2010年第2期。

　　由于个人账户的设立且政府不承担转制成本，又出现了新的问题，即"空账运行"问题。初期的政策被证明是行不通的，政策只能一步一步退却，一方面降低个人账户的权重以减轻转制成本，一方面由政府负担部分转制成本（2005 年 38 号文）。可以预见的是，按目前的政策，在以新增税收且以地方政府为主要转制成本承担者的政策下，做实个人账户的速度会很缓慢。政府的重新承担，说明在基本养老保险领域"效率优先"原则下将责任全部转移给微观主体是行不通的。

　　个人账户的设计是为了积累基金以解决人口老龄化问题，个人账户空账显然是不行的，于是基本养老保险政策安排个人账户做实的试点。新问题接踵而来，养老基金如何管理？如何在安全性和收益性之间取舍成为一个麻烦的现实问题。试点做实个人账户的地区都面临基金如何保值增值的现实问题。存银行可以保证基金的名义安全，但基金被通货膨胀侵蚀得厉害；市场化运营养老基金也许可以获得较高的收益率，但谁能承担投资亏损的政治后果？《社会保险法》（草案）中曾提到建立基本养老个人账户投资运营体制，一场世界范围内的金融危机过后，2010 年通过的《社会保险法》只字不提个人账户的基金市场化运营，可见个人账户基金市场化投资运营远未达成共识。如果个人账户基金管理体制只能保持现状，可以肯定的是：在中国，个人账户比现收现付制度更无效。

表 2 - 2　1993—2011 年基本养老保险各项指标的变化

年份	参保退休人口（万）	覆盖率①	制度赡养比	在职职工工资水平	在职职工工资增长率	人均退休金	社会平均工资替代率
1993	1839.4	78.46%	4.35	3371	24.35%	2558.44	75.90%
1994	2079.4	79.27%	4.08	4538	34.62%	3179.28	70.06%
1995	2241.2	70.61%	3.90	5500	21.20%	3781.90	68.76%
1996	2358.3	68.87%	3.71	6210	12.91%	4375.61	70.46%
1997	2533.4	68.21%	3.42	6470	4.19%	4939.21	76.34%

---

　　① 计算覆盖率的分母为城镇总就业人口减去公务员和事业单位就业人员，分子为参保人数。

年份	参保退休人口（万）	覆盖率	制度赡养比	在职职工工资水平	在职职工工资增长率	人均退休金	社会平均工资替代率
1998	2727.3	66.08%	3.11	7479	15.60%	5542.48	74.11%
1999	2983.6	72.27%	3.18	8346	11.59%	6451.60	77.30%
2000	3169.9	70.19%	3.3	9371	12.28%	6673.71	71.22%
2001	3380.6	70.21%	3.2	10870	16.00%	6866.53	63.17%
2002	3607.8	69.85%	3.1	12422	14.28%	7879.87	63.43%
2003	3860.2	70.66%	3.02	14040	13.03%	8087.92	57.61%
2004	4102.6	71.88%	2.99	16024	14.13%	8536.29	53.27%
2005	4367.5	74.27%	3	18364	14.60%	9250.83	50.37%
2006	4635.4	76.68%	3.05	21001	14.36%	10563.71	50.30%
2007	4954.0	68.61%	3.06	24932	18.72%	12040.78	48.29%
2008	5304.0	72.46%	3.13	29229	17.23%	13932.88	47.67%
2009	5807.0	75.67%	3.06	32736	12.00%	15316.00	46.79%
2010	6305	79.62%	3.08	37147	13.47%	16740.68	45.07%
2011	6826	79.05%	3.16	42452	14.28%	18700.56	44.05%

资料来源：根据中国统计年鉴（1993—2011年）相关数据计算。

除了基本养老保险制度的所有制结构外，我们认为，制度的参量对制度的长期可持续性以及对职工退休收入的影响没有受到应有的重视。

在有个人账户的情况下，个人账户收益率不仅是验证该制度是否比现收现付制度更为有效的指标，还直接对个人的退休收入起作用，并间接对制度的长期财务稳定起作用。因为退休收入由基础养老金和个人账户养老金组成，且有一个随工资增长和物价上涨的调整机制。而个人账户养老金的多少取决于账户的积累资金，收益率是其重要的影响因素，收益率低则积累额低，则退休收入下降。当退休收入下降到基本保障水平以下时，或者发生老年贫困，或者制度通过调整机制提高退休金水平。在前一种情况下，基本养老保险保不了基本生活；在后一种情况下，则制度的长期财务稳定发生困难。从建立个人账户到当前，除了"个人账户按一年期银行利率计息"的制度安排之外，基本养老保险政策没有对个人账户收益率的宏观和微观影响有任何的关注。这是一个缺憾。本书将从退休收入的角度对个人账户收益率给予定量分析。

影响基本养老保险制度有效运行的两个重要的参量分别是退休年龄和领取养老金的缴费资格年限，但基本养老保险政策对这两个参量完全没有给予足够的重视。

在人口预期寿命不断延长的情况下，基本养老保险仍然沿用了 20 世纪 50 年代初的退休年龄政策，男性为 60 岁，女性干部为 55 岁，女性职工为 50 岁。退休年龄双向影响收支平衡，也双向影响个人的退休收入水平。退休年龄越高则缴费年限越长，领取养老金时间越短，则制度缴费人口越多，制度保费收入越多，领取养老金的人越少，制度支出越少，制度越趋于长期财务稳定；对个人而言，缴费年限越长退休生活越短则工作收入越多，同时退休收入越高。学界基于养老保险制度长期财务可持续的考虑，从而主张提高退休年龄的文献已有许多，也有人基于年轻人就业的考虑反对提高退休年龄。但事实是，20 世纪 70 年代，各国降低法定退休年龄，以此来解决高失业问题，结果是失业的问题没解决，养老的成本却增加了，20 世纪 90 年代后，各国又纷纷提高退休年龄以减轻养老制度的负担。本书对 OECD 各国的经验总结发现，提高退休年龄是应对人口老龄化的一个普遍做法。在我国基本养老保险的相关政策中却对退休年龄政策避而不谈，显然不利于制度的可持续发展。本书将对这一参量进行定量分析，尤其侧重退休年龄对退休收入的影响。

基本养老保险从开始就认定 15 年缴费为领取养老金的资格，除少数学者外（何平，2005），已有的文献对这一参量的影响讨论不多。缴费年限的长短与制度的收入相关，也与个人的退休收入有关。我们不知道 15 年缴费年限的政策依据是什么，但我们认为，15 年缴费期的规定过于宽松，领取养老金资格的可及性太强，是对赡养比有着重要负面影响的因素。同时，可以预见的问题是：第一，一部分人会与制度博弈，不管一生中工作时间的长短，只选择缴费 15 年，这种情况会大量发生在灵活就业人员和非正式部门就业人员以及农民工中间；第二，制度的赡养比较之于总体人口的赡养比更为恶化；第三，选择只缴费15年的人退休收入严重保障不足。我们后文有定量分析为证。如果想让这部分人员获得基本保障，制度将大量补贴这部分人口，制度的长期财务稳定性受压。与此相关的理论问题是基本养老保险制度的目标定位：在人口老龄化的情况下，它是为有足够长缴费历史的人提供基本收入保障，还是为尽可能多的人提供不充分收入保障？如果是前者，提高缴费年限的规定是必要的，但这就意味着有更多的人不能获得制度的保障；如果是后者，制度的保障水平必然下降，制度的长期财务稳定性会恶化。我们认为，养老的问题不能仅靠一个制度来解决，不可能毕其功于一役。基本养老保险制度应该是一个长期内财务相对稳定的、为缴费年限足够长的人口提供基本养老保障的制度。

除了美国的养老金资格是40个季度（10年）之外，许多国家领取养老金资格的缴费年限要长得多。我们对OECD各国的研究也发现，进一步提高缴费年限也是社会保险制度参量改革的重要内容。如，法国私人部门的缴费年限为40年，公共部门的缴费年限原本为37.5年，为了减轻财政负担，近年的改革内容之一是将公共部门的缴费年限提高到40年。

参考文献

［1］李铁映：《建立具有中国特色的社会保障制度》（1995），收于论文集《中国社会保障体制改革》（徐滇庆等主编），经济科学出版社1999年版。

［2］李珍：《社会保障制度与经济发展》，武汉大学出版社1998年版。

［3］翁天真、贺天中：《论深化养老保险制度的改革》，《经济管理》1995年第6期。

［4］李珍：《个人账户风险及其管理》，《管理世界》1997年第11期。

［5］赵志刚：《我国调整和完善城镇职工基本养老保险制度的实践探讨》，《中国劳动》2004年第10期。

第三章 基本养老保险制度内在机制与
目标保障水平的冲突分析

包含基本养老保险制度在内的我国社会保障制度的基本目标是"保障人民基本生活"（十七大报告），基本原则是"低水平、广覆盖"，基本前提是与我国经济社会发展相适应。现行制度38号文对基本养老保险制度的保障目标概括为"确保基本养老金按时足额发放，保障离退休人员基本生活"，这也是基本养老保险制度的首要任务。因此，关键词是"保基本"。

党的十四届三中全会明确提出，养老保险待遇水平必须同我国社会生产力发展水平及各方面的承受能力相适应。李鹏同志曾多次指出，政府强制实行的基本养老保险只能保障人们的基本生活，这是建立和完善我国社会保障制度必须遵循的一条重要原则，要认真贯彻执行。至于提高待遇水平问题，要通过建立多层次的养老保险体系来解决。李铁映（1994）指出：根据我国的实际情况，随着经济的发展、职工收入的增加和补充养老保险、个人储蓄性保险的发展，基本养老金替代率（即养老金相当于社会平均工资水平的比例）在60%左右水平比较合适。1997年26号文的制度目标替代率即为60%左右，其中社会统筹部分的目标替代率为20%，个人账户部分的目标替代率为38.5%。胡晓义（1997）在论及基本养老保险替代率时作了较为详细的说明：一部分是相当于当地社会平均工资20%的基础养老金，另一部分是相当于社会平均工资38.5%的个人账户养老金，合计约58.5%的目标替代率。后者是假设一个工资与社会平均工资水平相当的人，缴费420个月（即35年）、缴费率11%（按照1997年《决定》的规定）并按照120个月计发（即11%×420/120＝38.5%），这里一个重要的假设是个人账户利息率与工资增长率相等，这恰恰是目前最大的问题（现实情况是参照一年期银行存款利率计息，仅不到 3%）。他同时根据在职人员在税后净工资约为毛工资的 85%、赡养率在 1.7 的现实下，平均到每个被赡养的人即约为毛工资的 57% 的情况，认为目标替代率略低于 60% 是较为合理的。从实践来看，个人账户的目标替代率远远没有达到，根本原因在于个人账户收益率远低于工资增长速度。

"保基本"的内涵是什么、多少退休金才能保基本这些问题在理论上尚无充分的讨论，在政策上也无明确的规定，因而在实践上也会产生困惑并由此引起政策的执行力下降。养老金替代率是衡量养老保障水平的最重要的指标。1997 年建立城镇企业职工基本养老保险制度以来，养老金社会平均工资替代率已经由 1997 年的 76% 下降到 2009 年的 47%，[①] 12 年间下降了近 30 个百分点，与制度的目标相去甚远（目标是 58%—60%）。退休收入快速下降与基本养老保险制度有意无意回避"保基本"的内涵和合意的替代率有一定的关系。

因此，按照这样的思路和逻辑，本章将先后从四个方面进行研究论述。首先，理论分析，即从概念上对"保基本"的制度目标进行分析，阐述基本养老保险社会平均工资替代率目标设置及其理论和实践基础。其次，制度运行分析，从基本养老保险制度的实际运行效果来分析保障水平——社会平均工资替代率下降这一基本事实。再次，研究我国基本养老保险社会平均工资替代率下滑的内在机理，解释分析造成替代率下滑的各种因素，特别是主要因素。最后，针对我国养老保险制度出台后，在其过渡时期对不同群体的不同影响，特别是制度出台前已经退休的"老人"，制度出台前已经参加工作、尚未或即将退休的"中人"，以及制度出台后参保的"新人"，比较分析 1997 年 26 号文、2005 年 38 号文两个重要制度文件对保障水平的影响，着重分析现行制度 38 号文出台后的养老金计发办法及其运行结果，并结合保障水平的演变趋势分析预测未来保障水平的发展走势，为

---

① 根据中国人民共和国人力资源与劳动社会保障部 1998—2010 年公布的数据计算。

制度改革与完善提供参考意见。

第一节　基本养老保险制度设计的
目标替代率的合理性

一、替代率概念分析

养老金替代率是衡量养老保障水平的最重要的指标。养老金替代率是养老金与某种不同定义的工资收入之比。由于基数的内涵不同，养老金替代率的意义是不同的。替代比率相同，公式中的基数越高则养老金越多，相反，公式中基数越低则养老金越少。所以，我们考察退休保障水平时不仅要看替代率的高低，还要看计算公式中的基数的大小。尤其是在做国际比较研究时，弄清养老金替代率的含意是非常重要的。总结起来，各国常用的替代率有如下一些：

养老金最后收入替代率及其意义。该替代率指标指养老金与雇员个人退休前工资收入之比，反映的是个人退休前后收入的变化。该指标背后的价值观是，养老金是保证退休人员不因退休而使其收入和生活发生大的变化。一般来说，人们退休前的工资常常是最高的（或者是一生中较高的），如果替代率相同，这一指标对退休人员最有利，尤其是在稳态经济的情况下，退休人员可长期享受较高的退休保障。但是，在这种情况下养老保险制度的收支平衡压力较大。从动态的角度看，如果一个社会经济高速增长，在职人员工资增长很快，而养老金只是盯住本人退休时的工资而又没有相应的调整机制的话，养老金不能分享经济成长的成果，相对日益丰富的物质生活，养老金很快显得不足以保障退休生活。许多东欧前社会主义国家都用过养老金最后收入替代率，中国 20 世纪 50 年代建立起来的退休金制度也是采用的这一指标。工龄达到 30 年且达到退休年龄的人员几乎可以领取自己最后工资 80% 以上的退休金。在稳态的经济中，这一比例是很高，这也是 20 世纪 90 年代中国对原有的退休金制度改革的理由之一。

终生平均工资替代率及其含义。该替代率指标是指养老金与个人退休前终生平均工资收入的比例。这一指标背后的价值观更多的强调效率，即养老金收入与个人一生的贡献相联系。这是一些高收入国家较早采用的养老金计算方法之一。较之前一种最后收入替代率计算方法，这种计算办法实质上降低了替代率的基数（终身平均收入一般要低于最后工资收入），在相同的替代率水平下，个人的养老金水平会较低，但养老金制度的支出压力会减轻。中国基本养老金制度中社会统筹这一部分就引入了这一指标（2005 年 38 号文），强调了职工一生缴费的年限和缴费的基数对养老金水平的意义。

某些年份的平均工资替代率及其含义。该替代率指标是指养老金与个人终生收入中某一段最高收入的平均数之比。在同一替代率下，这一指标的退休收入水平会介于最后工资替代率与终生平均工资替代率之间。有些国家用一生中最高收入的五年作为计算的基数，有些国家则用更长的年限。一般来说，作为计算基础的年限越长，其计算中的分母就越接近于终生平均工资替代率中的分母。替代率不变时，个人养老金收入越少，制度的负担越轻。近三十余年，在各国的养老金制度改革中常用的一个办法是增加基数计算的年限，比如，1993 年法国养老金制度改革就将计算养老金的基数由原来收入最高的 10 年提高到 25 年。相较于直接降低替代率，这一做法更容易被接受，虽然这只是一个数字游戏。

社会平均工资替代率（简称"社平工资替代率"）。该指标是指养老金占当期社会平均工资的比例。较之前面的计算方法，这一指标的最大特点在于替代率的计算基础不再是不变的个人退休前收入，而是时刻变化着的社会平均工资。较之于最后工资替代率，其计算的分母缩小了许多，如果替代率不变，养老金收入会下降。但这一指标的明显优势是退休人员收入是动态的，可以较容易分享经济增长的成果，同时也可以较容易观察退休收入与当期消费的对比关系，从而较容易观察退休人员的实际的生活保障状况。在经济高速增长的国家，采用这一指标对保障退休人员的收入尤其重要。我国城镇职工基本养老保险实际上采用的是这一指标，也更应该采用该指标，其中的一个重要原因在于：随着我国经济的快速发展，工资增长速度较快，若养老金仍然仅仅盯住退休前收入，则会失去现实意义，不能真实地、动态地反映养老金对老年人的保障水平。

二、关于基本养老保险目标替代率的讨论

在建立和建设中国城镇职工基本养老保险（以下简称"基本养老保险"）的过程中，政策层面并没有明确说明基本养老保险的替代率的含义，学界也没有对改革前后替代率的变化作广泛的讨论。我们认为，养老保险是为退休人员提供生活保障的基本制度，而退休金替代水平是其重要的评价指标，深入讨论这一指标对完善基本养老保险制度是有益的。我们的研究结论是：在概念上，基本养老保险的替代率是社会平均工资替代率，并且采用这一指标是合理的；政策设定的目标替代率为60%，这一指标是大体合理的（在第三节讨论）；与改革前的制度相比，基本养老保险制度的退休金水平从替代率和工资基数两个维度被大幅挤压。

第一，基本养老保险的替代率是社会平均工资替代率，明确这一点，我们对于保障水平或替代率的研究才有基础，才有统一的比较标准。到目前并无相关政策明确使用社会平均工资替代率这个概念，但根据相关政策对社会统筹和个人账户退休金的计算，我们可以知道，其计算的基础是社会平均工资。1997年26号文规定社会统筹部分养老金的发放是基于上年"在岗职工平均工资"（即"社会平均工资"），个人账户的设计，也是假定个人账户上的资产收益率与社会平均工资增长率是一致的。[①] 可见基本养老保险的替代率指的是社会平均工资替代率。

[①] 胡晓义（1997）在解读政策时计算："假设个人账户收益率与社会平均工资增速一致，则缴费35年（25岁至60岁）后个人账户的替代率为38.5%"，这里用的就是社会平均工资替代率的概念。

第二，正如我们前面讨论过的，城镇职工基本养老保险采用社会平均工资替代率是合理的。随着我国经济的快速发展，工资增长速度较快，若养老金仍然仅仅盯住退休前收入，则会失去现实意义，不能真实地反映养老金对老年人的保障水平。如果社会平均工资替代率设计水平合理且退休收入能盯住这一替代率，则退休人员能分享经济高速增长的成果；如果退休收入盯不住这一设计替代率，则易于观察退休人员的相对贫困状况。已有文献关注到退休人员的相对贫困问题（如褚福灵，2004，2006）。

第三，基本养老保险相较原来的退休金制度，不仅从替代率上，也从替代工资的基数上降低了退休金水平。基本养老保险改革的原因之一是原有的退休金制度替代率太高，所以改革的目标之一是逐步将80%的替代率下降为60%左右，这一点是明了的。但人们忽视了在退休金计算公式中，计算的基础由原来的最后工资变成了社会平均工资，计算结果被缩小了许多。新制度中，退休金水平从分子（替代率）、分母（计发基数）两个方面被压缩。对于其中工资基数的缩小，人们一般混然不觉。

指出这一点很重要，在做国际比较研究时，我们不可以简单比较，一定要弄清其含义以后才可进行比较。

三、社会平均工资替代率的合理水平分析

目标替代率是指制度（或政策）设定的替代率，即制度希望达到的替代水平。基本养老金制度相关文件并没有直接规定其目标替代率是多少，但我们可以从制度设计中的社会统筹与个人账户的发放水平知道，基本养老保险的目标替代率是社会平均工资的60%左右。我们认为这一目标替代率相对于"保基本"的目标而言，是大体合理的。如果低于这一水平，对于改革时已退休和进入高龄的职工而言，退休金很难提供"保基本"的水平，许多人将会陷入相对贫困。

1. 相关的文献研究

对基本养老保险替代率的研究已有不少的文献。基于保障的内容不同，基本观点可以分为两类：一类基于生活保障，认为60%的替代率是合理的，

或者至少不低于某一个百分比，比如50%。一类则是基于恩格尔系数，认为替代率可以更低一些。两者的焦点不在于替代率高低，而在于保障的内容，前者是保基本生活，后者是保吃饭。

占优势的观点是第一类。国研中心（2000）认为，基本保险加个人账户的养老金平均替代率大致在60%左右是合理的；邱东（1999）从家庭结构、最低生活保障线等出发，提出我国的养老金替代率合理水平应该在55%。贾洪波（2007）认为基本养老金合意替代率的上限要使退休者的平均基本生活水平不致因退休而大幅度降低，并结合国际贫困线法，指出我国的这一替代率下限为50%。

郑功成（2003）认为以恩格尔系数[1]在40%左右为依据来确立基本养老保险水平较为合理，基本养老保险金的水平只要相当于职工平均工资的53.33%。恩格尔系数再持续下降，则替代率还可以适当降低，50%左右的替代率可以作为中国未来基本养老保险的保障水平目标。

也有文献基于权利义务的认识，或支持60%的替代率或认为目标替代率应该更低。褚福灵（2003，2004，2006）指出替代率概念是离退休人员养老金待遇与在职职工工资待遇的对比关系，反映了两个不同社会群体的利益关系，并指出按照基本养老保险制度改革的总体思路，未来我国这一替代率目标应为60%左右。这里作者看到的是养老金的权利。杨燕绥（2004）认为政府不可能向所有老人提供相当于社会平均工资60%的养老金，应留出空间发展职业年金。这里作者关注的是政府的义务和负担能力。

2. 本书关于"保基本"的基本内容的讨论

我们认为就"保基本"已达成共识，但"保基本"的内容是什么，政策没有给出明确的规定，学界的认识也有差异，又因此对制度的目标替代率的高低的评估会有不同的看法。本书认为基本养老保险应该为生存必需品相关的消费支出提供保障，而在目前情况下，社会平均工资替代率至少

---

[1] 恩格尔系数指的是用于食品的支出与消费支出的对比关系。各国的经验表明，当收入水平不升时，恩格尔系数会下降。

要达到60%才能基本做到"保基本"。

"保基本"是一种广泛的共识，"保基本"的共识来源于对原有退休金制度的批评。20世纪50年代建立起来的企业员工退休金制度，经不断发展，到1978年，国务院规定的退休金水平是（本人退休前）工资的60%—75%，后来由于种种原因，退休待遇的实际水平不断攀升，到20世纪90年代已达到工资收入的80%左右，给当时的企业造成了严重的负担，这一情况受到广泛的诟病。在这种情况下，达成了社会保险"保基本"的共识。

胡锦涛同志多次提出"把人人享有基本生活保障作为优先目标"。基本养老保险制度运行十几年来，"保基本"也一直是党和政府相关文件对其保障目标的表述，2005年38号文曾明确提出建立基本养老保险的任务是保障离退休人员的基本生活。这同时也是学术界普遍认同并支持的一种提法。如：在以经济效率为中心和经济总体发展水平还比较低的总体背景下，要致力于保障职工基本生活（何平，2008）；在制度设计上，基本养老保险的目标是满足企业职工退休后的基本生活保障（李珍，2003）；建立强制型个人账户继续保留现收现付模式以满足社会的基本需求（周小川，1999）；"保基本"为社会保险的本质特征之一（何文炯，2009）。

本书认为基本养老保险应该为退休人口提供基本需求的保护。从需求的角度看，我们可以将需求分为基本需求（生存）和发展的需求，由此家庭的支出可以分为基本需求支出和发展需求支出，前者指吃、穿、住、行（交通、通信）、医疗等内容，后者指教育、培训、文化、娱乐等内容。退休人口一般不会在发展需求上有太多的支出，而在基本需求方面，他们的支出与其他人口相当，只是医疗支出会更高。以恩格尔系数作为保障的标准是保吃饭，是保生理的需求，不是"保基本"。除了吃饭穿衣是刚性支出外，医疗费用不仅是刚性的而且是老年人支出的相当大的一部分。国际经验表明，老年人的医疗费用是全体人口平均数的3—5倍。虽然城镇职工有医疗保险制度的保护，但自己负担的费用仍然是相当大的。老年人买房的可能性小，但住房以及与此相关的公共设施费用（水电、物业费等项）是硬性支出，而且不是小数目。各年的统计年鉴显示，城镇居民用在此项的支出占人均消费支出的 10% 左右。

"保基本"的功能应该由基本养老保险来完成。"保基本"是退休金的基本权利。我们需要从制度的长期可持续发展考虑制度的支付能力，但我们不能忽视了退休金是退休人口工作期间长期承担缴费义务的基本权利。对于制度建立之初已经退休和高龄的劳动者，他们长期生活在"高就业、低工资"的时代，基本养老保险是他们唯一的生活来源，如果这一制度不能提供基本保护，他们将处于相对贫困甚至是绝对贫困状况。

3. 关于合意的替代率的讨论

合意替代率是很难确定的，它取决于很多的因素。从图 3 - 1 我们可以看到，在 OECD 国家，替代率从英国的不足 30% 到德国的 90% 以上，我们很难判断哪一个更合意。我们只能说，每个国家有不同的国情，经济承受能力、价值观（是偏好老年人的福利还是偏好年轻人的福利），以及制度环境（有无其他的老年收入保障制度和医疗保险制度）等等都是重要的影响因素。

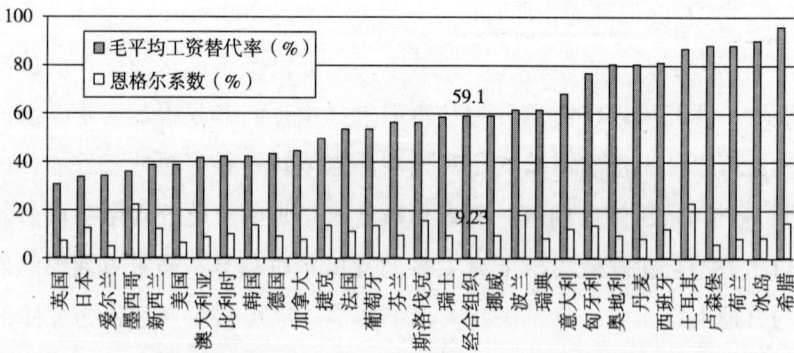

图 3 - 1　2006 年经合组织各国养老金毛平均工资替代率与恩格尔系数

从图 3 - 1 中我们可以看到，一些 OECD 国家的替代水平比我国还要低。也正因为如此，有学者认为基本养老保险制度的保障水平仍然太高。我们必须知道，从收入制度来看，许多 OECD 国家有其他的退休收入来源，如企业年金，如美国、澳大利亚、英国等等。从支出方面看，老年人除了食品之外，重要的支出是医疗费用。OECD 国家有较好的医疗保险制度，老年人口在医疗方面的支出微不足道，一些国家不但有医疗保险或免费医疗，同时还有长期护理保险，如美国、日本。而中国的医疗服务的自付水平是很高的，各年的统计表明，医疗支出占当年人均消费支出的 7%—8% 左右，老年人的支出会更高。另外，OECD 国家恩格尔系数普遍较低，同样的替代率甚至更低的替代率却有更强的基本生活的保护能力。

各国的情况千差万别，我们试图用替代率与恩格尔系数的对比关系来衡量养老金水平高低的状态。在替代率高低与否的判断上，人们比较喜欢做国际比较，尤其常见的是与美国比较，因为美国的替代率只有 40% 左右，所以人们可能认为中国的养老金水平还应该继续下降。我们发现这种比较过于简单。仔细的观察，我们发现，高收入国家的养老金水平是恩格尔系数的数倍。图 3-1 表明 2006 年经合组织（OECD）各国养老金的社会平均工资替代率平均为 59.1%，而其恩格尔系数只有 9.23%，养老金水平是恩尔系数的 6 倍。美国的养老金替代率为 40%，但其恩格尔系数还不到 10%。在替代率与恩格尔系数的关系上，最为接近中国的是墨西哥，替代率不到恩格尔系数的 2 倍。

研究养老金替代率在做国际比较时，我们要注意，第一，替代率是否为同一个概念，即计算的基数是否相同，指标是否具有可比性；第二，即使是同一个指标，在判断养老金水平高低时，应该考虑替代率与恩格尔系数的对比关系，即消费支出中用于食品的比例；第三，要考虑其他收入和支出制度的不同。

在中国，基本养老保险的价值观是在公平与效率、退休人口和在职人口之间求得一个平衡，基于对中国是一个发展的人口大国等因素的认识，在保障水平上，我们强调"保基本"而不是高水平的保障，制度设计的目标替代率为 60%，这一指标在制度未成熟期是大体合理的（对改革时的"老人"和"中人"而言）。第一，基本养老保险是退休金的唯一来源；第二，保生存的刚性需求使然（下面进一步有分析）；第三，与 OECD 国家相比，替代率水平相当，但中国老年人口用于食品支出的水平和医疗支出的水平更高。

四、中国的现实——目标替代率失守

基本养老保险的目标是为退休人员提供60%左右的社会平均工资，这一水平是能保证必要的生活支出的。现在的问题是，基本养老保险运行的实际情况已大不同，制度运行十余年，退休金的实际社会平均工资替代率早已在50%以下，退休收入已低于城镇居民人均收入，且这一下滑趋势仍在继续，这一问题应该引起我们的关注。

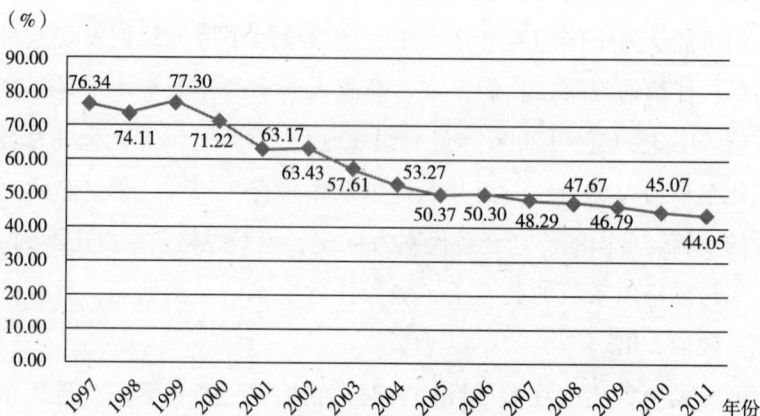

图3-2 实际社会平均工资替代率变化情况

资料来源：人力资源与社会保障部各年统计公报。

基本养老金的发放由两个部分组成，一是社会统筹，一是个人账户，前者取决于缴费年限，后者取决于个人账户的本利之和除以一个固定的发放月数。制度还留了一个敞口，那就是随工资和物价调整，本书称之为"调整机制"。这样，对个人而言，退休金其实由三个部分组成：社会统筹＋个人账户＋调整基金。图3-2显示，1997年开始全面实施基本养老保险制度，社会平均工资替代率由当年的76.34%，逐年快速下降，到2003年，替代率已降至目标替代率60%以下，为57.61%。如果维持在这一水平，制度运行的结果与制度的设计还是大体相符的，但替代率并没有停止继续快速下降，到 2011 年仅为 44.05%，比目标水平低约 16 个百分点。

（元／年）

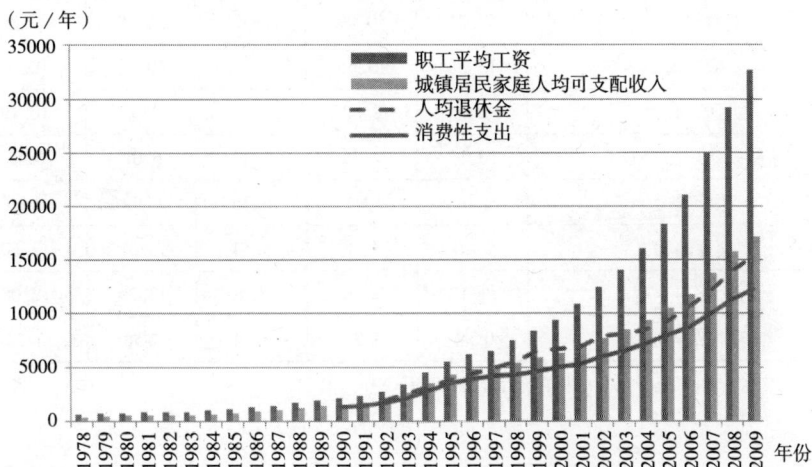

图 3 - 3　1978—2009 年人均工资等指标

图 3-3 的数据显示，在 2003 年之前，人均退休金的多数年份高于城镇居民家庭人均可支配收入，但从 2003 年开始，一直低于人均可支配收入，并且与这一指标的差距越来越大，说明退休人口群体是最低收入人群。从 1998 年至 2009 年，人均可支配收入年均增长 10.58%，而同期退休金年均增长 10%，低于可支配收入的增长速度，这说明老年退休者收入相对于家庭平均水平也越来越差。从消费支出看，退休收入高于人均消费支出，但我们必须注意到，1997 年基本养老保险制度建立伊始，城镇居民的恩格尔系数是 48%，此后快速下降到 2003 年的 37%，但 2003 年以来，尽管工资收入和人均收入快速上升，但恩格尔系数停止下降，且稍有上升，2008 年为 38%，也就是说，用于食品这项最刚性的支出并没有下降。医疗支出则维持在总消费支出的 6%—7%，若考虑到老年人口的医疗支出是平均数的 3—5 倍，退休收入对必要的生活支出是相当拮据的。

表 3 – 1　人均消费性支出构成　（人均消费性支出 = 100）

项　目 ＼ 年份	1990	1995	2000	2007	2008
食　品	54.25	50.09	39.44	36.29	37.89
衣　着	13.36	13.55	10.01	10.42	10.37
居　住	6.98	8.02	11.31	9.83	10.19
家庭设备用品及服务	10.14	7.44	7.49	6.02	6.15
医疗保健	2.01	3.11	6.36	6.99	6.99
交通通信	1.20	5.18	8.54	13.58	12.60
教育文化娱乐服务	11.12	9.36	13.40	13.29	12.08
杂项商品与服务	0.94	3.25	3.44	3.58	3.72

资料来源：国家统计局：《中国统计年鉴2009》。

近些年政府通过调整机制连续增加基本养老金，所以从2007年以来，替代率的下降速度有所减缓，但下降的趋势并没有改变。而且我们必须认识到，这些年通过调整机制连续增加养老金并不主要是基于退休人员的"保基本"的需要，在更大的程度上是外来的压力：第一，金融危机后，在中国经济由出口推动向内需推动转型的宏观政策下，增加养老金在一定程度上是作为有效需求管理的工具来利用的；第二，目前公务员和事业单位仍然沿用的是旧制度，退休金水平高于养老保险制度下的养老金水平，引起了社会的批评，为了缩小两个制度下养老金水平的差距，政府一方面提高养老保险制度下的养老金水平，另一方面按住公共部门的退休金水平，所以在某种意义上，"调整机制"的运用可以看做是解决两种制度差距的手段。有理由相信，一旦这些因素消失，替代率可能再度快速下降。

目前，已有2.8亿人参加了基本养老保险，可以认为中国城镇已普遍建立了该制度。但由于该制度相较于原来的退休金制度计算的工资基数缩小和目标替代率大幅下降，使得退休人员的养老金保障水平在制度层面上（名义上）大为缩减，十余年的实践，退休人员的实际退休保障水平又进一步缩减。这一状况引起了两个问题，对已退休人员来说，会有相当数量的老年人生活相对贫困；而对在职人员而言，他们对基本养老保险制度的信任度会降低，又由此引起不安。

专栏 3 - 1　养老保障与基尼系数

我们可以用经合组织成员国的基尼系数来分析其养老保障水平的公平性，或者养老保障体系的再分配效应。通常，若一国的养老保障体系（包括公共养老金、私人养老金等在内）设计得当，很好地体现了其再分配属性，则老年人群的基尼系数应该低于全体人口基尼系数。

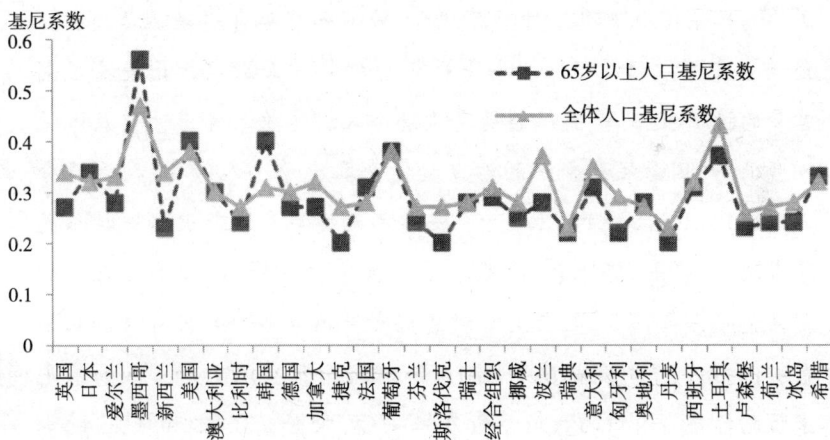

图 3 - 4　经合组织国家不同群体的基尼系数（2006 年）

资料来源：http://stats. oecd. org。

通过图 3 - 4 可以清晰地看出，在经合组织各国中，绝大部分国家的 65 岁以上的退休人员的基尼系数要显著低于总人口的基尼系数。换句话说,养老保障体系体现出明显的再分配效应,养老保障制度体系没有将人们于在职期间的收入差距完全延续到退休阶段。其中,英国、新西兰等国的老年人基尼系数远低于全体人口的基尼系数,这与这些国家的养老金计发办法不无关系。如英国的国家养老金是待遇均等,金额一致(Flat-rate)。而根据布鲁金斯的研究报告,新西兰的年金市场较小,其养老金累进指数为100[①],累进性在经合组织中处于最低水平。因此,这两个国家养老金制度的再分配性非常明显,导致反映收入差距的基尼系数在老年人与全体人口之间呈现较大差距。

当然,也有为数不多的一些国家出现了相反的情况,即老年人的基尼系数高于全体人口的基尼系数。比较明显的有墨西哥、韩国,美国、法国也出现这种情况,但差距不如前两者明显。澳大利亚65岁以上人口的基尼系数与全体人口的基尼系数显示出没有显著差异的特征,这与其强积金制度使得个人退休收入与退休前收入关联度很高(因为强积金下的养老金完全取决于个人缴费,缺乏再分配效应),以及额外的"零支柱"安排不无关系。表现出这一特征的还有波兰、瑞士、奥地利、希腊等欧洲国家。另外,由于瑞典采用的是名义账户制,个人养老金与缴费记录直接关联(虽然不强调基金累积,财务上采取现收现付制),因而该国65岁以上老年人的基尼系数也与全体人口的基尼系数基本一致,分别在0.22和0.23的水平,差别不大。

---

① OECD采用养老金体系的累进性方法,将养老金收入分布与退休前收入分布相关联。在该方法中,参考点是一个基本框架,如果所有人都得到均等的养老金,则给予100分,如果是一个纯粹的保险计划,给予每个人100%的退休前收入,则给予0分。

五、小　结

第一，社会平均工资替代率是能够较好反映保障水平的替代率指标，它能够动态反映真实的购买力和老年人在社会中的相对状况。而最后收入替代率或者终身收入替代率等指标则因养老金的比较对象恒定而不具备这样的优势。在我国经济快速发展、工资增长较快的阶段，适合用社会平均工资替代率来衡量保障水平。

第二，维持60%的目标替代率水平，仍具有一定的合理性，在国际上也具有普遍意义。经过多年的改革做"减法"，我国过去替代率偏高的状况已经改变，且已经降低至50%以下，需要引起高度重视。连续数年调整养老金在提高退休人员保障水平方面发挥了重要作用，但不能仅仅满足于增加养老金，要更加关注社会平均工资替代率这一指标。这里的核心是首先要明确养老金随工资增长的基本原则，再通过完善制度，科学设计养老金计发办法，形成养老金随工资增长而增长的长效机制。我们的制度目标也是提出要建立起养老金随物价和工资增长而增长的机制，但没有明确如何处理"盯物价"和"盯工资"两者之间的关系。然而，笔者认为，在我国工资水平增长较快的这样一个历史时期，养老金不仅要"跑得赢"通胀，更要"跑得赢"工资增长。

第三，对于"老人"（1997年前退休）、"中人"（1997年前工作、之后退休）以及"新人"（1997年后参加工作），目标替代率的设定可以有所区别。对于"老人"和"中人"来说，60%左右的目标替代率是合理的，是需要维持的底线，否则将不能有效保障他们的基本生活。对于参加工作不久的"新人"而言，情况则有所不同。随着未来经济的发展，多层次、多支柱保障体系的建立与完善，或许基本养老保险目标替代率水平可以适当下降。从经合组织的替代率水平来看，即使我们在未来建立起多支柱的养老金体系，维持60%左右的"总"养老金替代率水平仍然具有合理性。

第二节 实际替代率下降的现实状况

制度设计之初，对于统账结合的基本养老保险制度，1997 年 26 号文设想的社会平均工资目标替代率大约在 58.5% 左右。其中，统筹部分约 20%。而个人账户，设其收益率与工资增长率相当，一个人在缴费 420 个月（即工作 35 年）后，按 120 个月计发，个人账户可提供约 38.5% 的替代率，因此总替代率为 58.5%（胡晓义，1997）。依此类推，根据现行制度 38 号文，如工作 35 年（60 岁退休，因此计发月数为 139 个月）即可获得约 24.2% 的替代率，加上约 35% 的统筹部分替代率，共计 59.2%（通常近似所说的 60% 左右）。实际的社会平均工资替代率也确实从较高水平向此目标水平过渡，替代率水平一再下降，2009 年为 46.79%，已经低于 60% 的目标水平（相关数据参见表 2-2）。

既然基本养老保险的目标是保障人民基本生活，因此维持一定的保障水平尤为重要。制度改革以来，一方面，缴费比率、计发办法已经多次调整、完善，另一方面，替代率水平不断下滑且已低于目标水平。制度的目标设计是否合理？目标是否能够实现？保障水平目标与其他政策设计是否相容或者存在什么样的根本矛盾？应如何认识并改善这一状况？这一系列问题，需要我们在制度运行十多年后的今天重新认真审视，对上述问题进行客观、公正的评估，并找出问题的症结，提出切实可行的完善策略。

第三节　实际替代率下降的机理分析

一、"老人"的替代率及其变化机理

前文对"老人"、"中人"以及"新人"等概念已经进行了阐释。"老人老办法",其养老金计发相对较为简单,主要分两部分,一部分为其退休金,即根据退休上一年工资的固定比例而确定的一个固定数额;另一部分为调整部分。对于第一部分而言,由于金额固定,而在职人员工资却在持续增长(由表2-2可知,1997年至2008年,制度内职工平均工资增长率为13.83%),因此这部分替代率必然下降。对于第二部分而言,38号文提出的"建立基本养老金正常调整机制,根据职工工资和物价变动等情况,国务院适时调整企业退休人员基本养老金水平"为原则性的提法,并无详细的、可操作的说明。期间,国家陆续下文调整养老金水平,2008年之前几年大致落实到每年增加100元左右的月标准(由于地区差异,各地水平不一,且执行的灵活性、随意性很大,调整力度很大程度上取决于当地当年的财力状况和地方政府的态度)。2009年12月,国务院常务会议提出继续提高企业退休人员养老金水平,提高幅度按2009年企业退休人员月人均基本养老金的10%左右确定,全国月人均增加120元左右。且在普遍调整的基础上,对具有高级职称的企业退休科技人员、新中国成立前老工人、1953年底以前参加工作的人员和原工商业者等退休早、基本养老金相对偏低的人员以及艰苦边远地区的企业退休人员,再适当提高。对基本养老金偏低的企业退休军转干部,按有关规定适当倾斜。2010年、2011年又连续调整提高。今后,还要根据经济发展、职工工资增长和物价水平等情况,综合考虑各方面承受能力,逐步形成企业退休人员基本养老金正常的调整机制。然而,这些大致100—120元的标准远低于在职工资增长水平,且只占工资水平的 10% 以下，调整金额跟不上工资增长，必然导致替代率的下降。这样的调整或许只能博得心理上的安慰，对于替代率的下滑无济于事，更谈不上分享经济发展的成果。要想维持替代率水平不下降，调整后的养老金必须能够跟上社会平均工资的增长。

关于养老金的调整，国研中心的研究报告（2000）认为：应明确老人的养老金调整与物价挂钩而不是与社会平均工资增长水平挂钩，基本目标是在保证老年人生活水平不降低的前提下，全面控制支出水平的增长。董克用（2001）认为：养老金的调整和增长应当是与价格指数挂钩，而不宜与价格和工资双挂钩。实践中，部分现收现付的国家为减轻财政支出的压力，方法之一就是将养老金与工资增长挂钩改为与物价挂钩，或与两者双挂钩。例如，英国在 1980 年通过修改法律，将养老金跟随平均收入或物价指数两者中最高的一种改为至少跟随物价指数的增长（多数情况下，物价跟不上工资的增长）；日本、德国也将养老金与毛工资的增长改为与净工资的增长同步（何平，1997）。

可见，"老人"的社平工资替代率的下滑似乎已是必然，尤其在工资增长率较快的时候。近年来，我国经济处于高速增长期，工资增长也较快，养老金的增长跟不上社平工资的增长这一问题较为凸显就不足为怪了。

二、"中人"的替代率及其变化机理

"中人"的养老金按 38 号文规定，分三部分：基本养老金（含统筹部分、个人账户部分）、过渡性养老金以及调整部分。根据目前的情况，过渡性养老金在各地执行各异（有些地区折算成"视同缴费"年限）。这样前两部分的养老金计发主要依据 38 号文，这就暗含了替代率的必然下降（后文详述）。对于调整部分而言，情况与"老人"类似，无法阻止替代率下滑。因此，"中人"的替代率下滑也是必然趋势。

另外，由于"中人"的比重不断大幅提高，而现行计发公式只会对"中人"发挥效应，因此 38 号文的影响在提高。如果将 1997 年的参保退休人口当做"老人"，则以后每年新增加的则应是"中人"。根据统计资料显示，退休"中人"平均年增长 7.58%，至 2009 年，参保退休人口中，退休"中人"的比重已占 71%。而随着退休人员中的"中人"的份额不断提高，制度本身对于替代率下降的解释力也越来越强。因此，下文的研究重点是：现行制度本身的计发办法如何内生了社平工资替代率的下降。

第四节　26 号文与 38 号文对替代率 影响之比较分析

一、现行基本养老保险制度计发办法的运行机理与替代率

1997 年的 26 号文和 2005 年的 38 号文是我国统账结合制度建立以来的两个最重要的制度文件，相关计发办法也都先后主要依据于此。因此，"中人"的养老金替代率发展经历了两个阶段、两种计发办法。首先，让我们从 26 号文开始。

1. 26 号文的计发办法与替代率

根据 26 号文规定，参加工作的职工、个人缴费年限累计满 15 年的，退休后按月发给基本养老金。基本养老金由基础养老金和个人账户养老金组成。退休时的基础养老金月标准为当地上年度职工月平均工资的 20%，个人账户月标准为本人账户储存额除以 120。这里同样暂不研究调整的部分。

按照 26 号文的规定，基本养老金分基础部分和个人账户部分，设这两部分的社平工资替代率分别为 R_1'、R_2'。则根据规定，结合上文已有的分析，这两部分替代率分别为：

$$R_1' = 0.2/(1+g)$$

$$R_2' = 12acv_1(1+r)[(1+r)^n - (1+g)^n]/[120(r-g)w_1(1+g)^{n+t-1}]$$

$$= acf(1+r)\big[(1+r)^n - (1+g)^n\big]\big/\big[10(r-g)(1+g)^{n+t-1}\big]$$
$$(r \neq g) \quad (3.1)$$

$$= acfn\big/\big[10(1+g)^{t-1}\big] \qquad\qquad (r = g) \quad (3.2)$$

这里，g 为社平工资增长率；a 为缴费工资率，即个人缴费工资基数占自我工资的比例，也即当地社会平均缴费工资基数占该地社会平均工资的比例（$0 < a \leqslant 1$），据张永清（2000）研究，社会保险经办机构核定的缴费工资总额在真实值基础上缩小了 31% 左右；c 为缴费率；v_t、w_t 分别为缴费开始后第 t 年的个人工资水平和社会平均工资水平（f 为两者在基年的比值）；r 为个人账户收益率；n 为缴费年限；t 表示退休后第 t 年。

可以看出，26 号文的计发办法暗含了社会平均工资替代率的下降，下降的主要原因在于个人账户基金收益率低于工资增长，以及这种算法得出的个人账户养老金是固定值（累计额除以 120），随着工资的增长，这部分替代率必然下降，从而导致整体社会平均工资替代率水平的下降。而 2005 年的 38 号文则会带来社会统筹部分和个人账户两个部分替代率的同时下降。其中，统筹部分不再简单盯住社会平均工资，加入了个人指数化缴费工资，而这一部分是固定的，因而无法紧盯工资收入的增长。个人账户的算法虽然较 26 号文有所改变，但也仅仅限于计发月数的延长，养老金仍然为固定值，改变不了替代率下滑的趋势。这一点反映出 38 号文因更加突出效率因素而带来的问题。具体分析见下文。

2. 38 号文的计发办法与替代率

（1）基础养老金（统筹部分）

根据 38 号文关于养老金计发办法的规定：基本养老金由基础养老金和个人账户养老金组成，退休时的基础养老金月标准以当地上年度在岗职工月平均工资和本人指数化月平均缴费工资的平均值为基数，缴费每满 1 年发给 1%。因此：

基础养老金月标准 =

$$\dfrac{\text{当地上年度在岗职工月平均工资} + \text{本人指数化月平均缴费工资}}{2} \times \dfrac{n}{100}$$

其中，根据定义，本人指数化月平均缴费工资的计算公式为：

$$s = (X_1 + X_2 \cdot C_1/C_2 + X_3 \cdot C_1/C_3 + \cdots + X_n \cdot C_1/C_n)/m$$

$$= C_1 \cdot (A_1/B_1 + A_2/B_2 + \cdots + A_n/B_n)/m$$

s—职工的指数化月平均缴费工资；

Cn—职工退休前 n 年当地年平均缴费工资；

Xn—职工退休前 n 年个人年平均缴费工资；

m—企业和职工缴纳基本养老保险金累计月数；

An—职工退休前 n 年个人年平均缴费额；

Bn—职工退休前 n 年当地年平均缴费额。

根据研究目的以及模型设计的需要，在模型设计及计算分析方面作如下相关符号的解释和说明：

第一，为预测未来参保者的退休金替代率情况，设参保者共连续参保 n 年，分别为第 1 年，第 2 年，……，第 n 年，在第 $n+1$ 年开始退休并领取养老金。

第二，同样，设参保当年个人月工资水平为 v_1、当地月社会平均工资水平为 w_1，以后逐年分别按 p、g 的速度增长（$p = eg$，$e > 0$）[①]。且令 f 表示 v_1/w_1，即参保当年个人工资水平与当地社会平均工资的比率。

根据上述设定条件，职工的指数化月平均缴费工资 s 可以重新定义为：

$$s = 12w_n a\left(\frac{v_1}{w_1} + \frac{v_2}{w_2} + \cdots + \frac{v_n}{w_n}\right)/(12n)$$

$$= w_n a\left\{\frac{v_1}{w_1}\left[1 - \left(\frac{1+e+g}{1+g}\right)^n\right]/\left[1 - \frac{(1+eg)}{(1+g)}\right]\right\}/n \qquad (e \neq 1) \quad (3.3)$$

$$= w_n a \frac{v_1}{w_1} \qquad (e = 1) \quad (3.4)$$

因此，根据 38 号文的规定，养老金在退休后第 t 年基础部分养老金月标准为：

---

① 为使问题的研究更具普遍意义，个人工资增长率与当地社会平均工资增长率相等的情况在本书中只是一种特殊情况。这样做是为了考虑部分群体（如女性以及其他可能的行业群体）的工资增长率低于社平工资增长率，或者相反。

$$\frac{w_n(1+g)^t+s}{2}\times\frac{n}{100}$$

因而，基础部分（即统筹部分，为与统账结合的制度名称一致，下文皆用统筹部分表示）的养老金在退休后第 t 年的社会平均工资替代率为：

$$R_1=\frac{w_n+s}{2}\times\frac{n}{100}\times\frac{1}{w_n(1+g)^t}\qquad(t=1,2,3,\cdots)$$

结合上述公式（3.1）、公式（3.2），令 $\frac{v_1}{w_1}=f$，则 R_1 可以表示为如下两种情况：

$$R_1=\left\{n(1+g)^t+a\left[f\left(1-\left(\frac{1+eg}{1+g}\right)^n\right)\left(\frac{1+g}{g-eg}\right)\right]\right\}/\left[200(1+g)^t\right]$$
$$(e\neq1)\quad(3.5)$$

$$=\left[n(1+g)^t+naf\right]/\left[200(1+g)^t\right]\qquad(e=1)\quad(3.6)$$

这里，若只考虑一种大致平均状态，即个人工资增长率等于社会平均工资增长率，也即 $e=1$（下文的研究也将只考虑这一种情况），也即只考虑公式（3.6）的情况。

（2）个人账户养老金部分

个人账户实行基金累积制，退休时的累积额取决于累积的缴费额以及投资收益率（r 表示），为方便对个人账户的研究，这里假设个人工资年增长率 p 等于当地社会平均工资年增长率 g（即 $e=1$），c 为个人账户缴费率，a 仍为缴费工资率，m 为按照 38 号文规定个人账户计发月数（或 $m/12$ 年）。则连续参保 n 年后，理论上个人账户基金累积的终值 F 为：

$$F=12acv_1\left[(1+r)^n+(1+g)(1+r)^{n-1}+\cdots+(1+g)^{n-1}(1+r)\right]$$

因而，个人账户退休后第 t 年的社会平均工资替代率可以表示为：

$$R_2=12acf(1+r)\left[(1+r)^n-(1+g)^n\right]/\left[(r-g)(1+g)^{n+t-1}m\right]$$
$$(r\neq g)\quad(3.7)$$

$$=12acfn/\left[m(1+g)^{t-1}\right]\qquad(r=g)\quad(3.8)$$

因此，从上述可以看出，在缴费率、缴费年限、计发月数等因素固定的情况下，替代率会随着时间 t 的增长而下降。无论是基础养老金部分还是个人账户，38号文都内含了替代率的下降趋势。

3. 关于基本养老金的"调整"

在我国基本养老保险按照基础部分和个人账户部分发放运作的同时，还存在一个制度外的"调整"部分。虽然这一外部"调整"不在制度自身计发公示内，但其存在确实对保障水平和替代率产生了影响。这里的"调整"主要对2005年38号文出台后的替代率产生影响。《劳动和社会保障部 财政部关于调整企业退休人员基本养老金的通知》（劳社部〔2006〕21号）规定：2005年、2006年、2007年分别以上年企业退休人员人均基本养老金为基数，按照上年企业在岗职工平均工资增长率的一定比例进行调整。其中，2005年为60%左右，2006年为100%左右，2007年为70%左右……，具体办法由各省、自治区、直辖市人民政府根据当地实际情况确定。2007年8月，国务院常务会议决定：2008年至2010年连续3年继续提高企业退休人员基本养老金标准，提高幅度将高于前三年水平，以"进一步缓解收入差距的矛盾"。因此，到目前为止，这种"调整"已经带来了"七连增"。从"调整"的实际水平来看，基本在每月增加100元（或上年水平的10%左右）。例如：2007年11月，国务院常务会议决定：从2008年1月1日起，调整企业退休人员基本养老金标准。……人均增加100元左右。《人力资源和社会保障部 财政部关于2009年调整企业退休人员基本养老金的通知》（人社部〔2008〕102号）指出：采取普遍调整和特殊调整相结合的办法，调整水平按照2008年企业退休人员人均基本养老金的10%左右确定。2010年10月，人力资源和社会保障部有关负责人指出要继续做好"调整"准备，可见这种制度外的"调整"仍将继续下去。

因此，这里可将其作为基础养老金、个人账户养老金之外的第三部分，水平可大至设为上年基本养老金的10%。从2005年起开始有了"调整"这一项，然而10%左右的增量并不能完全弥补38号文内生出来的替代率下滑，因为这里的"调整"增量仍远低于实际工资增长水平。

4. 社会平均平工资替代率下降的机理分析

根据上述公式推导，26号文、38号文各自社会平均工资替代率公式如

表 3 - 2 所示。

表 3 - 2　两个计发办法下的社会平均工资替代率公式

项　目		26 号文	38 号文
基础养老金（统筹）		$\dfrac{0.2}{(1+g)}$	$\dfrac{n\,(1+g)^t + naf}{200\,(1+g)^t}$
个人账户部分	$r \neq g$	$\dfrac{1}{10\,(1+g)^{t-1}}\Delta$	$\dfrac{12}{m\,(1+g)^{t-1}}\Delta$
	$r = g$	$\dfrac{12}{m\,(1+g)^{t-1}}$	$\dfrac{12}{m\,(1+g)^{t-1}}acfn$
"调整"			上年替代率 $\times \dfrac{1+10\%}{1+g}$

注：①这里的对比采取一种相对平均状态，即个人工资与社平工资增长率相等，也即 $e = 1$。
②$\Delta = acf(1+r)\left[(1+r)^n - (1+g)^n\right]/\left[(r-g)(1+g)^n\right]$。

按照表 3 - 2 所列的表达式关系，我们可以清晰地得到如下结论：

第一，对于社会统筹部分，较之 26 号文，38 号文在计发办法增加"静态"因素，内生了替代率的下滑。根据现行制度 38 号文的规定，社会统筹部分的养老金计发基数包括两块，第一块为当地上年平均工资，这一块会随着工资增长而自动增长，可视为"动态"的一块。第二块为个人指数化缴费记录，这一块实际上是考虑个人在职期间的收入因素，退休后即不会再有所变化，可视为"静态"的一块。而正是因为有了这"静态"的一块，统筹部分的养老金计发基数就不可能随着社会平均工资的增长而同步增长，从而这部分的社会平均工资替代率必然下降。26 号文的规定则不同，其统筹部分养老金确定为上年当地社平工资的 20%，不含个人缴费水平的因素，养老金自然随工资增长而增长，即若工资增长率 g 维持不变，则该部分替代率将稳定在 0.2/ (1 + g)，不会下降。

第二，对于个人账户部分，则无论是 26 号文还是 38 号文，其社会平均工资替代率都必然下降。原因在于这部分养老金是通过累积额除以某个固定月数确定的，这样计算出来的养老金数额是固定不变的（在退休后的任何年月），其社会平均工资替代率自然会随着工资增长而下降。

因此，总的说来，无论是依据现在的 38 号文，还是过去的 26 号文，统账结合的社会平均工资替代率都必然随工资增长而下降。不同的是，38 号文是统账两部分都降，而 26 号文则只有个人账户下降。38 号文在这方面走得更为激进些。

第三，养老金"调整"未能阻止替代率下滑。虽然 38 号文强调了权利与义务的对等，增强了缴费与待遇的联系，提高了缴费激励，然而替代率仍在不断下滑。这至少是两方面共同作用的结果，主要原因是社会平均工资大幅增长；同时个人账户养老金由于计发月数的大幅提高（改变了过去计发 120 个月的情况）而下降，替代率必然内在地下滑。2005 年的 38 号文指出：建立基本养老金正常调整机制，根据职工工资和物价变动等情况，国务院适时调整企业退休人员基本养老金水平。也是从这一年起，有了"调整"这一项（虽算不上长效机制）。显然，通过"调整"可以在一定程度上遏制替代率下滑的势头，但是由于"调整"的水平仅仅限于上年养老金水平的 10% 左右，低于实际工资增长率，因此无法完全弥补制度内在缺陷带来的替代率下滑。或者说，基础养老金与个人账户养老金两者之和的增速盯不住实际工资的增速，而"调整"一项尚不能完全填补这两个增速的缺口。虽然笔者不完全赞成通过制度外的"调整"来弥补制度内在的缺陷（应努力改革完善制度本身），但倘若真能通过"调整"来持续弥补上述两个增速之间的缺口，使得养老金总和（基础、个人账户以及调整三项）能够与工资水平同步增长，至少可以遏制养老金替代率的进一步下滑。可惜的是，这种临时措施未能达成这一目标。当然，38 号文并没有明确提出要通过"调整"保障社会平均工资替代率不下降，结合当时替代率节节下滑的事实，可见当时提出通过"调整"要达到的具体目标、标准是不明确的。我们不仅要提出调整，如增加 100 元，我们还要明确增加这 100 元所要达到的目的，为什么是 100 元而不是其他？因此，相对于保障替代率水平不下滑而言，这同样是个显著缺陷。

第四，随着"中人"所占比重的提高，制度替代率内生下降的影响越来越大。上文分析的社会统筹、个人账户替代率下降，目前只会对部分"中人"起作用，"老人"则仍按老办法发养老金。但随着时间的推移，"中人"的比重越来越高，统账替代率内生下滑的效应会越来越明显，影响范围也会越来越广。

5. 基础养老金、个人账户养老金、调整机制三者之间的关系

根据上文的分析，可知，在设定基本养老保险总的目标替代率（60%）的情况下，基础养老金、个人账户养老金所提供的替代率均为达到制度设计之初的目标水平，且不断随着时间的推移而下滑，此时"调整"一项在某种程度上起到了遏制或减缓总替代率下滑趋势的作用，但因"调整"额度未能完全弥补基础养老金、个人账户养老金对各自目标水平偏离值，因此，总的替代率仍然呈下滑趋势。

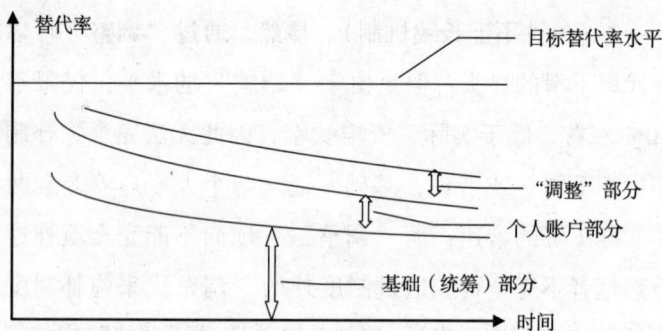

图 3 - 5　基本养老金构成示意图

如图 3 - 5 简要反映出，随着时间的推移，基础养老金、个人账户养老金替代率皆随着社会平均工资的增长而下降。若要维持目标替代率水平，则"调整"部分必须填补前两块养老金带来的越来越大的目标缺口。显然，目前每年 100 元（有些地方 10% 左右）的水平不足以承担起这一重任。

6. 回归分析

为进一步深入分析替代率的变化规律，我们需要分析相关影响因素。影响替代率的因素固然有很多，但是工资增长率、制度赡养比（即制度内

的在职人员与退休人员比率）无疑是非常重要的影响因素，线性回归的结果如表 3 - 3 所示①：

表 3 - 3　替代率对相关变量的线性回归结果

	社会平均工资替代率		
	模型 1	模型 2	模型 3
常数项	0.638	0.038	0.278
工资增长率	0.043	− 0.841 **	—
制度内赡养比	—	0. 221 ***	0. 108 **
R²	0.029	0.542	0.559

注：** 表示在 0.05 水平上显著，*** 表示在 0.01 水平上显著。

可知，工资增长率、赡养比对替代率的联合影响较为显著，而单独因素难以对其构成显著影响。结果显示：替代率与工资增长率成负相关，工资增长率每提高 1 个百分点，替代率下降 0.84 个百分点。替代率与赡养比成正相关，赡养比每提高 1 个百分点，替代率可提高 0.22 个百分点。这与经验一致：工资增长率越高，维持同样的替代率对养老金的金额要求越高；赡养比反映了制度的负担水平，较高的赡养比意味着相对较多的缴费人或相对较少的退休者（或共同作用），这为提高替代率提供了基础。同时，相对于工资增长等变量而言，制度赡养比变化较为缓慢，且往往被人们忽视，然而，在人口老龄化步伐不断加快的情况下，这一变量将可能显示出越来越重要的理论和现实意义。当然，区间年份较短使得上述变量关系的回归分析具有一定的局限性，但这样的分析为我们的研究提供了新的思路，为未来的深入分析开辟了新的途径。

二、替代率的预测

这里可以大致根据替代率的下滑预测未来走势。1998 年后替代率年平

───────────

①　受限于数据量，本书在这里试图提出一种方法，探求相关变量之间可能存在的影响方向和大致的影响效果。

均下降率为 4.09%。照此趋势，往后若干年的替代率状况可大致在图 3-6
中体现：

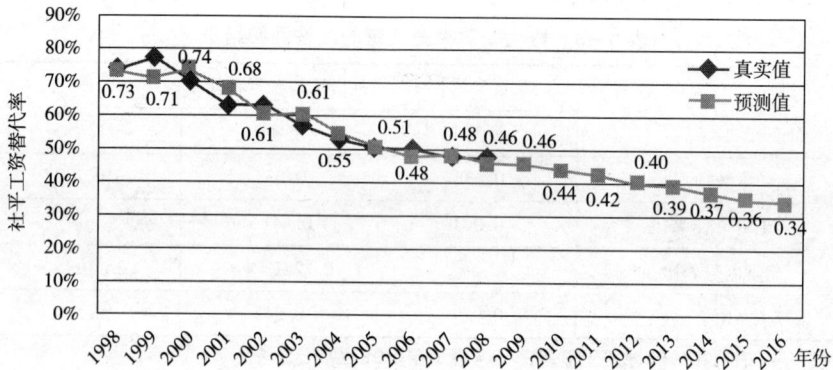

图 3-6　社会平均工资替代率真实值与预测值

首先，替代率水平逐年下降。若照过去的趋势预测，2013 年将低于
40% 的水平，这是国际劳工组织 1952 年《社会保障最低标准公约》中的最
低标准，低于这一水平通常被认为是陷入老年贫困。另外，根据《中国统
计年鉴》数据，2007 年城镇家庭居民平均收入为 14909 元，而食品、衣服、
医疗保健及其他杂项支出为 6010 元，若考虑到老年人的医疗支出高出平均
水平，比如是平均医疗支出水平的 4 倍左右（汪泽英、何平，2008）[①]，则
老年人的上述支出之和约为 7824 元，因此，52.5%（7824÷14909）可以被
看做是维持老年人在食品、衣服、医疗保健三项基本生活需要方面的社平
工资替代率水平。若再考虑水、电、气等相关生活费用（排除房屋本身），
则还要进一步提高，这进一步说明 60% 左右的社会平均工资替代率的一定
合理性，具有一定的现实依据。而结果显示，这一水平在 2003 年就已跌破。
若考虑到在职职工的工资外货币收入，实际收入替代率将更低。

其次，复杂的养老金待遇计算公式、调整机制的随意性等都不利于人

---

① 汪泽英、何平：《我国社会保障制度改革 30 年成就与发展》，《工人日报》2008 年 11 月 11
日第 6 版。

们形成正确的预期。公共政策更应透明、易懂。然而，面对 38 号文复杂、晦涩的计算公式，结合当前保障不足的现状，人们对制度愈发缺乏信任感；同时，也不乏有人过度依赖而自我储备不足。

如果我们承认过去的替代率太高从而需要一定程度的下降，那么今天的替代率已然下滑至 50% 以下并仍有进一步下滑的趋势，则必须引起高度重视。在我们的多支柱养老保障体系还远没有普遍建立起来的今天，这一问题更加显得突出、重要，毕竟基本养老保险的基本目的是保障老年人的基本生活。这方面，我们期待着基本养老保险制度的计发办法、调制机制能够进一步趋于合理、完善，在真正保障老年人的基本生活水平不下滑的前提下，还要努力让他们能够共享经济社会发展的成果，这才符合我们党"发展为了人民、发展成果由人民共享"的执政理念。

另外，从发达国家养老金发展的趋势来看，养老金总替代率水平（甚至部分国家的公共养老金替代率水平）并不会因为经济的发展、恩格尔系数的下降而大幅下降，这说明老年人的"基本"生活需求的概念也随着经济的发展、社会的进步而进步。所以，一方面，我们已经顺应呼声，将基本养老金替代率大幅降了下来，现在需要抓紧建立多支持的养老保险体系，这关系到制度的连贯、老年人的生活和社会的稳定；另一方面，我们的基本养老保险仍然是养老保障中最重要的一块（至少在可预见的将来都会如此），对于基本养老保险替代率的下滑应该引起特别的关注和重视。

三、总结与讨论

第一，基本养老保险遵循"保基本"的原则是符合实际、符合国情的。60% 左右的预设社会平均工资替代率目标具有一定的社会现实依据，是科学合理的设定结果，既考虑到老年人基本生存的需要，又结合了我国当前经济社会发展的现实条件。

第二，制度目标与制度设计存在内在冲突。必须要搞清楚的是：替代率"低"是低的原因，替代率"降"则另有降的原因，两者有很大的不同。首先，造成替代率低的，既有个人因素，也有制度因素。个人因素主要是缴费水平，按照现在的计发办法，无论是社会统筹，还是个人账户，皆体现"多缴多得"的原则。制度因素主要包括：个人账户收益率太低，导致累积额低，养老金自然低。另外，统筹部分的计算基数是上年平均工资，即滞后一年，在工资增长较快的年份，即使滞后一年，也会对当年社会平均工资替代率造成明显的不利影响。其次，造成替代率降的，主要是制度因素，特别是统筹部分的"静态"因素，个人账户的固定养老金数额，以及有限的养老金"调整"等等，上文已对替代率下降的内在机理作了详细分析，在此不再赘述。

显然，问题与解决问题的办法同时产生。首先，对于解决替代率低的问题而言，一是增加缴费，二是提高个人账户收益率。笔者始终坚持认为既然选择了个人账户，做实是必须的，还要进行市场化运营，努力提高其收益率，[1]这既是累积制的优势所在，更是保护老年人的重要举措，同时还要结合实际生命余岁不断完善计发办法。另外，在个人账户收益率从而保障水平未能得到有效解决的时候，不应急于将其他群体（如务农农民、农民工等）纳入其中，以免使更多的人受损。其次，对于解决替代率下降的问题而言，则需要对统筹、个人账户以及"调整"等不同部分具体问题具体分析。对于统筹部分而言，让这部分养老金按照上年的当地平均工资为基数（如26号文的规定），可以自动避免替代率的下降；对于个人账户而言，要让替代率不下降，就必须改变固定养老金额的做法，在计算养老金时，结合考虑未来工资增长预期和预期寿命，通过精算平衡来实现；或者，维持现行制度的计发办法不变，使"调整"部分能够弥补替代率不下降的缺口。

第三，替代率的下滑没有引起足够的重视，后果严重。随着时间的推移，退休人员中"中人"的人数不断加大，比例也不断提高，由制度设计内生的替代率下降问题的影响面越来越大。因此，现在的制度改革应该特

---

① 李珍：《论建立基本养老保险个人账户基金市场化运营管理制度》，《中国软科学》2007年第5期，第13页。

别重视到这一点。

第四，养老金复杂的计发办法，行政化而非法制化的零星调整，加剧了信息不对称，不利于人们形成正确、稳定的养老预期，从而不利于人们在个人养老储蓄方面做出正确的决策，也不利于建立起人们对制度的信任、提高制度本身的吸引力。而养老保险制度的一个重要功能恰恰就在于通过这种预存的保险方式来降低人们对未来养老金的不确定性，解决后顾之忧。因此，一方面，需要进一步完善计发办法，规范调整机制，使人们看得懂以便做到"心中有数"；另一方面，也要加大宣传和制度执行的透明度，既提高人们对于制度的认识，也是尊重民众知情权的重要体现。

参考文献

［1］张莉：《论养老保险的替代率》，《现代经济探讨》2002 年第 4 期。

［2］王永康：《试论我国养老金工资替代率的适度水平》，《运城学院学报》2004 年第 5 期。

［3］李珍、王海东：《基本养老保险个人账户收益率与替代率关系定量分析》，《公共管理学报》2009 年第 10 期。

［4］褚福灵：《养老保险金替代率研究》，《北京市计划劳动管理干部学院学报》2004 年第 3 期。

［5］褚福灵：《论养老保险的缴费替代率与待遇替代率》，《北京市计划劳动管理干部学院学报》2006 年第 1 期。

［6］董克用：《我国社会保险制度改革的背景环境和模式选择》，《管理世界》1995 年第 4 期。

［7］张永清：《正确认识当前企业基本养老保险费率和工资替代率》，《中国劳动》2000 年第 12 期。

［8］董克用：《有关养老保险新政策的分析与评价》，《人口与经济》2001 年第 3 期。

［9］贾洪波、高倚云：《基于帕累托优化的基本养老金替代率测算》，

《市场与人口分析》2007 年第 1 期。

[10] 汪泽英、何平：《我国社会保障制度改革30 年成就与发展》，《工人日报》2008 年 11 月 11 日。

[11] 李铁映：《建立具有中国特色的社会保障制度》，《求是》1995 年第 19 期。

[12] 李珍：《个账基金运营所面临的挑战和机遇》，《中国社会保障》2006 年第 12 期。

[13] 李珍：《论建立基本养老保险个人账户基金市场化运营管理制度》，《中国软科学》2007 年第 5 期。

第四章　基本养老保险缴费基数与养老金替代率的关系研究与评估

　　前面章节已就我国基本养老保险的制度架构、保障水平（养老金替代率）的现状、发展趋势及其内在机理等作了定量分析，阐明了基础养老金、个人账户养老金以及调整金额的社会平均工资替代率水平不断下降的事实，指出了基本养老保险体系在保障能力方面的突出问题和主要矛盾。养老金替代率受多个因素影响，比如实际缴费水平、个人账户基金收益率、退休年龄以及缴费年限等。本章着重研究缴费水平对养老金替代率的影响。

　　有关缴费水平的规定。按照2005年38号文的精神，个人缴费为本人缴费工资的8%，单位缴费延续了1997年26号文的规定，不超过企业工资总额的20%，但不再划入个人账户。关于缴费基数，则延续了1995年《关于深化企业职工养老保险制度改革的通知》（国发〔1995〕6号）的规定，即职工月平均工资低于当地职工平均工资60%的，按60%计算缴费工资基数，超过当地职工平均工资300%的部分不计入缴费工资基数，即当地职工平均工资的60%—300%。需要指出的是，在实际操作中，缴费工资往往低于实际工资。比如张永清（2002）指出：社会保险经办机构核定的缴费工资总额约为统计工资总额的90%，统计工资总额只占到实际工资总额的77%，两项合并，工资总额缩小了31%左右。据此，实际缴费基数仅为实际工资水平的70%。这一因素也是本章考虑的一个重点，它关系到养老金替代率的水平。

第一节 模型介绍

根据 38 号文关于养老金计发办法的规定：基本养老金由基础养老金和个人账户养老金组成，退休时的基础养老金月标准以当地上年度在岗职工月平均工资和本人指数化月平均缴费工资的平均值为基数，缴费每满 1 年发给 1%。其中，基础养老金和个人账户养老金的计发公式已在第三章研究退休后第 t 年替代率下降机理时给出，这里研究退休当年的替代率，取 $t=1$ 即可（参见公式（3.5）、公式（3.6）、公式（3.7）和公式（3.8））。不同的是，第三章选取的研究对象是收入处于平均水平的典型群体，而本章的重点则在于研究不同收入水平，进而不同缴费水平，对养老金替代率的影响，体现先行制度下不同收入群体的养老金差异。结合制度对缴费水平的有关限额的规定，这里以平均收入为标杆，分别选取平均收入水平的 60%、80%、100%、120%、140% 和 300% 这几个收入点为研究对象（即 a 的取值）。

同样，基于连续缴费这一假设，不考虑不连续缴费的情况。当然，根据公式可知，在假设个人工资增长率接近或等于当地社会平均工资增长率的情况下，不连续缴费对统筹部分的社平工资替代率影响很小（尤其对于工资增长率较小的情况）。因此，即使考虑存在非连续缴费的现象，下文对养老金替代率的影响也同样具有参考价值。

第二节　不同缴费水平的替代率研究

一、不同缴费水平下的基础养老金替代率

根据计算的需要，需要给定工资增长率水平，这里假设一种较为缓和的当地社会平均工资增长率 g 为8%[①]。根据公式（3.3）、公式（3.4），笔者就假定社会平均工资增长8%。鉴于缴费基数下限和上限分别为规定的当地平均工资的60%和300%，这里考虑参保时个人工资与社会平均工资的比率 f（分别设为0.6、1.0和3.0）、缴费工资率（缴费工资占实际工资的比例）a（分别设为1、0.9、0.8、0.7、0.6），以及男性、女干部、女职工和65岁退休的假设情况（即缴费45年，后文的相关研究将同样考虑这种情况）[②]，分别进行了基础养老金的社会平均工资替代率情况的分析计算。

在连续缴费（如女干部缴费30年）的情况下，统筹部分的退休当年社会平均工资替代率主要受缴费工资率、参保时个人工资与社会平均工资的比率以及工资增长率（这里主要指个人工资增长率与社会平均工资增长率之间的关系）等因素的影响。根据计算结果，比较而言，若个人工资增长率在社会平均工资增长率上下5%的范围内浮动，则对该部分社会平均工资替代率影响不大，而缴费工资率（关系到缴费基数，往往通过社保征缴机构与参保企业讨价还价而定，各地区、各企业之间存在差异）、参保时个人工资与社会平均工资的比率（反映了个人工资在当地收入水平中的相对位

---

① 根据国家统计局相关数据计算，过去10年，制度内参保人员的工资增长率为16.1%。笔者认为今后长期内的经济增长应较为平缓，高增长率的趋势不太可能长期延续下去，所以这里采用一个较低的工资增长率8%。后文的比较分析中，笔者又同时将工资增长率为10%、12%两种情况纳入比较。

② 笔者认为随着人们预期寿命的提高，社会的进步，逐步提高退休年龄将是一种趋势。

置）对该部分替代率影响较大。通过计算，结合图 4-1、图 4-2 可以看出：相同条件下，对于收入处于社会平均工资水平的个人而言，缴费工资率 a 每下降 10 个百分点，该部分替代率将下降 1 至 2 个百分点左右，对于相对收入（相对于平均水平，以 f 表示）越高、缴费年限越长的人，这种下降幅度会越大。这种差异将反映在不同收入水平或不同群体上，比如对于女职工而言，若 20 岁开始参保，50 岁退休，则累计缴费 30 年（表 4-1 的情况），当缴费工资率 a 从 1 降至 0.6 时，处于平均收入水平的个人的基础养老金社会平均工资替代率从 27.78% 降至 22.22%，替代率下降幅度约为 20%，而对于收入高于社会平均工资水平 20% 的相同女职工而言，这一替代率水平将从 30.56% 降至 23.89%，降幅约 22%。相反，缴费工资率越高，高收入群体的替代率提高得也越快。因此，提高缴费工资率是提高替代率的可行的办法（政府在这方面的主动性较高），从保证替代率的角度看，对于低收入群体来说提高缴费工资率更加必要。现实中，由于收入非工资化、工资收入非货币化、缴费讨价还价等现象的普遍存在，实际有效缴费工资率大大降低，从而减少了理论上的应得收入，增加了基金支出的压力，同时也减低了未来替代率。据相关研究，我国目前的实际缴费工资只占实际工资水平的 70%，这样处于平均收入水平的个人的基础养老金将比按照实际工资缴费者低约 4.2 个百分点。按照 38 号文的规定，个人每增加缴费 1 年（或者提高退休年龄），增加计发基数的 1%，但图 4-3 反映出：对于提高社平工资替代率来说，收入高的群体在这方面的收益较大，即替代率的提高幅度较大，这又是一个提高个人历史收入在基础养老金部分权重的体现，即增加了效率的因素。

另外，在 8% 的工资增长率的假设下，从相对收入水平的角度来看，处于平均水平的人（即 $f=1$），只有在缴费 35 年以上，且缴费工资率达到或接近 100%，才有可能在退休开始的年份获得替代率为 30% 以上的基础养老金。对于那些缴费年限低于 30 年，缴费工资率较低的大部分个人而言，该部分替代率在 20%—30% 之间。例如，对于同样的缴费工资率 $a=1$ 而言，当女职工的缴费年限只有 30 年时，收入处于平均收入水平的个人只可获得替代率为 27.78% 的基础养老金，而当女干部的缴费年限达到 35 年时，个人则可获得 32.41% 的基础养老金替代率，男性则因退休年龄高而可获得 37.04% 的替代率。按照表 4 - 4 的计算结果，如果将退休年龄提高至 65 岁，且连续缴费，则可以累计缴费 45 年，那么同等条件下的基础养老金替代率可以达到 41.67%。

因此，增加缴费年限、提高缴费工资率是两个提高替代率的有效方法。比较而言，增加缴费年限（或提高退休年龄）更多地需要从完善立法、严格执法（杜绝早退）等方面着手；另外，需要通过严格征缴制度，缩小企业讨价还价的空间，加大对企业工资支出的监督检查（需要税务、审计部门配合），促使企业的各项薪酬支出更透明等方式方法来提高缴费工资率和缴费基数。

另外，规定的缴费上限是当地平均工资的 300%。从计算结果来看，当缴费水平处于这一高位时，其基础养老金替代率将远远高出平均收入水平，几乎达到平均水平的 200%。如按实际工资为缴费基数，且缴费 30 年的情况下（$a=1$），处于平均收入的群体基础养老金替代率为 27.78%，而按照 300% 上限缴费的群体的基础养老金替代率为 55.56%。这再次体现了 38 号文在社会统筹部分导入个人收入因素而带来的基础养老金差距。相关计算结果与分析参见表 4 - 1、表 4 - 2、表 4 - 3、表 4 - 4 以及图 4 - 1、图 4 - 2、图 4 - 3。

表 4 - 1　统筹部分退休当年社会平均工资替代率情况 1
（社平工资增长率 $g=8\%$，$n=30$）

单位:%

参保时工资/社会平均工资	$f=0.6$			$f=1$			$f=3.0$		
个人工资增长率	$0.95g$	g	$1.05g$	$0.95g$	g	$1.05g$	$0.95g$	g	$1.05g$
$a=1$	21.79	22.22	22.69	27.06	27.78	28.55	53.39	55.56	57.87
$a=0.9$	21	21.39	21.81	25.74	26.39	27.08	49.44	51.39	53.47
$a=0.8$	20.21	20.56	20.93	24.42	25	25.62	45.49	47.22	49.08

续表

参保时工资/社会平均工资	$f=0.6$			$f=1$			$f=3.0$		
$a=0.7$	19.42	19.72	20.05	23.11	23.61	24.1	41.54	43.06	44.68
$a=0.6$	18.63	18.89	19.17	21.79	22.22	22.69	37.59	38.89	40.28

注：a—缴费工资占个人实际工资的比例；g—社会平均工资增长率；f—参保当年个人工资与当期社会平均工资比率；n—缴费年限。

表4-2 统筹部分退休当年社会平均工资替代率情况2
（社平工资增长率 $g=8\%$，$n=35$）

单位:%

参保时工资/社会平均工资	$f=0.6$			$f=1$			$f=3.0$		
个人工资增长率	$0.95g$	g	$1.05g$	$0.95g$	g	$1.05g$	$0.95g$	g	$1.05g$
$a=1$	25.34	25.93	26.56	31.43	32.41	33.47	61.88	64.81	68
$a=0.9$	24.42	24.95	25.53	29.91	30.79	31.74	57.31	59.95	62.82
$a=0.8$	23.51	23.98	24.49	28.38	29.17	30.02	52.74	55.09	57.64
$a=0.7$	22.6	23.01	23.46	26.86	27.55	28.29	48.17	50.23	52.46
$a=0.6$	21.68	22.04	22.42	25.34	25.93	26.56	43.61	45.37	47.28

表4-3 统筹部分退休当年社会平均工资替代率情况3
（社平工资增长率 $g=8\%$，$n=40$）

单位:%

参保时工资/社会平均工资	$f=0.6$			$f=1$			$f=3.0$		
个人工资增长率	$0.95g$	g	$1.05g$	$0.95g$	g	$1.05g$	$0.95g$	g	$1.05g$
$a=1$	28.86	29.63	30.47	35.76	37.04	38.44	70.24	74.07	78.28
$a=0.9$	27.83	28.52	29.28	34.04	35.19	36.45	65.07	68.52	72.31
$a=0.8$	26.79	27.41	28.08	32.31	33.33	34.46	59.90	62.96	66.33
$a=0.7$	25.76	26.3	26.89	30.59	31.48	32.46	54.73	57.41	60.35
$a=0.6$	24.73	25.19	25.69	28.86	29.63	30.47	49.55	51.85	54.38

表 4 – 4　统筹部分退休当年社会平均工资替代率情况 4

（社平工资增长率 $g = 8\%$，$n = 45$）

单位:%

参保时工资/社会平均工资	$f = 0.6$			$f = 1$			$f = 3.0$		
个人工资增长率	$0.95g$	g	$1.05g$	$0.95g$	g	$1.05g$	$0.95g$	g	$1.05g$
$a = 1$	32.37	33.33	34.41	40.06	41.67	43.46	78.50	88.33	88.71
$a = 0.9$	33.33	32.08	33.05	38.13	39.58	41.2	72.73	77.08	81.92
$a = 0.8$	30.06	30.83	31.69	36.21	37.5	38.93	66.97	70.83	75.13
$a = 0.7$	28.91	29.58	30.34	34.29	35.42	36.67	61.20	64.58	68.34
$a = 0.6$	27.75	28.33	28.98	32.37	33.33	34.41	55.43	58.33	61.56

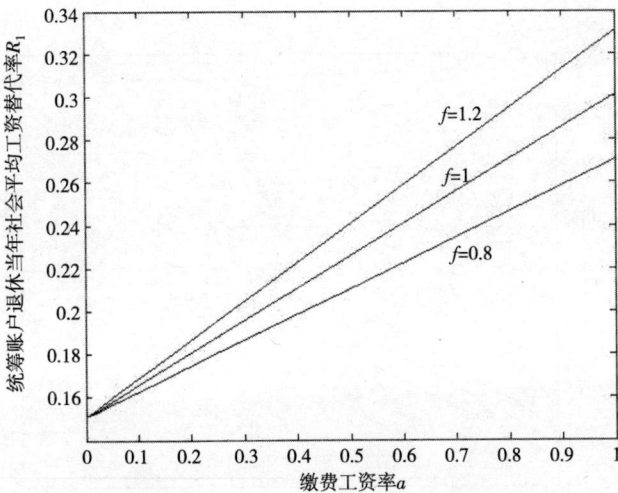

图 4 – 1　统筹账户社会平均工资替代率与缴费工资率关系图

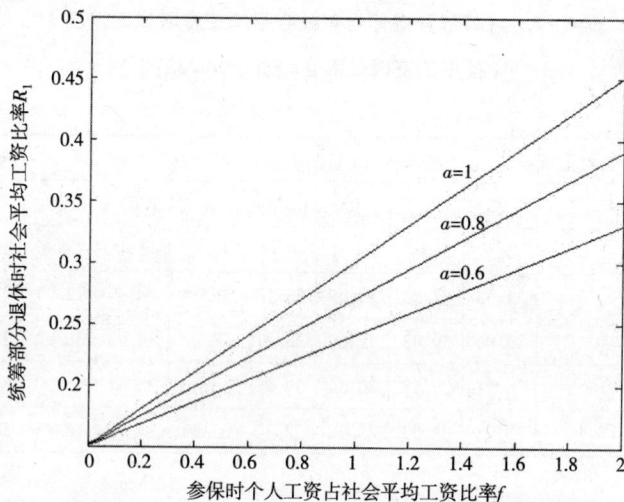

图 4-2　统筹账户社会平均工资替代率与个人工资占社会平均工资比率关系图

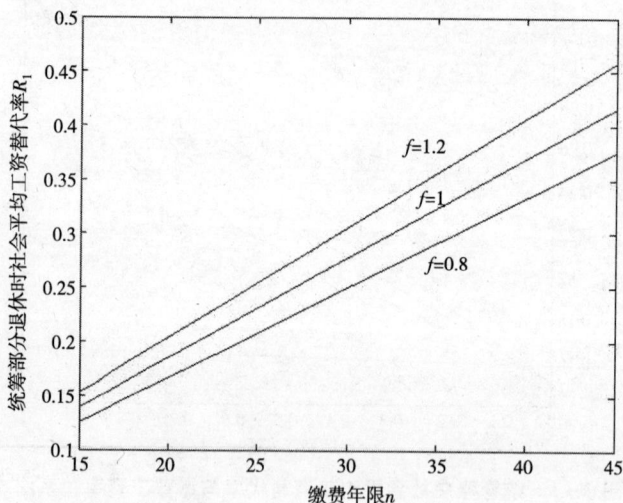

图 4-3　统筹账户社会平均工资替代率与缴费年限关系图

二、个人账户养老金社会平均工资替代率情况

按照个人账户的设置理念以及计发办法，其替代率主要取决于累计缴费额以及投资收益率，因此主要与缴费率、缴费工资率、缴费年限、投资

收益率、计发月数以及工资增长率等相关因素有关。因此，相对于统筹部分而言，基金收益率对个人账户有着重要影响（基金累积制的投资收益率是否能盯住工资增长率是累积制是否优于现收现付制的判断标准，这已经是理论界的共识）。这里只研究一种相对平均的情况，即个人工资增长率与社会平均工资增长率相等（$e = 1$）。同样，假设个人 20 岁开始参保，根据目前 8%（$c = 8\%$）的缴费率，结合我国现行的不同群体的退休年龄政策以及规定的计发月数进行分析研究，探索未来个人账户社会平均工资替代率的可能情况。就基金收益率而言，按照规定，个人账户基金根据一年期银行存款利息计息，过去 10 年银行平均一年期存款利率约为 2.88%[①]（$r = 2.88\%$），是一个非常低的水平，起不到保值增值的作用。实际上，在低收益率的情况下，制度并不能鼓励多缴费，"多缴多得"的激励理论在这里不适用。

与基础养老金相比，收入差距带来的个人账户养老金差距更大。按照平均收入 300% 的上限缴费的高收入群体，其个人账户养老金替代率亦远远高于平均水平。如在个人账户按 2.88% 的利率计息情况下，平均收入群体缴费 30 年的个人账户替代率为 7.59%，而按照平均收入 300% 缴费的群体个人账户替代率可达 22.82%，为前者的 3 倍。也再次反映出比较而言，基础部分有一定的再分配性，而个人账户则没有。相关结果可见表 4 - 5、表 4 - 6。

表 4 - 5 个人账户退休当年社会平均工资替代率情况 1（$g = 8\%$）

单位：%

工作年限与计发月数	$n = 30$，$m = 195$			$n = 35$，$m = 170$		
f	0.6	1.0	3.0	0.6	1.0	3.0
个人账户收益率 r	2.88%					
$a = 1$	4.55	7.59	22.82	5.56	9.27	27.89
$a = 0.9$	4.1	6.83	20.54	5.01	8.35	25.10

---

① 数据来源：中国人民银行网站。

工作年限与计发月数	$n=30$, $m=195$			$n=35$, $m=170$		
$a=0.8$	3.64	6.07	18.25	4.45	7.42	22.31
$a=0.7$	3.19	5.31	15.97	3.9	6.49	19.53
$a=0.6$	2.73	4.55	13.69	3.34	5.56	16.74

表4–6 个人账户退休当年社会平均工资替代率情况2 （$g=8\%$）

单位：%

工作年限与计发月数	$n=40$, $m=139$			$n=45$, $m=101$		
f	0.6	1.0	3.0	0.6	1.0	3.0
个人账户收益率 r	2.88%					
$a=1$	7.13	11.89	35.77	10.17	16.95	51.01
$a=0.9$	6.42	10.7	32.19	9.15	15.26	45.91
$a=0.8$	5.71	9.51	28.61	8.14	13.56	40.81
$a=0.7$	4.99	8.32	25.04	7.12	11.87	35.71
$a=0.6$	4.28	7.13	21.46	6.1	10.17	30.61

就不同群体之间差距而言，女性（尤其女职工）的状况最令人堪忧，即使在她们的工资与社会平均工资齐平，缴费工资率等于100%（即缴费工资等于工资全额）的假设下，若个人账户仍维持2.88%的计息水平，则女干部、女职工的该部分替代率也仅为7.59%和9.27%，男性为11.89%。更何况现实中女职工的平均工资水平要远低于社会平均工资水平，缴费工资率也达不到100%。

当然，女性的问题在于平均收入低且退休年龄低，一方面累计缴费金额少，另一方面计发月数多，这两方面都拉低了个人账户养老金及其替代率。这再一次说明提高退休年龄对于女性养老保障的重要性。

三、基础养老金与个人账户加总的社会平均工资替代率情况

1. 不同群体的总社会平均工资替代率情况

上文分别就统筹账户、个人账户进行了各种条件下的社会平均工资替

代率的计算和分析。为综合反映个人退休后社平工资替代率情况，笔者在这里选择上述研究中的一种情况，将两部分替代率进行加总分析。在这种情况下，个人工资等于社会平均工资（$f=1$），且个人工资保持与社会平均工资同步增长（$e=1$），缴费工资率为100%（$a=1$）。根据上述条件，就男性、女干部、女职工以及推迟退休（65岁退休）的假设情况，在工资增长率为8%、10%以及12%三种状况下得到的加总后的总社会平均工资替代率参见表4-7。

表4-7　退休当年统账结合的社会平均工资总替代率（$a=1$，$f=1$）

参保年限，计发月数	$n=30$，$m=195$	$n=35$，$m=170$
个人账户收益率	0.0288	0.0288
$g=0.08$	35.37	41.68
$g=0.1$	33.43	39.19
$g=0.12$	31.9	37.29
参保年限，计发月数	$n=40$，$m=139$	$n=45$，$m=101$
个人账户收益率	0.0288	0.0288
$g=0.08$	48.93	58.62
$g=0.1$	45.66	53.97
$g=0.12$	43.24	50.67

根据计算结果可知，在个人账户采取低水平计息的情况下（2.88%），收益率低于工资增长率，因而工资增长率越高，替代率水平越低。具体来看，工资增长率每增长2个百分点，总社会平均工资替代率下降2—3个百分点。

2. 总社平工资替代率的构成情况分析

根据前文的分析，我们知道了在当前38号文规定的计发办法下，各个群体（男性、女干部、女职工）退休后可以得到的统筹账户社会平均工资替代率、个人账户社会平均工资替代率以及统账结合的总社会平均工资替代率。然而，为反映对不同收入水平的个人（表示为参保时个人工资与当时社会平均工资的比率 f) 在退休后的社会平均工资替代率如何，我们需要对不同收入水平的（即不同 f）的个人的社会平均工资替代率作相关的比较。这里，我们选取男性这一特殊群体为例（即 $n=40$，$m=139$），设缴费工资率为100%（$a=1$），个人工资增长率与社会平均工资增长率相等且 $g=8\%$，个人账户收益率仍为银行计息率2.88%，选取 f 的范围为0.1—2.0。通过计算，我们用条形图来表示这个群体处于不同相对收入水平的人在退休后可以获得的统筹、个人账户两部分社会平均工资替代率、总替代率以及它们之间的占比关系。参见图4-4。

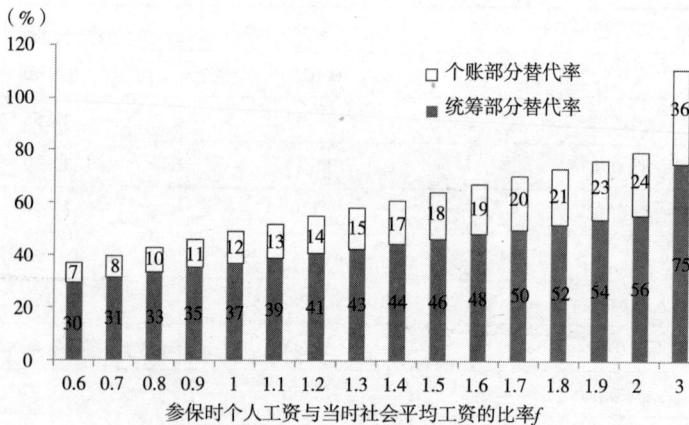

图4-4　总社会平均工资替代率及其构成

由图4-4，我们可以清晰地看到：第一，工资收入与社会平均工资相当的个人（$f=1$），总替代率仅为49%，其中统筹部分替代率37%，个人账户部分替代率12%，前一部分基本达到目标，而后一部分则低于预设目标24%（很明显，从现收现付角度来看，8%的个人账户缴费率在目前略高于3:1的赡养比的条件下，至少可以提供24%的替代率，因而累积制须提供至少24%的替代率水平才算有效，而根据计算要达到这一水平，个人账户收益率至少须达到7.24%）。从收入分布来看，处于这一位置及其周围的人因占大多数，应能代表大部分人的水平。第二，个人社会平均工资总替代

率 R 随着个人参保时最后工资与当时社会平均工资的比率 f 的增长而成比例增长，f 每提高 10 个百分点，R 提高 3 个百分点左右，其中 1 个百分点来自个人账户部分，2 个百分点来自统筹账户部分。因此，个人工资水平差异带来的统筹部分社会平均工资替代率的差异要大于个人账户带来的相应差异。这是在个人账户收益率远低于工资增长率条件下得出的结论，这样的结论绝不是说明个人账户比统筹部分具有更大的再分配性，而是证明低水平的个人账户的无效性，没有发挥其收益率优势，不能对退休者形成很好的保护，同时也说明了这样的个人账户对参保者不能形成所谓的缴费"激励"作用。第三，统筹账户的替代率远远大于个人账户的替代率，且收入水平相对越低的个人对统筹账户的依赖程度越大。第四，实际个人生命余岁为现行计发月数的 2 倍左右，因此若按照实际生命余岁算，个人账户部分的替代率要减 50% 左右。

第三节　结　论

38 号文出台几年来，对于该制度能否对退休者起到保障作用，是否有吸引力等一系列重要问题，缺少定量的实证研究。对于未来保障水平的预测，既是对现行政策实施过程和实施效果的评估，也是促进制度改革与完善的有效途径。本章按照 38 号文规定养老金标准计发办法，结合我国现行的退休政策特征，在不同工资增长率、缴费工资率等假设条件下，对退休者的养老金社会平均工资替代率进行了公式推导、计算、分析和评价，既有利于全面预测和掌握了基本养老保险制度的保障能力和水平，即养老金替代率总体现状与发展趋势，又兼顾到我国男、女等不同群体的退休政策特点。相关结论如下：

第一，在目前的退休年龄政策下，收入差距带来的缴费差距将导致基础养老金和个人账户养老金两部分差距。由于社会统筹加进了个人收入因素，因此收入差距的拉大必然带来基础养老金的较大差距，这一点值得高度重视。

第二，缴费工资率是影响未来替代率的直接重要的因素。缴费工资率的降低将直接减小缴费基数，从而降低未来替代率。从本章的计算来分析，缴费工资率对统筹部分、个人账户部分都有直接的影响，影响的程度受个人相对收入水平、缴费年限、缴费率等多重因素的影响。另外，缴费工资率的下降将等比例降低未来个人账户的养老金，但是统筹部分的养老金却没有等比例下降，这将增加未来制度的支出压力，最终加大政府财政压力。因此，应完善制度，严格执行，从制度的长远健康发展的角度出发，杜绝企业讨价还价的行为。同时，加大薪酬制度的改革，减少部分收入非货币化、货币收入非工资化的不规范现象，从而增加缴费基数，其效果与提高缴费工资率是一致的。

第三，收入差距与退休年龄形成叠加效应，对女性更为不利。根据计算，女职工的替代率甚至低于40%的国际贫困标准线。这是造成群体之间养老金差距的重要原因。

参考文献

[1] 李珍：《个账基金运营所面临的挑战和机遇》，《中国社会保障》2006年第12期。

[2] 李珍：《关于中国退休年龄的实证分析》，《中国社会保险》1998年第4期。

[3] 李珍、王海东：《基本养老保险个人账户收益率与替代率关系定量分析》，《公共管理学报》2009年第4期。

[4] 李珍、王海东：《我国基本养老保险替代率下降的机理分析》，《人口与经济》2010年第6期。

[5] 董克用：《中国基本养老保险制度改革中有关问题的探讨》，《经济

理论与经济管理》2000 年第 2 期。

［6］董克用、郭开军：《中国社会保障制度改革 30 年》，《中国国情国力》2008 年第 12 期。

［7］胡晓义：《关于逐步提高养老保险统筹层次——十六届三中全会〈决定〉学习札记之二》，《中国社会保障》2004 年第 1 期。

［8］胡晓义：《国务院〈决定〉解读系列之二——保障水平要与我国社会生产力发展水平及各方面承受能力相适应》，《中国社会保险》1997 年第 11 期。

［9］周小川：《建立个人账户制实现社会保障体制转轨》，《中国市场经济报》1999 年 7 月 1 日。

［10］何平：《养老保险基金平衡及对策研究》，《经济研究参考》1998 年第 1 期。

［11］何平：《关于个人账户功能实现问题》，《中国劳动保障》2005 年第 3 期。

第五章　个人账户基金收益率与替代率的关系分析与评估

累积制个人账户的优势就在于获得投资收益，也只有获得一定的投资收益才能提供有效的保障水平。因此，个人账户基金的收益率对于制度的有效性而言，是一个非常重要的变量。

1995 年 6 号文最早提出：个人账户要坚持专款专用原则，切实搞好基金管理，确保基金的安全并努力实现其保值增值。1997 年 26 号文明确指出：基金结余额，除预留相当于 2 个月的支付费用外，应全部购买国家债券和存入专户，严格禁止投入其他金融和经营性事业。2000 年国务院出台 42 号文，个人账户开始试点"做实"，并指出个人账户基金要按国家规定存入银行，全部用于购买国债，以实现保值增值，运营收益率要高于银行同期存款利率。2005 年 38 号文进一步指出：国家制订个人账户基金管理和投资运营办法，实现保值增值。

总的来说，个人账户目前仍采用低水平计息，存在不少问题。

第一节　关于个人账户基金管理的政策及评价

一、基金管理政策安排

个人账户基金管理在制度层面主要包括三个方面的问题：一是基金不能

市场化运营，收益率低；二是个人账户计息按一年期银行存款利息，将个人的长期资金计的短期的利息；三是资金的收益率与个人账户的收益率无关。从 2004 年开始，全国社会保障基金理事会受托管理并将部分地区部分个人账户资金做实部分的中央补助部分按市场化原则进行投资，获得了较好的收益，但这一收益并未进入个人养老金待遇的计发，实际上与个人账户无关。

虽然个人账户基金管理在政策上似乎朝着投资运营、保值增值的方向发展，但事实上各地仍以存银行为主（在个别地区发生社保基金案之后，更加强化了政策制定者们小心翼翼、不敢越雷池一步的心态）。目前，按一年期银行存款利率计息，基金年收益仅为 3.25%（2010 年 10 月 20 日利率水平提高之前仅为 2.25%）。1998—2007 年间，这一利率的平均值为 2.88%，期间部分年份甚至低于通货膨胀率。

2010 年 10 月 28 日通过的《社会保险法》规定：个人账户不得提前支取，记账利率不得低于银行定期存款利率，免征利息税。这里，虽以国家法律的形式明确了个人账户不得提前支取，但仍未就投资运营给出答案，"不得低于"的规定对于一年期银行计息来说没有影响，因为后者没有"低于"定期存款利息。

现实中，个人账户还存在两大方面的问题：第一，个人账户做实仍然任重道远；第二，个人账户做实之后，并非可以高枕无忧，还需要探索安全有效的市场化运营渠道。

二、评　价

目前个人账户基金管理安排既不能提供目标养老金替代率（24%），亦不能实现制度提出的保值增值的目标，因此是一种低效甚至无效的安排，这与个人银行存款没有差异。理论上分析，累积制个人账户相对于传统现收现付制的优势在于前者可获得的收益率高于工资增长率与人口增长率之和（即生物回报率或总额工资增长率），这一点我们反复强调。然而，正如前文计算分析，1998—2008 年间参保人员的工资增长率高达 16%，平均 2.88% 的银行存款利率远低于这一水平。这与制度出台之初关于个人账户收益率可与工资增长率相当的政策解读（胡晓义，1997）相去甚远。

纵观我国个人账户基金管理的规定以及现实中的管理状况可以看出，在没有真实的投资运营情况下，只能采取银行计息的方式。如果要真正实现市场化的投资运营，则必须首先将其"做实"。由新出台的《社会保险法》的精神可以看出，个人账户已经不再是要不要"做实"的问题，"做实"已经可以被视为未来的发展方向，至于"做实"的进度，由于涉及填补亏空（用现实的资金填补上过去挪用个人账户资金而形成的巨大"空账"），须视政府的规划而定，尤其是财力保障。

在未来逐步"做实"的情况下，紧随而来的问题是基金的管理，特别是如何发挥累积制的优势，以及保值增值等。事实上，随着 2000 年做实试点的开展，各地累积的基金数额逐步多起来，基金的投资运营和保值增值已经变成了一个更为现实的实际问题，受到了各界的广泛关注和热议。

关于个人账户的基金管理，从宏观层面分析，大致有两种方式：第一，存在银行不投资（这是我国个人账户当前的做法），或者购买风险程度低因而收益较低的国债；第二，进行市场化投资，在市场化运营中获得投资收益，同时承担必要的投资风险。从国内外学术界对这一问题的研究来看，主张将基金存在银行获得低利息的较少，因为这样的结果往往导致基金贬值，主张投资的居多（这里不包括那种主张采取"名义账户"的看法，这种主张下没有或很少有基金累积）。

第二节　个人账户基金收益率的重要意义

基本养老保险制度改革在于为老年人提供可靠的养老金保障，避免陷入老年贫困，[1] 累积制个人账户的优势在于其有基金累积而能获得超过总额

---

① 李珍：《养老社会保险的平衡问题分析》，《中国软科学》1999 年第 12 期，第 19 页。

工资增长率的投资收益。然而，我国对个人账户仅采取参照一年期银行存款利息计息，这与制度设计之初关于收益率可与工资增长率相当的假设相去甚远，这种情况下的个人账户只能提供微不足道的养老金替代率。例如在过去平均约 2.9% 的低利率计息水平和 16% 的社会平均工资增长率下，60 岁退休的男性仅可从个人账户获得 5.34% 左右的社会平均工资替代率，女干部和女职工则更低，不能起到很好地保障作用，且利息在部分年份甚至不能抵御通货膨胀（2001—2008 年年均 CPI 在 2.35% 左右，2007 年和 2008 年分别为 4.8%、5.9%）[①]。另外，现行制度下的个人账户的计发月数仅为实际生命余岁的一半左右（不能有效应对长寿风险），若按实际生命余岁计发，则其替代率还将进一步降低。若如有关部门声称，用统筹基金续发，则又会导致收入高者获得更多补贴的逆再分配问题。这里的关键不是差不差钱的问题，而是制度本身没有说清楚的机制缺陷问题。然而，时至今日，政策的制定与改革中却仍未认识到这一问题的严重性。因此，通过定量分析，将当前制度下个人账户的问题特别是较低的养老金替代率（或保障能力）问题客观地摆出来，唤起各方的重视，是本书的主要目的和重点所在。

　　1997 年 26 号文正式确立了统一的统账结合的基本养老保险制度，即部分累积制。其中，个人账户累积制相较于现收现付制的优势就在于其可获得高于总额工资增长率（即人口增长率与工资增长率之和）的回报率，从而给老年退休人员提供更好的保障。当初的假设是：个人账户收益率与工资增长率相等，工作 35 年大约可获得 38.5% 的替代率。[②] 矛盾的是，26 号文却又明文规定"参考银行同期存款利率计算利息"，实际参考的是一年期存款利率。据统计，1997—2007 年的一年期银行存款利率平均仅为约 2.9%[③]，但同期参保人员工资平均年增长率达 16.1%[④]，差距竟如此之大！

---

① 这里假设 20 岁开始工作，后文将有详细计算。相关数据来自全国社保基金理事会。

② 胡晓义：《国务院〈决定〉解读系列之二——保障水平要与我国社会生产力发展水平及各方面承受能力相适应》，《中国社会保险》1997 年第 11 期，第 10 页。

③ 数据来源：中国人民银行网站。

④ 数据来源：国家统计局网站。

虽然 2005 年 38 号文提出"国家制订个人账户基金管理和投资运营办法，实现保值增值"，但缺乏可操作性，各地仍以一年期银行存款利息计息，即使部分个人账户"做实"地区将中央补助部分委托全国社保基金理事会投资所获的收益亦未能体现在待遇计发上[1][2]。可见，各方对这个低水平计息将带来的保障不足的严重后果仍重视不够、估计不足。我国与其他拥有多支柱的国家不同，他们的企业年金计划、个人储蓄计划发展较为完善，国家强制计划的替代率相对可以较低。而我国的其他支柱还远没有普遍建立起来。另外，实际上，由于我国个人收入和工资概念极不规范，退休金按国家政策所计算的名义替代率很高，而与职工在职时的实际收入相比，实际替代率不高。[3]

第三节 现行制度安排对替代率的影响

一、理论与现实

制度目标替代率的设计。对于工资水平与社会平均工资相当的典型个人来说，其退休初的自我工资替代率即为社会平均工资替代率，而制度设计的目标替代率亦即为这一时点上的水平[4]，这里不存在上述概念的问题。按照个人账户（1997 年 26 号文）设立之初的预测，个人账户收益率与工资增长率相当，一个人在缴费 420 个月（即工作 35 年）后，按 120 个月计发，

---

① 褚福灵：《个人账户要避免"二次做实"——试论做实个人账户的必要性及思路》，《中国劳动保障报》2007 年 6 月 21 日第 3 版。

② 部分省市已将做实的个人账户基金委托全国社保基金理事会管理，但个人账户的待遇并没有参照这一收益率计发，个人账户成了一种储备性质的基金（褚福灵，2007）。

③ 董克用：《有关养老保险新政策的分析与评价》，《人口与经济》2001 年第 3 期，第 70 页。

④ 以后需要适时调整养老金水平，以保证待遇水平不下降，而我国养老金替代率下降太快，正是问题之一。

个人账户可提供约 38.5% 的替代率①。则依此类推，根据现行制度 38 号文，如工作 35 年（60 岁退休，因此计发 139 个月）即可获得约 24.2% 的替代率，加上约 35% 的统筹部分替代率，共计 59.2%。

个人账户现实状况。个人账户替代率的目标设置取决于当时对收益率的乐观假设。但我国长期以来只采取低水平的一年期银行存款利息计息。过去"空账"下没有投资，计息也就不足为怪，现有的部分地区结余也仍限于存入银行和购买国债（也有部分地区将"做实"个人账户的中央补助部分委托全国社保基金理事会管理，但待遇计发并没有参照该收益水平），较低的计息水平使得累积制的优势变成了劣势，反不如现收现付制。重要的是，统账制度建立以来的十几年是经济高速增长期，工资水平增长较快（且部分年份的通胀水平也相对较高），在这种状况下，个人账户收益率远远低于工资增长率将导致未来极低的社平工资替代率，保障水平堪忧。根据 38 号文的规定，个人账户用完后不能再由统筹账户支付，人们将更加依赖于个人账户。由于预期生命余岁已远超过 38 号文规定的计发月数（几乎为相应计发月数的 2 倍），若按实际生命余岁计发，则将进一步降低本已较低的个人账户替代率水平。

因此，无论是从理论还是现实的角度出发，个人账户必须力求获得较高投资收益率，才能有效保护老年退休人员，才有存在的意义，也才能建立人们对于制度改革特别是个人账户的信心。低水平计息方式注定其只能是一种近乎无效的制度。所以，既然选择了个人账户，国家提出将其做实无疑是正确的一步，但更重要的还在于市场化运营，提高收益率。

二、个人账户收益率与替代率的定量分析

由于现行制度（即 38 号文）中个人账户的计发月数远小于实际生命余岁，为全面反映个人账户收益率与替代率的关系，下文分别就现行制度规

---

① 即 $11\% \times 420 \div 120 = 38.5\%$，同时假设个人账户收益率与工资增长率相等（胡晓义，1997）。

定下和按实际生命余岁精算下的个人账户替代率进行定量的对比分析。

1. 现行制度下的个人账户收益率及其替代率

根据 38 号文的规定，个人账户的养老金水平在其退休时，根据账户总累积额除以规定的计发月数。结合我国关于退休年龄的规定，男性 60 岁退休计发 139 个月，女干部 55 岁退休计发 170 个月，女职工 50 岁退休则计发 195 个月。为描述基金累积制个人账户的收支平衡关系，设个人账户缴费率为 c，基期年工资水平为 w[①]，工资增长率为 g，基金投资收益率为 r，缴费年数为 n，计发月数为 k（或 $k/12$ 年），个人账户社平工资替代率为 R。这里参考世界银行算法，到退休时，雇员缴费积累总额 F 为[②]：

$$F = cw \left[(1+r)^n + (1+g)(1+r)^{n-1} + \cdots + (1+g)^{n-1}(1+r) \right] \qquad (5.1)$$

若假设一个典型个人基期（参保年）的工资水平与社会平均工资水平相等且增速亦相等。则在其退休时的个人账户社平工资替代率公式为：

$$R = 12c(1+r) \left[(1+r)^n - (1+g)^n \right] / \left[(r-g)(1+g)^n k \right] (r \neq g) \qquad (5.2)$$
$$= 12cn/k \qquad\qquad\qquad\qquad (r = g) \qquad (5.3)$$

为比较不同工资增长率情况下的收益率对替代率的影响，本书分别就工资增长率在 16.1%（1997—2007 年的平均水平）、10% 和 8%（后两者为假设值，其中 10% 大致与目前养老金年增长率相当）三种情况作比较分析。在个人账户收益率分别为 2.9%（1997—2007 年平均计息水平）、16.1%（或 10%、8%）以及 8.98%（根据社保基金理事会 2001—2008 年报，该基金年均收益率在 8.98% 左右[③]）的不同假设下，男性、女干部和女职工个人账户替代率的计算结果参见表 5 - 1。

---

① 这里暂不考虑实际缴费工资与个人工资水平的差异，即缴费工资率的问题。

② 李珍：《社会保障理论》，中国劳动社会保障出版社 2007 年版，第 166 页。

③ 数据来源：全国社保基金理事会网站，这实际上是在 2007 年的收益率高达 38.93% 下的平均值，之前的大部分年份只在 3% 左右。因此，数年累积收益率远达不到平均 8.98% 的水平。

表 5 - 1　男性、女干部和女职工的个人账户替代率

	n = 30, k = 195					n = 35, k = 170				
	r = 2.9%	r = 8.98%	r = 8%	r = 10%	r = 16.1%	r = 2.9%	r = 8.98%	r = 8%	r = 10%	r = 16.1%
g = 8%	7.61%	17.04%	14.77%			9.3%	23.35%	19.76%		
g = 10%	6.17%	12.83%		14.77%		7.39%	16.79%		19.76%	
g = 16.1%	3.74%	6.41%			14.77%	4.34%	7.7%			19.76%
	n = 40, k = 139					n = 45, k = 101				
	r = 2.9%	r = 8.98%	r = 8%	r = 10%	r = 16.1%	r = 2.9%	r = 8.98%	r = 8%	r = 10%	r = 16.1%
g = 8%	11.92%	33.43%	27.63%			17%	53.01%	42.77%		
g = 10%	9.32%	22.96%		27.63%		13.09%	34.78%		42.77%	
g = 16.1%	5.34%	9.73%			27.63%	7.38%	13.71%			42.77%

注：n—缴费年限；k—计发月数；r—个人账户基金收益率；g—社会平均工资增长率；这里假设 20 岁开始工作（下文同）。第四种情况为 65 岁退休的假设情况。

从表 5 - 1 的结果来看，在过去 16.1% 的工资增长率和 2.9% 的低计息水平下，个人账户所能提供的替代率非常之低，即使男性缴费 40 年也只可以得到 5.34% 的替代率，女干部和女职工则分别只有 4.34% 和 3.74%。因此，女职工的状况最糟，即使按照社保基金理事会平均 8.98% 的收益率水平计算，其替代率也只有 6.41%。若按照当初制度暗含的假设，即个人账户收益率与工资增长率相等，则也只有男性才能达到 24% 的目标替代率，女性则因为退休年龄低、累积少，依然远达不到（尤其女职工）。更何况女性本身的工资还要低于社会平均工资水平，社会平均工资替代率更低，这也正是笔者一直主张要逐步提高退休年龄（尤其女职工）的一个重要原因。从表 5 - 1 中可以看出，延长至 65 岁退休时的替代率要远高于现在的情况。

2. 实际生命余岁下的个人账户收益率及其替代率

38 号文的计发月数虽然改变了过去 26 号文中 120 个月的不合理状况，然而仍然远低于实际生命余岁（近一半）。因此，若按照实际的生命余岁进行精算（比如购买终生年金），则可以预计替代率水平还将进一步大幅下

降。设个人账户给付水平与工资指数化，b 为工资替代率（则 bw 代表养老金金额），则 m 年退休生涯的养老金在其开始退休年份的现值总和 P 为：

$$P = bw(1+g)^n \left[1 + \frac{(1+g)}{(1+r)} + \cdots + \frac{(1+g)^{m-1}}{(1+r)^{m-1}} \right] \tag{5.4}$$

根据精算平衡原理，缴费累积总额 F 应与退休金现值总和 P 相等，即公式（5.1）与公式（5.4）相等，可简化表示为[①]：

$$\frac{c}{b} = \frac{(1+g)^n \left[1 - (1+g)^m / (1+r)^m \right]}{(1+r)^n - (1+g)^n} \tag{5.5}$$

当投资收益率 r 与工资增长率 g 相等时，公式为：

$$\frac{c}{b} = \frac{n}{m} \tag{5.6}$$

根据公式（5.5），本书将依据实际生命余岁下的精算平衡原则（即计算终生年金），从社会总体状况、男性、女职工、女干部等多个方面分别探索个人账户平均工资替代率与其基金收益率之间的关系，并对照现实情况，查找问题，提出措施建议。

（1）社会退休人员总体情况

统计资料表明，我国当前制度内退休人员平均工作年限只有 32.5 年，仍设平均工作年龄为 20 岁，则平均退休年龄约为 53 岁，根据中国人寿保险业经验生命表（1990—1993 年）之养老金业务男女表（本章有关生命余岁数据均源自于此表）[②]，得到平均生命余岁为 27 年（取整，下文同样处理）。仍就工资增长率 16.1%、10% 和 8% 三种情况分别分析，即 $c = 8\%$，$g = 16.1\%$（10%、8%），$n = 32.5$，$m = 27$。个人账户社会平均工资替代率与收益率之间，即 b、r 的关系走向参见图 5-1。

由于图形显示的局限性（只可截取一部分），笔者在表 5-2 中列出几个相应收益率与其对应替代率的数值（下文同）。

---

① 贾洪波、温源：《基本养老金替代率优化分析》，《中国人口科学》2005 年第 1 期，第 81 页。

② 李秀芳、傅安平：《寿险精算》，中国人民大学出版社 2002 年版，第 752 页。

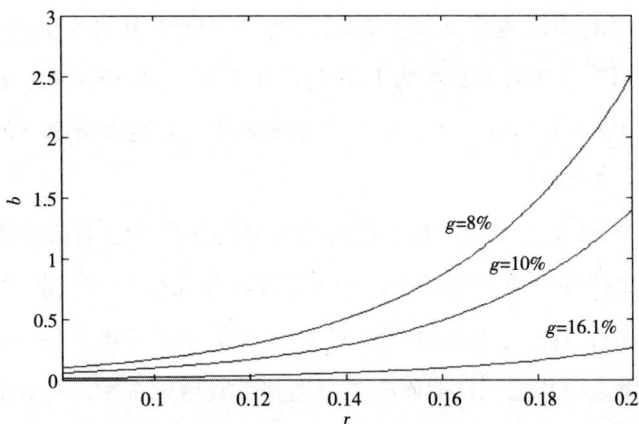

图 5 - 1 不同工资增长率条件下个人账户收益率与替代率关系图（总体）

注：纵轴为个人账户替代率 b，横轴为个人账户基金收益率 r；当 $r = g$ 时，替代率为 cn/m；$n = 32.5$，$m = 27$。

表 5 - 2 不同工资增长率和个人账户收益率条件下的个人账户替代率（$n = 32.5$，$m = 27$）

	$r =$ 2.90%	$r =$ 8.98%	$r =$ 8.00%	$r =$ 10.00%	$r =$ 16.10%	$r =$ 11.32%	$r =$ 13.38%	$r =$ 19.67%
$g = 16.10\%$	0.31%	1.52%			9.63%			24.00%
$g = 10.00\%$	1.40%	7.19%		9.63%			24.00%	
$g = 8.00\%$	2.36%	12.41%	9.63%			24.00%		

工资增长率为 16.1% 时。若按 2.9% 的平均一年期银行存款利率计息，则替代率水平仅为 0.31%，微不足道。在个人账户缴费率为 8%，目前赡养比仍高于 3：1 的条件下，个人账户远不能提供 24% 的替代率，其累积制对于现收现付制的优势之说成了"空中楼阁"！即使投资收益率达 8.98%，个人账户也仅可以提供大约 1.52% 的平均工资替代率，与 24% 的水平仍相差甚远！而要达到 24% 这一目标水平，收益率须达到 19.67%，约为 2.9% 的计息水平的 7 倍！到目前为止，即使全国社保基金也只在 2007 年实现基金收益达到这一水平（达到 38.93%），其他年份都远低于这一水平，更不用说分散在各地管理的小规模基金。而且，小规模基金平均管理成本将更高，

对投资收益率的要求也将更高。在工资增长率低于 16.1% 的假设情况下，替代率又如何呢？工资增长率为 10% 时，在 2.9%、8.98% 的收益率下，替代率仅为 1.4%、7.19%。工资增长率为 8% 时，上述收益率下的替代率也仅为 2.36%、12.41%。

因此，2.9% 的计息水平远不能提供可靠的替代率。若收益率盯住工资增长率，则替代率取决于缴费率、工作年限和生命余岁（与前两者成正比，与后者成反比），这正是制度设计之初对个人账户替代率的预估基础，事实证明现实与假设差距甚远，且即便收益率达到工资增长水平，在目前的工作年限和生命余岁下也仅能得到 9.63% 的替代率（还未考虑早退、逃费等问题）。

另外，由图 5 - 1 可知：工资增长率越高，为达到同样的社会平均工资替代率所要求的收益率水平也越高。16.1% 的工资增长率对收益率提出了相当高的要求。

（2）男性退休人员情况

按规定，我国男性退休年龄为 60 岁，则其平均工作年限为 40 年（即 $n = 40$）。依据中国人寿保险业经验生命表（1990—1993 年）之养老金业务男表，我国男性 60 岁后的生命余岁约为 20 年（即 $m = 20$）。据此，男性的个人账户替代率与其收益率关系如图 5 - 2 所示。

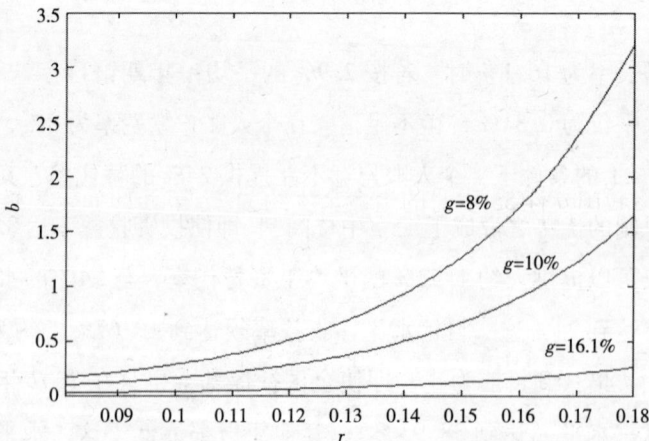

图 5 - 2　不同工资增长率条件下个人账户替代率与收益率关系图（男性）

表 5 – 3　不同工资增长率和个人账户收益率条件下男性个人账户替代率

（ $n = 40$ ，$m = 20$ ）

	$r =$ 2.90%	$r =$ 8.98%	$r =$ 8.00%	$r =$ 10.00%	$r =$ 16.10%	$r =$ 9.44%	$r =$ 11.46%	$r =$ 16.75%
$g = 16.10\%$	0.78%	2.85%			16.00%			24.00%
$g = 10.00\%$	2.66%	11.96%		16.00%			24.00%	
$g = 8.00\%$	4.20%	20.71%	16.00%			24.00%		

工资增长率为 16.1% 时，2.9%、8.98% 的收益率对应的替代率分别只有 0.78%、2.85%，远不能起到保护作用，只有收益率高达 16.75% 时，才可提供 24% 的替代率；工资增长率为 10% 时，前两种收益率下的替代率仅分别为 2.66%、11.96%，11.46% 的收益率可满足 24% 的替代率要求；工资增长率为 8% 时，前两种收益率下的替代率分别为 4.2% 和 20.71%，9.44% 的收益率即可提供 24% 的个人账户目标替代率；即使收益率盯住工资增长率，替代率也仅为 16%，达不到制度目标。在计息方式下，男性替代率犹且如此低，工作年限更短、工资水平更低的女性状况将更差！

当然，男性退休年龄高、工作时间较平均水平长、生命余岁较平均水平短，同样收益率情况下的替代率均高于社会平均水平。

（3）女性干部退休人员情况

制度规定，我国女干部退休年龄为 55 岁，则其平均工作年限为 35 年（即 $n = 35$ ）。根据中国人寿保险业经验生命表（1990—1993 年）之养老金业务女表，我国女性 55 岁时的生命余岁约为 27 年（即 $m = 27$ ）。据此，女干部的个人账户替代率与其收益率关系如图 5 – 3 所示。

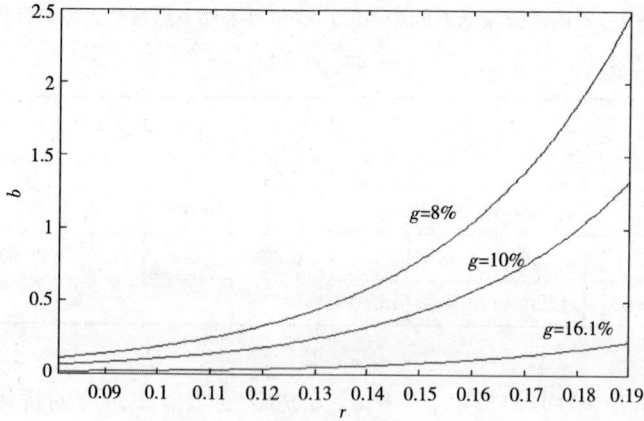

图5－3 不同工资增长率条件下个人账户替代率与收益率关系图（女干部）

表5－4 不同工资增长率和个人账户收益率条件下女干部个人账户替代率

($n = 35$，$m = 27$)

	$r =$ 2.90%	$r =$ 8.98%	$r =$ 8.00%	$r =$ 10.00%	$r =$ 16.10%	$r =$ 10.91%	$r =$ 12.97%	$r =$ 19.23%
$g = 16.10\%$	0.32%	1.55%			10.37%			24.00%
$g = 10.00\%$	1.43%	7.65%		10.37%			24.00%	
$g = 8.00\%$	2.43%	13.51%	10.37%			24.00%		

工资增长率为16.1%时，收益率为2.9%、8.98%时的替代率仅为0.32%和1.55%，收益率要达到19.23%时才可提供24%的替代率；工资增长率为10%时，前两种收益率下的替代率为1.43%和7.65%，12.97%的收益率可提供24%的替代率；工资增长率为8%时，前两种收益率下的替代率可分别达2.43%和13.51%，10.91%的收益率即可提供24%的替代率；即使收益率盯住工资增长率，替代率也仅为10.37%。女干部在同样的收益率条件下，其替代率要低于男性，但仍略高于平均水平。

（4）女性职工的情况

我国女职工的规定退休年龄较低，为50岁，则其平均工作年限为30年（$n = 30$）；依据中国人寿保险业经验生命表（1990—1993年）之养老金业务女表，50 岁女性的生命余岁约为 31 年，所以 $m = 31$。女职工个人账户替代率与其收益率关系见图 5 - 4。

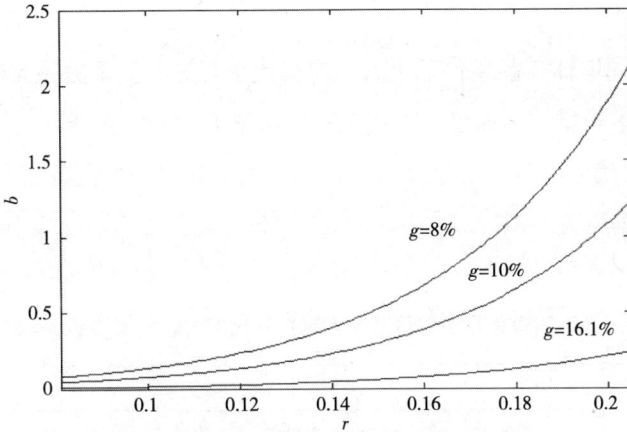

图 5 - 4 不同工资增长率条件下个人账户替代率与收益率关系图（女职工）

女职工的工作年限更短（甚至短于生命余岁），因此相同收益率情况下所能得到的替代率非常低。见表 5 - 5。

表 5 - 5 不同工资增长率和个人账户收益率条件下女职工个人账户替代率

（ $n = 30$，$m = 31$ ）

	$r =$ 2.90%	$r =$ 8.98%	$r =$ 8.00%	$r =$ 10.00%	$r =$ 16.10%	$r =$ 12.09%	$r =$ 14.17%	$r =$ 20.50%
$g = 16.10\%$	0.19%	1.09%			7.74%			24.00%
$g = 10.00\%$	1.00%	5.73%		7.74%			24.00%	
$g = 8.00\%$	1.76%	10.3%	7.74%			24.00%		

工资增长率为 16.1% 时，收益率为 2.9%、8.98% 时的替代率仅为 0.19% 和 1.09%，收益率须达到 20.5% 时才可提供 24% 的替代率；工资增长率为 10% 时，前两种收益率下的替代率为 1% 和 5.73%，14.17% 的收益

率可提供24%的替代率；工资增长率为8%时，前两种收益率下的替代率分别为1.76%和10.3%，12.09%的收益率可提供24%的替代率；即使收益率盯住工资增长率，替代率也仅为7.74%，约为女干部水平的75%、男性水平的48%。

（5）不同退休年龄条件下个人账户替代率与其收益率关系比较

为比较不同群体，这里假设在工资增长率为8%的条件下（一种温和的增长），分别就男性、女干部以及女职工三个不同群体之间的替代率进行对比。相关数据见表5-6。

表5-6　不同退休年龄群体的个人账户替代率与收益率（设 $g=8\%$ ）

		个人账户收益率					
		2.90%	8.00%	8.98%	9.44%	10.91%	12.09%
个人账户替代率	男性	4.20%	16.00%	20.71%	24.00%		
	女干部	2.43%	10.37%	13.51%		24.00%	
	女职工	1.76%	7.74%	10.3%			24.00%

可见，在同样的工资增长率条件下，相同的个人账户收益率给不同群体带来的退休金替代率表现出较大的差异。分析可知这主要与退休年龄（因而工作年限）和生命余岁有关。男性替代率最高，女干部其次，女职工最低，且随着收益率的提高，差异会不断加剧。同时，要达到24%的个人账户目标替代率，男性群体所要求的收益率为9.44%（仅略高于过去社保基金的平均收益8.98%），而女干部、女职工要求的收益率更高，实现难度更大。

3. 小结

第一，现行制度下的替代率远低于制度目标。在目前个人账户低水平计息且远低于工资增长率的情况下，按照38号文的规定，个人账户所能提供的替代率远远低于24%的目标水平。况且，个人账户的计发月数远低于实际生命余岁，若按照实际生命余岁计算终生年金，则替代率将进一步下降。这里，女职工的情况最糟糕。因此，从结果来看，当初政策制定者对于个人账户替代率的预期过为乐观，根本原因还在于实际收益率水平太低，而女职工则更兼退休年龄太低。

第二，按实际生命余岁精算的替代率更低。首先，2.9%的计息水平带来的替代率是微不足道的；其次，即使个人账户收益率能盯住工资增长率，也是不够的，精算下的替代率仍远低于24%的目标，原因在于该目标是基于规定的计发月数的，而这远低于人们退休后的实际生命余岁。女性尤其女职工更会因为退休年龄低而累积更少、所得更低。

第三，性别差距较大。男性、女干部的替代率水平都在社会总体平均水平之上，女职工的替代率水平在社会总体平均水平之下。从绝对水平看，男性退休人员替代率远远高于女干部或女职工，尤其女职工的替代率非常低，不仅低于女干部，更不足男性水平的一半。一方面，女性的低退休年龄减少了累积，另一方面女性的预期寿命却高于男性。

第四节　个人账户管理与基本养老保险 制度可持续发展

当前，基本养老保险金主要由基础养老金、个人账户养老金以及"调整"三部分组成。通过前文分析可知，基本养老保险目标替代率（60%左右）分别由基础部分、个人账户部分组成。如果个人账户所能提供的替代率越低，就越需要更大份额的调整部分来弥补，否则总替代率就不能达到预期目标。实践中，总替代率一再下降，与个人账户的低收益、低替代率（远低于目标水平）有很大的关系。尽管近几年国务院相继出台文件，要求提高养老金水平，即调整，但这毕竟是有限的，既不能从弥补目标缺口也不能从根本上解决个人账户的问题。况且，调整有一定的随意性，取决于政府的意愿和财力状况，不是一种长期稳定机制。另外，个人账户为累积型基金，其低水平的计息（甚至低于通货膨胀水平）本身就是无效的资源配置，不能有效保障参保者利益。

可以说，个人账户基金的收益率问题是个人账户的"牛鼻子"，而个人账户本身就是统账结合的基本养老保险制度中的重要一环，因此，解决个人账户基金收益率的问题是完善基本养老保险制度的关键环节。这不仅关系到社会资金的有效利用，资源的有效配置，更关系到参保者的保障水平，涉及百姓的切身利益。解决好这一问题，对于提高保障水平，促进基本养老保险制度持续健康发展，有着不可忽视的重要意义。

另外，我们要建立投资收益与参保人待遇挂钩的机制。随着"做实"试点范围的不断扩大，基金累积的规模也在迅速提高。事实上，已经有十几个省份将其个人账户累积额委托给全国社会保障理事会管理，取得了较好投资收益（2000—2009年年均投资收益9.75%）。但这些投资并未实现与个人账户的挂钩，个人账户仍采取计息方式（一年期银行利息）。个人账户基金的投资收益仅仅被当做一块额外储备，参保人并未享受投资收益带来的好处。这既不符合保护参保人权益的要求，也不能实现保障水平的提高。这种运作模式与新加坡的公积金制度相似，虽然新加坡给予个人账户基金的计息水平较高，但仍因这一"黑箱"模式（即人们不清楚基金的实际投资运作情况，特别是实际收益情况）而广遭诟病。因此，在未来个人账户不断"做实"、投资规模不断扩大的基础上，要同步完善收益挂钩机制。

第五节　结论与政策含义

第一，对于职工基本养老保险个人账户而言，只有做实才能发挥累积制的优势，"空账"下没有投资，只能低水平计息，起不到很好的保障作用。"实账"是必然的选择。[①]

第二，做实的个人账户基金必须进行市场化运营以获得较高的收益率，才能提供可靠的替代率。中国经济高速增长，微观主体的效率得以改善，社会资本的收益明显提高，资本利用的效率也在提高。在有效的市场上，资本的收益应该高于经济增长率。[②] 这为基本养老金市场化运营提供了良好的经济条件。

第三，个人账户不能避免因经济周期、市场波动等带来的投资风险。因此，个人账户的养老金替代率仍会因为市场风险而具有一定的不确定性。2007 年次贷危机、2008 年金融危机深刻影响了全球的金融资产，强制性个人账户资产当然也不例外。英国企业年金和个人账户基金从 2000 年连续 3 年巨大亏损，2007—2008 年又大幅亏损，仅 2008 年亏损就高达 30% 以上。其他国家的情况相仿。因此，"实账"也并非"保险箱"，这一点需要有思想上的准备。另外，随着"做实"步伐的加快，以及投资规模的提高，要加快建立投资收益与个人账户基金挂钩机制，真正保障参保人权益。

第四，个人账户基金管理直接关系到整个基本养老保险制度能否可持续发展。在逐步做实的过程中，不断完善个人账户基金管理制度，合理匹配基金的收益与风险，对于保障参保人权益、促进整个基本养老保险制度健康发展至关重要。

参考文献

[1] 李珍：《养老社会保险的平衡问题分析》，《中国软科学》1999 年第 12 期。

---

① 胡晓义：《关于逐步做实养老保险个人账户——十六届三中全会〈决定〉学习札记之一》，《中国社会保障》2003 年第 12 期，第 18 页。
② 李珍：《论建立基本养老保险个人账户基金市场化运营管理制度》，《中国软科学》2007 年第 5 期，第 13 页。

［2］胡晓义：《国务院〈决定〉解读系列之二——保障水平要与我国社会生产力发展水平及各方面承受能力相适应》，《中国社会保险》1997 年第 11 期。

［3］褚福灵：《个人账户要避免"二次做实"——试论做实个人账户的必要性及思路》，《中国劳动保障报》2007 年 6 月 21 日第 3 版。

［4］李珍：《个账基金运营所面临的挑战和机遇》，《中国社会保障》2006 年第 12 期。

［5］董克用：《有关养老保险新政策的分析与评价》，《人口与经济》2001 年第 3 期。

［6］褚福灵：《养老保险金替代率研究》，《北京市计划劳动管理干部学院学报》2004 年第 12 卷第 3 期。

［7］李珍、孙永勇、张昭华：《中国社会养老保险基金管理体制选择——以国际比较为基础》，人民出版社 2005 年版。

［8］李珍：《社会保障概论》，中国劳动社会保障出版社 2007 年版。

［9］贾洪波、温源：《基本养老金替代率优化分析》，《中国人口科学》2005 年第 1 期。

［10］李秀芳、傅安平：《寿险精算》，中国人民大学出版社 2002 年版。

［11］胡晓义：《关于逐步做实养老保险个人账户——十六届三中全会〈决定〉学习札记之一》，《中国社会保障》2003 年第 12 期。

［12］李珍：《论建立基本养老保险个人账户基金市场化运营管理制度》，《中国软科学》2007 年第 5 期。

第六章 退休年龄政策与养老金替代率的关系分析与评估

我国基本养老保险制度的退休年龄一直以来，都延用了 20 世纪 50 年代的有关文件的标准和规定，即男性 60 岁退休，女干部 55 岁退休以及女职工 50 岁退休。1951 年，当时政务院颁发的《中华人民共和国劳动保险条例》规定：男职工的退休年龄为 60 周岁，女职工为 50 周岁。1953 年修改后的《劳动保险条例》对退休年龄未做改动。1955 年国务院颁发的《关于国家机关工作人员退休处理暂行办法》中，把女干部的退休年龄确定为 55 周岁。1978 年 5 月 24 日第五届全国人民代表大会常务委员会第二次会议批准的《国务院关于安置老弱病残干部的暂行办法》、《国务院关于工人退休、退职的暂行办法》（国发〔1978〕104 号）仍然规定：企业职工退休年龄是男年满 60 周岁，女工人年满 50 周岁，女干部年满 55 周岁。

退休年龄对基本养老保险制度的影响主要在于：一是对制度的财务可持续性的影响，二是对个人退休收入水平或替代率的影响。就统筹部分而言，退休年龄低，则缴费期短、支付期长，对财务长期平衡有负面影响。退休收入水平与缴费年限关联，缴费期越短，替代率水平越低；对个人账户影响也一样，缴费期越短，在支付期固定时，替代率水平越低，且对于个人账户积累额支付完之后的存活期而言，则需要制度补贴。另外，就当前制度规定而言，个人账户计发月数远低于实际生命余岁，若按照实际余岁计发，则替代率将更低。比较而言，统筹部分只要累积缴费满 15 年，则可以一直领取（虽然这一办法的合理性值得探讨），且计发公式简单。

第一节　关于退休年龄政策的分析与评估

虽然我们关注的焦点是基本养老保险制度，然而要准确把握退休年龄这一重要制度变量，需理解其在三个方面的意义：

第一，退休年龄反映人口预期寿命。虽然规定男性 60 岁退休，女干部 55 岁退休、女职工 50 岁退休，但在实际过程中，仍有大量内退、早退现象的存在，使得实际退休年龄更加趋于低龄化（后文详细论述）。随着经济的发展，人类健康水平以及医疗水平的提高，旧的退休年龄已经不能反映个人的劳动能力的年龄界限，提高退休年龄是对这一现象的回应。目前，我国人口平均预期寿命已经大幅提高，退休年龄的设定也应与时俱进，适时逐步提高。这里要着重强调我国人口平均预期寿命的提高。参见表 6-1。

表 6-1　我国人口平均预期寿命的变化情况

单位：岁

年份	1980—1985	1985—1990	1990	1990—1995	1995—2000	2000
男	66.8	67.7	66.84	68.6	69.5	69.63
女	69.2	70.6	70.47	71.7	72.9	73.33

资料来源：《转型期中国人口》（中国统计出版社），以及国家统计局网站。

根据上述统计资料可知，我国人口平均预期寿命正在不断提高，在 2000 年已经达到男性 69.63 岁，女性 73.33 岁。虽然尚无当前年份我国人口平均预期寿命的官方统计资料，但现有的研究表明，我国的人口平均预期寿命还将继续提高。如冯怀珠（2006）在我国过去的人口平均寿命演变规律的基础上，预测了未来人口预期寿命的发展走势，2010 年我国男性平均预期寿命为 71.78 岁，女性为 75.54 岁，而到 2020 年，这一数字将分别达到 72.34 岁和 76.10 岁。[①] 而我国职工的退休年龄是 20 世纪 50 年代初制定的，当时我国人口的平均预期寿命男性为 40 岁，女性为 42.3 岁（李珍，1997）。可见，我国人口平均寿命早已今非昔比，适应那个时代的退休年龄也应适时调整。

另外，从世界各国的情况来看，人口预期寿命逐步提高甚至步伐加快已成为普遍趋势，人口老龄化已经成为各国共同关注的热点问题。联合国 2009 年发布的一系列数据显示[②]：目前世界人口年龄中位数为 28 岁，即世界人口一半低于该年龄，另一半高于该年龄。今后 40 年，世界人口年龄中位数可能增加 10 岁，到 2050 年达到 38 岁。而最老化的人口估计在日本和中国澳门特别行政区，年龄中位数预计超过 55 岁。在人口预期寿命逐步提高的今天，若退休年龄不作相应调整提高，一个直接的后果就是人口赡养比将进一步恶化，即每个经济活动人口所赡养的老年人数量在上升。同样据联合国 2009 年发布的数据，目前，世界范围内，人口的潜在供养比率（即每一位 65 岁及以上老年人所对应的 15—64 岁人的数目）表明有多少潜在劳动者供养一位老年人，人口老化时，潜在供养比率趋于下降。1950 年到 2009 年，潜在供养比率从 65 岁及以上者人均 12 名潜在劳动者下降到人均 9 名。到 2050 年，预计潜在供养比率将进一步下降到每名老年人只有 4 名潜在劳动者。

第二，退休年龄影响到养老金保障水平或替代率。如，38 号文规定了不同退休年龄下的个人账户计发月数。然而，根据目前的人口预期寿命表（中国人寿保险业经验生命表（2000—2003 年）之养老金业务表），上述群体退休后的生命余岁（月数）远远高于计发月数，且为后者的 2 倍左右（参见表 6-2）。因此，提高退休年龄不仅是人口预期寿命提高后的必然要求，也是提高养老保障水平的有效途径。

---

① 冯怀珠：《我国人口预期寿命分析与预测》，《西北人口》2006 年第 3 期，第 49 页。

② United Nation，World Population Ageing 2009.

表6-2　个人账户规定计发月数与实际生命余岁（月数）对比表

退休年龄	规定计发月数	实际生命余岁（月数）	
		男	女
50 岁	195	380.40	416.12
55 岁	170	325.20	360.00
60 岁	139	272.40	304.80
65 岁	101	223.20	253.20

根据38号文，在规定计发月数用完个人账户之后，没有提及可以从统筹账户支取的条款，则存活下来的退休人员只能继续仅仅依靠统筹账户生活（如前文的计算，统筹账户替代率也仅在20%—30%之间，且这里假设就业期间持续缴费，尚未考虑只缴费15年的情况），这样的替代率是远远不能满足要求的，起不到很好的保护作用，且已经低于国际上普遍公认的40%的贫困线。设想如果按实际生命余岁的月数来计发，则个人账户部分的替代率必将下降近50%左右！因此，无论是从对老年人的保护效果来看（这是制度的根本目标之所在），还是从制度的完善性、合理性来看，都需要对个人账户的计发办法以及其他方面进行调整。目前企业的总缴费率已经达到28%，负担已经很重，再增加个人账户的缴费率已经不太可能（虽然8%的缴费来自个人，但其终是企业成本的一部分，终要由企业、个人来共同承担），提高退休年龄是确保老年人退休后的养老金替代率的有效途径。

如：以收入处于社会平均工资水平的群体为例，即 $f=1$，同时20岁开始参保，缴费工资率为100%，即 $a=1$，个人工资增长率与社平工资增长率相等且 $g=8\%$，个人账户收益率仍为一年期银行存款利率水平2.88%。结合本书第四章关于38号文的计发公式和计发月数，在50岁至65岁之间退休的群体的基本养老保险总社会平均工资替代率如图6-1所示。

结果显示：首先，替代率主要来自统筹部分，统筹部分每推迟1年退休（或者每多缴费1年），增加的替代率略低于1个百分点，个人账户因收益

（%）

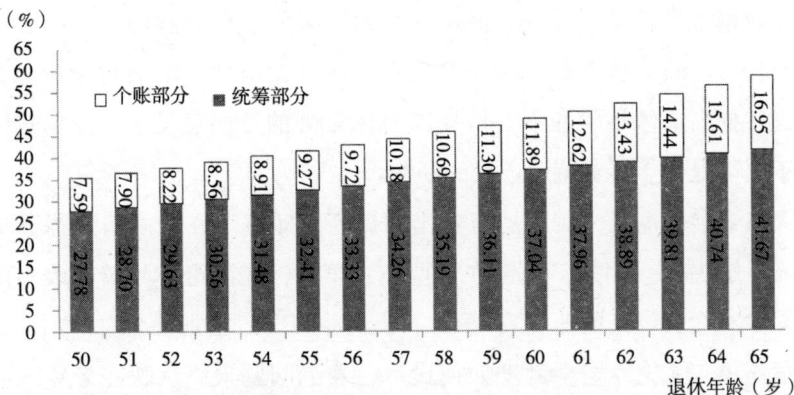

图 6-1　不同退休年龄的总社会平均工资替代率及其构成

率较低，这方面趋势不及前者显著；其次，平均而言，每推迟 1 年退休，总替代率可提高约 1.4 个百分点，且随退休年龄的增加，增长速度将小幅加快。60 岁退休者的总替代率将是 50 岁退休者的 1.5 倍。特别指出的是，按照这样的条件，65 岁退休的人总替代率为 58.62%，接近 60% 的目标水平。

第三，退休年龄影响养老金制度。对于养老金体系而言，随着预期寿命的延长，若退休年龄不提高，退休后的生命余岁将相应随之增加，在其他条件不变的情况下（如经济增长水平等），则必然出现"生之者寡、食之者众"的情况。因此，就养老金制度而言，所谓人口老龄化危机，多指随着老年人口比例提高，即赡养比提高，此时缴费率一般需要相应提高以保障养老金水平不下降，否则保障水平会下降。这一点比较容易理解。

因此，无论是从健康水平和生命预期寿命皆大幅提高的现实，还是从养老保险制度的健康发展来说，过去的退休年龄的标准显然已经不合时宜，需要进行适度的提高。当然，提高退休年龄即意味着损失一部分人的利益，尤其是即将步入退休年龄的人。因此，提高退休年龄不是一件容易的事情。从国际上的实践来看，受国际金融危机的影响，欧洲国家本以积重难返的社会保障负担压力进一步凸显，财政赤字进一步增加，纷纷突破警戒线，希腊等国更是引发了大规模的债务危机。在此情况下，欧洲多国开始着手提高领取退休金门槛，其中一个重要措施就是提高退休年龄。其他地区的养老金改革也呈现这一特点。而这一系列政策的出台和实施皆引发了大范围的游行、示威。从学术界的观点来看，在有关退休年龄的讨论中，亦不乏有支持提高退休年龄和不支持提高退休年龄的不同意见，争论的焦点主要在于提高退休年龄对就业产生的影响。

人口老龄化危机，实质是赡养比的提高，即每个在职人口要赡养更多的老人。解决这一问题，关键在于两点：第一，提高退休年龄，改善赡养比（至少减缓其提高的速度）；第二，提高生产力，增加社会总产出。其实道理很简单，无论养老金制度如何设计，养老问题最终反映在老年人与在职人口如何分享当期的社会总产出，因此提高总产出水平，是解决人口老龄化问题的核心所在、关键所系。这方面，也有些国外的既有做法，可资参考，见本章附录。

目前，学术研究普遍支持适度提高退休年龄。少数不支持提高退休年龄的观点认为提高退休年龄与当前紧张的就业形势不符。相关讨论可参见本章附录。

第二节　研究及公式说明

一、社会统筹部分

社会统筹部分的养老金即基础养老金的计发水平与累计缴费年限直接相关。退休年龄对基础养老金及财务状况的影响较为复杂，需要针对不同情况具体分析。总体上看，要区分两大类情况：第一种情况，个人在工作期间连续缴费。在这种情况下，个人推迟退休即增加缴费，同时又推迟了养老金的领取。因此，这种情况下推迟退休，将从两个方面增加基础养老金的供给，同时又因增加了累计缴费年限而提高了基础养老金替代率水平。第二种情况，个人在工作期间不连续缴费，比如缴满 15 年即停止缴费。这种情况下，推迟退休给养老金基金平衡和养老金水平带来的影响与第一种情况有所不同。首先，这种情况下不会增加养老金基金的供给（因为没有额外缴费），但是推迟了个人领取养老金，减少了基础养老金的支出，从这个意义上讲，有利于促进基金的平衡，特别是在老龄化步伐加快的时期，有利于缓解基金支出快速增加所带来的压力。其次，在各项制度规定都不变的情况下，推迟退休不会带来基础养老金的增加。但是，从国际经验来看，为鼓励推迟退休，各国纷纷出台鼓励政策，给推迟退休者增加一定数量的养老金。这样一来，养老金替代率水平将会提高，越晚退休所获得的养老金越多。需要指出的是，这种激励制度所带来的养老金支出的增加一般低于推迟退休所带来的养老金节约，因此，对养老金基金的平衡仍有促进作用。

根据 38 号文，基础养老金的替代率取决于个人的缴费年限。在连续缴费的假设下（上文第一种情况），替代率水平与退休年龄直接相关。如 20 岁工作，55 岁退休，则工作 35 年即可获得约 35% 的替代率（既有当地社会平均工资水平因素，也有个人指数化工资水平因素）。

由于社会统筹部分的基础养老金计算办法较为简单，且在当前的计发办法下，退休年龄在基础养老金水平的计算中实际上体现在累计缴费年限，而累计缴费年限对养老金的影响，已经在其他章节详细论述，这里就不再赘述。

二、个人账户部分

在现行制度中，个人账户的计发月数未按照实际生命余岁进行，而预期寿命提高与固定退休年龄政策的矛盾就突出表现在：人们将活得更长，但养老金累积额没有随之增加。因此，下文将根据实际生命余岁，按照精算平衡的办法来计算个人账户替代率，从而更加鲜明地揭示出退休年龄对于个人账户养老金保障水平的极端重要性。比较而言，统筹部分则不存在这一问题。

1. 一般公式

个人账户替代率的计算公式，在前面章节已有介绍。有所不同的是，这里关于退休年龄以及退休政策的分析是基于一种改革取向和政策建议，而非基于现实实行的政策。比如，下文提到的推迟退休、推迟领取养老金或减缓领取养老金等措施都是对个人账户养老金改革的一种建议，一种对未来理想制度的设想。在这个设想的指导下，这里的个人账户养老金待遇计算是严格按照当前的预期寿命（退休后的生命余岁），根据精算原则计算出来的，而不是用个人账户累计额简单除以一定月数。另外，退休金支付长达数十年且逐月支付而非趸发，期间工资及物价水平都将发生变化。而根据 38 号文的办法计算出的固定数额的个人账户养老金，不仅与稳定的目标社会平均工资替代率相矛盾，其实际购买力也将越来越低，这是制度设计存在的问题。为解决制度这方面的缺陷，稳定社会平均工资替代率，同时更符合现实需要[①]，这里同样参考世界银行的算法，设个人账户给付水平与工资指数化，即设个人账户养老金数额随着社会平均工资的增长而增长。这样，既保障了购买力水平不下降，也保持了稳定的社会平均工资替代率。当然，对于个人账户而言，无论是变化的养老金替代率（固定的养老金金额），还是不变的养老金替代率（变化的养老金金额），都必须符合精算平衡的原则，都来自个人账户的累计。

相关参数设置与第五章一致：个人账户缴费率为 c，基期工资水平为 w，个人账户替代率为 b，工资增长率为 g，基金投资收益率为 r，缴费年数为 n，退休后余岁为 m。替代率公式参见第五章中公式（5.1）至公式（5.6）。

2. 推迟退休的情况

若其他条件皆不变，个人在工作期间仍坚持连续缴费，则推迟退休一方面增加了个人账户的累积，另一方面减少了领取养老金的年限。基本公式与第一种情况的一般公式一样，只是工作年限（n）和生命余岁（m）的

---

① 这些年养老金标准逐年提高 10% 左右。当然，这一调整也未能改变社会平均工资替代率逐年下降的事实。

参数有所不同。需要指出的是，不同的退休年龄下，生命余岁的数值不同，这里的生命余岁指标仍然采用中国人寿保险业经验生命表（2000—2003 年）之养老金业务表里面的对应数值，而不是 38 号文的计发办法所规定的计发月数。

3. 推迟领取养老金的情况

接下来介绍一种介于按当前年龄政策正常退休与推迟若干年退休之间的一种情况，考虑人们继续按照当前的退休年龄政策进行退休（即男性 60 岁，女干部 55 岁，女职工 50 岁），但假设人们推迟若干年（k 年）领取养老金，即退休年龄不变，提高养老金领取年龄。这种延迟领取养老金的方式已不乏理论探讨和研究，费尔德斯坦在研究未来美国养老金改革时，曾多次提出在建立累积制个人账户的基础上，可通过采用推迟领取养老金、过渡期内部分领取养老金（下文将讨论）等方式提高养老金水平或者在同等养老金水平下减低缴费负担。根据推导，提高养老金领取年龄 k 年后的公式如（6.1）式所示（其他相关条件与假设均不变）。同样，分男性、女干部和女职工之类不同群体。

推迟领取养老金时的个人账户社会平均工资替代率公式为：

$$\frac{b}{c} = \frac{(1+r)^{m+k}\left[(1+r)^n - (1+g)^n\right]}{(1+g)^{n+k}\left[(1+r)^m - (1+g)^m\right]} \tag{6.1}$$

4. 减缓领取养老金的情况

前文分别讨论了按现行政策正常退休、提高退休年龄、正常退休但推迟领取养老金等多种情况下个人账户替代率与投资收益率之间的关系。下文探讨一种介于推迟退休与推迟领取养老金之间的一种方式，即在正常退休年龄与全额领取养老金年龄之间的 k 年领取部分养老金（如领取 50% 的水平）。相关的公式推导结果见（6.2）式。

减缓领取养老金情况下的个人账户社会平均工资替代率公式为：

$$\frac{b}{c} =$$

$$\frac{(1+r)^{m+k}\left[(1+r)^n - (1+g)^n\right]}{(1+g)^{n+k}\left[(1+r)^m - (1+g)^m\right] + a(1+g)^n(1+r)^m\left[(1+r)^k - (1+g)^k\right]} \tag{6.2}$$

同样，当投资收益率与工资增长率相等时，公式（6.2）需要作相应的变化，根据计算，此时关系式为：

$$\frac{b}{c} = \frac{n}{kam}$$ （6.3）

第三节 不同情况下的社会平均工资替代率计算结果及分析

一、推迟退休的情况

1. 男性60岁退休与推迟至65岁退休情况

按照现行的政策规定，我国男性的退休年龄为60岁，若设20岁开始工作，则工作年限为40年。另外，根据最新中国人寿保险业经验生命表（2000—2003年）之养老金业务男表（本章中的生命余岁数据均源自于该表），我国男性在60岁时的平均生命余岁为22.7年（在65岁时平均生命余岁为18.6年），即60岁退休时，$n = 40$，$m = 22.7$；65岁退休，$n = 45$，$m = 18.6$。关于工资增长率，这里在计算中采用了三个不同数值，分别是制度内参保人员过去10年的平均工资增长率16.1%以及两个较低水平的假设值10%与8%（这样做充分考虑了未来我国经济增长可能放缓的因素，从实践来看，近些年"保8"的一个重要原因在于，根据测算，只有经济增长率达到8%，才能有效消化新增就业压力）。个人账户缴费率为8%。将相关数据带入公式（5.5），便可计算出不同社会群体在不同退休年龄条件下，个人账户替代率随基金收益率的变化情况，同时可绘出两者之间的关系示意图（详见表6-3及图6-2）。

表6-3　不同退休年龄条件下个人账户替代率比较

工资增长率 g	男性			女干部			女职工		
	收益率 r	退休年龄		收益率 r	退休年龄		收益率 r	退休年龄	
		60 岁	65 岁		55 岁	60 岁		50 岁	60 岁
g＝8%	r＝2.88%	3.41%	4.84%	r＝2.88%	1.99%	2.82%	r＝2.88%	1.4%	2.82%
	r＝8%	14.1%	19.35%	r＝8%	9.33%	12.6%	r＝8%	6.92%	12.6%
	r＝8.92%	18.45%	25.48%	r＝8.92%	12.31%	16.67%	r＝8.92%	9.09%	16.67%
	r＝8.72%	24%		r＝10.1%	24%		r＝10.1%	24%	
	r＝9.81%		24%	r＝11.15%		24%	r＝12.3%		24%
g＝10%	r＝2.88%	2.09%	3.08%	r＝2.88%	1.12%	1.67%	r＝2.88%	0.75%	1.67%
	r＝8.92%	10.39%	14.24%	r＝8.92%	6.78%	9.16%	r＝8.92%	5.02%	9.16%
	r＝10%	14.1%	19.35%	r＝10%	9.33%	12.6%	r＝10%	6.92%	12.6%
	r＝10.74%	24%		r＝12.14%	24%		r＝12.14%	24%	
	r＝11.84%		24%	r＝13.21%		24%	r＝14.38%		24%
g＝16.1%	r＝2.88%	0.55%	0.94%	r＝2.88%	0.22%	0.39%	r＝2.88%	0.12%	0.39%
	r＝8.92%	2.26%	3.31%	r＝8.92%	1.23%	1.82%	r＝8.92%	0.84%	1.82%
	r＝16.1%	14.1%	19.35%	r＝16.1%	9.33%	12.6%	r＝16.1%	6.92%	12.6%
	r＝16.88%	24%		r＝18.36%	24%		r＝18.36%	24%	
	r＝18.04%		24%	r＝19.48%		24%	r＝20.72%		24%

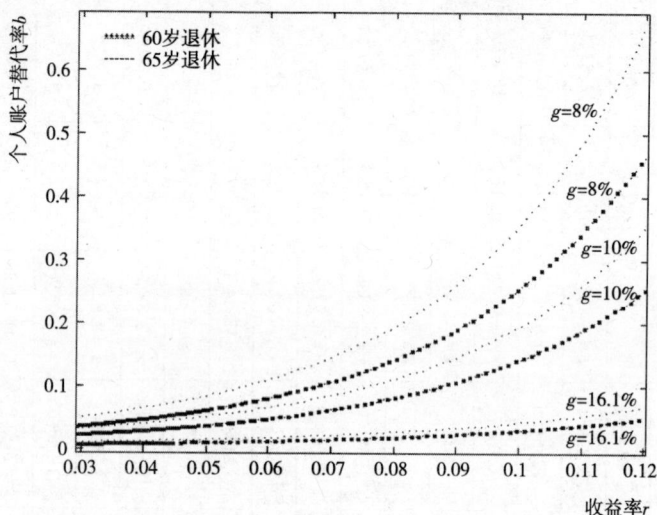

图 6 - 2　不同退休年龄和工资增长率条件下个人账户替代率
与收益率关系图（男性）

根据表 6 - 3 中的数值，结合图 6 - 2 描述的趋势，可以得知：男性在推迟 5 年至 65 岁退休时，在同样的基金收益率水平及既定工资增长率条件下，个人账户替代率将显著提高，且随着工资增长率越高，这种提高的幅度将愈加明显，因此在高工资增长率情况下（如过去 10 内平均 16.1% 的水平），提高退休年龄带来的养老金替代率增加的效应更加明显；投资收益率越高，推迟退休所带来的替代率较原退休年龄下的水平提高得越快；从绝对水平来看，若按过去 10 年的一年期银行存款利息 2.88% 计息，个人账户替代率水平非常低，远低于 24% 的预设目标，工资增长率越高，差距越大，情况越糟糕，且即使推迟 5 年退休，替代率的绝对水平仍然非常低。若按社保基金过去 8.92% 的平均收益水平估计，个人账户替代率水平将显著提高至18.45%，仍然低于 24% 的目标水平。但是，若推迟至 65 岁退休，则替代率将进一步大幅提高，比如在 8% 的工资增长率条件下，个人账户替代率可达到 25.48%，已经高于 24% 的预设水平。工资增长率越高，同样替代率对个人账户收益率的要求越高，提高退休年龄可显著降低这一苛刻要求，使收益率要求更趋于合理、更现实。若个人账户收益率等于工资增长率，则替代率水平与收益率水平（或工资增长率水平）本身无关，与退休年龄有关，在两种退休年龄下分别为14.1%和19.35%，推迟5年退休将使替代率水平提高5个百分点以上。从图6-2中可以清晰地看出，在相同的收益率条件下，8%、10%、16.1%三种工资增长率条件下的替代率依次降低。

上述分析再一次证明了个人账户收益率对养老金替代率的极端重要性。但是，在收益率不能有效提高的情况下，提高退休年龄是增加缴费，从而提高个人账户替代率的一个非常有效的途径，因为它一方面增加了缴费，另一方面又减少了养老金领取年限。提高个人账户收益率，使之达到或者高于工资增长率，难度较大。这些年来，我国经济保持长期平稳较快增长，平均增长率都在9%以上，工资增长率则更快，而个人账户投资步伐进展缓慢，这一点从全国社保基金的业绩中就可以看出来。虽然，社保基金成立以来的平均基金投资收益率达到8.92%，但这实际上是在2007年的收益率高达38.93%下的平均值，之前的大部分年份只在3%左右，甚至低于通胀水平，数年累积收益率远达不到平均8.93%的水平。另外，根据分析，若要获得24%的个人账户替代率，在8%、10%以及16.1%的工资增长率下，收益率必须分别达到9.81%、11.84%和18.04%，此要求远高于工资增长率的水平，达到这样的收益率水平难度较大，要避免出现收益率波动则难度更大。然而，诸如经济波动、金融危机等突发性事件却在所难免。比较而言，提高退休年龄则可以得到立竿见影的效果，这不仅是提高个人账户收益率的有效办法，也非常契合当前预期寿命大幅提高的事实。

2. 女干部55岁退休与推迟至60岁退休情况

按照现行的政策规定，我国女干部的退休年龄为55岁，若设20岁开始工作，则工作年限为35年。同样，根据最新中国人寿保险业经验生命表（2000—2003年）之养老金业务女表，我国女性在55岁时的平均生命余岁为30年（在60岁时平均生命余岁为25.4年），即55岁退休时，$n=35$，$m=30$；60岁退休，$n=40$，$m=25.4$。相关计算结果及趋势描述见表6-3及图6-3。

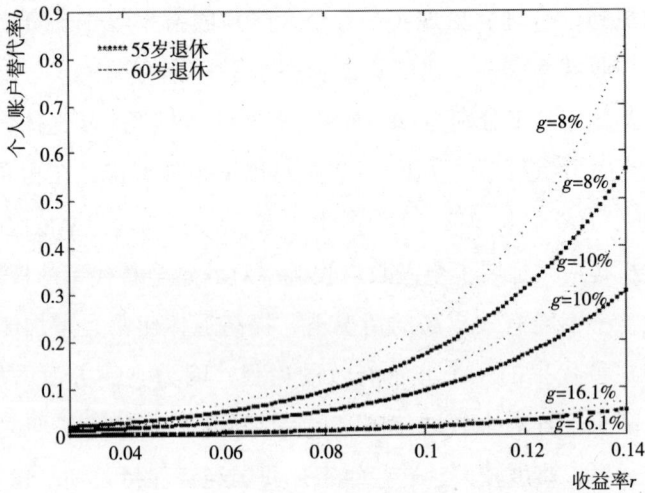

图6-3 不同退休年龄和工资增长率条件下个人账户替代率
与收益率关系图（女干部）

就个人账户替代率与收益率及工资增长率之间的变化趋势关系而言，男性与女性（包括女干部、女职工）是一样的。然而，女干部在由55岁推迟至60岁退休时，个人账户替代率虽有所提高，但相同条件下的替代率水平低于男性。即使在工资温和增长8%、个人账户收益率达到8.92%的情况下，个人账户替代率也仅有16.67%，在较高工资增长率或按一年期银行存款利率计息的情况下则更低。在个人账户收益率与工资增长率相等时，55岁退休与60岁退休两种情况下的个人账户替代率只有9.33%和12.6%，得不到较好的保护。为达到24%的替代率，60岁退休对收益率的要求可较55岁退休的情况降低约1个百分点（这一点与男性的情况相当）。同样，在相同的收益率条件下，8%、10%、16.1%三种工资增长率条件下的替代率依次降低。

3. 女职工50岁退休与推迟至60岁退休情况

按照现行的政策规定，我国女职工的退休年龄为50岁，若设20岁开始工作，则工作年限为30年。根据最新中国人寿保险业经验生命表（2000—2003年）之养老金业务女表，我国女性在50岁时的平均余岁为34.7年，即50岁退休时，$n = 30$，$m = 34.7$；60岁退休，$n = 40$，$m = 25.4$。相关计算结果及趋势描述见表6-3及图6-4。

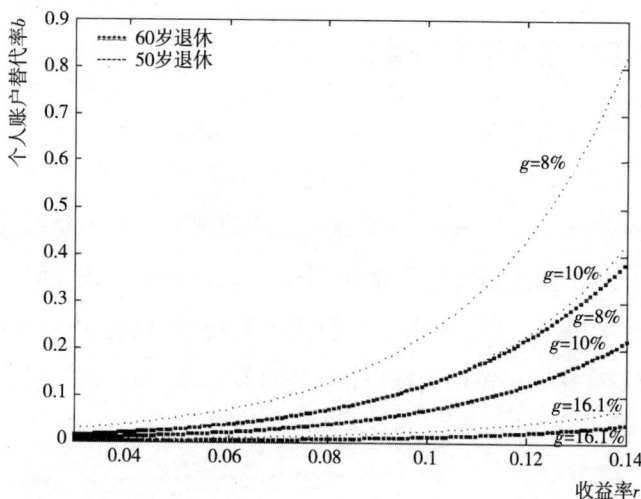

图6-4　不同退休年龄和工资增长率条件下个人账户替代率
与收益率关系图（女职工）

从计算结果来看，女职工的替代率状况最差。由于工作年限最短、退休年限最长，女职工在三个群体中的替代率水平是最低的，同等替代率水平对收益率的要求却是最高的，三种工资增长率条件下，为达到24%的预设替代率目标，个人账户收益率要求分别高达12.3%、14.38%和20.72%！平均来看，若从50岁推迟至60岁退休后，同等条件下的个人账户替代率可以提高一倍左右，当然，绝对水平仍然较低。另外，从图6-4中可以看出，不同于男性和女干部的是，若女职工推迟至60岁退休，即使是10%的工资增长率，同等收益率条件下的替代率也高于8%时的替代率，可以说女职工推迟退休后的替代率提高效应最明显。因此，相对而言，女性更需要提高退休年龄，尤其是女职工。

不难看出，提高退休年龄对提高养老金替代率的显著作用。相对而言，女干部、女职工的情况比男性更加严峻，由于她们的工作期间短，而生命余岁较长（高于男性），相同情况下的替代率更低。加之女性的平均收入低于男性的事实，女性的社会平均工资替代率进一步低于男性。因此，当务之急，是尽快让女性的退休年龄与男性一致，在此基础上再逐步同步提高。

二、推迟领取养老金的情况

1. 男性推迟 k 年领取的情况

结合实际情况，这里设男性60岁退休，推迟5年至65岁才开始领取养老金。这种情况下，从退休到65岁之间，不再缴费，也不领取养老金，这是与提高退休年龄的主要区别。此时，$n=40$，$m=18.6$，$k=5$。根据推导，若投资收益率 r 等于工资增长率 g，公式（5.4）仍然适用，只是此时的 n 与 m 的值有所变化。相关个人账户替代率计算结果及趋势描述见表6-4及图6-5。

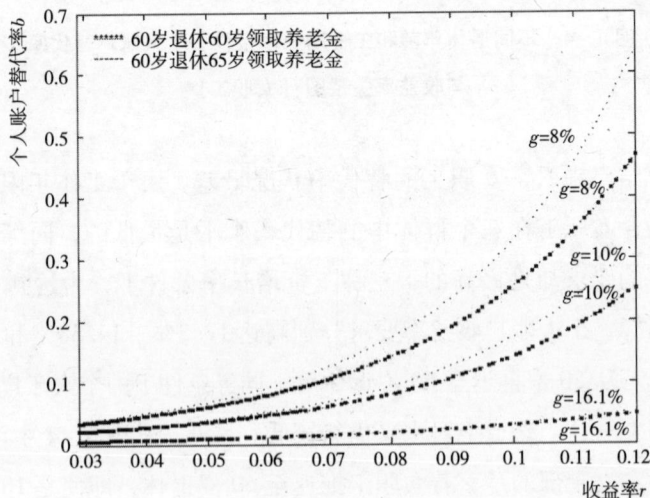

图6-5　不同养老金领取年龄和工资增长率条件下个人账户替代率
与收益率关系图（男性）

由于推迟领取养老金不增加缴费，仅仅推迟领取，因此在替代率提高方面，效果不如提高退休年龄来得明显。尽管如此，替代率仍然有了不小的

表6-4　不同养老金领取年龄条件下个人账户替代率比较

工资增长率 g	男（60岁退休）			女干部（55岁退休）			女职工（50岁退休）		
	收益率 r	养老金领取年龄		收益率 r	养老金领取年龄		收益率 r	养老金领取年龄	
		60 岁	65 岁		55 岁	60 岁		50 岁	60 岁
g=8%	r=2.88%	3.41%	3.66%	r=2.88%	1.99%	2.11%	r=2.88%	1.4%	1.55%
	r=8%	14.1%	17.2%	r=8%	9.33%	11.02%	r=8%	6.92%	9.45%
	r=8.92%	18.45%	23.1%	r=8.92%	12.31%	14.89%	r=8.92%	9.09%	13.02%
	r=9.04%		24%	r=10.38%		24%	r=10.69%		24%
	r=9.81%	24%		r=11.15%	24%		r=12.3%	24%	
g=10%	r=2.88%	2.09%	2.16%	r=2.88%	1.12%	1.16%	r=2.88%	0.75%	0.79%
	r=8.92%	10.39%	12.33%	r=8.92%	6.78%	7.81%	r=8.92%	5.02%	6.52%
	r=10%	14.1%	17.2%	r=10%	9.33%	11.02%	r=10%	6.92%	9.45%
	r=11.06%		24%	r=12.42%		24%	r=12.74%		24%
	r=11.84%	24%		r=13.21%	24%		r=14.38%	24%	
g=16.1%	r=2.88%	0.55%	0.51%	r=2.88%	0.22%	0.21%	r=2.88%	0.12%	0.11%
	r=8.92%	2.26%	2.35%	r=8.92%	1.23%	1.28%	r=8.92%	0.84%	0.89%
	r=16.1%	14.1%	17.2%	r=16.1%	9.33%	11.02%	r=16.1%	6.92%	9.45%
	r=17.22%		24%	r=18.66%		24%	r=18.99%		24%
	r=18.04%	24%		r=19.48%	24%		r=20.72%	24%	

提高。比如，设工资增长率为8%，在2.88%的计息水平下，60岁退休时领取养老金的男性替代率为3.41%，若推迟至65岁领取养老金，则替代率可提高至3.66%，效果不明显。但是，若收益率能够实现提高，比如达到工资增长率的水平8%，则替代率水平可从14.1%提高至17.6%，若收益率得到进一步提高，则替代率的提高幅度会更大。

但是，有一种情况需要注意，即当个人账户收益率低于工资增长率，且两者差距达到一定程度时，比如两者分别为2.88%和16.1%，这种情况下，若推迟领取养老金，则替代率反而会下降，原因在于收益率与工资增长率的差距太大，以至于推迟若干年所带来的累积效果不足以抵消工资增长带来的替代率下降效果。因此，更加凸显了收益率这个非常关键的因素。

2. 女干部推迟 k 年领取的情况

同样，结合实际情况，这里设女干部55岁退休，推迟5年至60岁才开始领取养老金，即 $n = 35$，$m = 25.4$，$k = 5$。相关个人账户替代率计算结果及趋势描述见表6-4及图6-6。女干部推迟领取养老金的效果，在趋势规律上与男性一致，但由于工作年限少，替代率水平较低。

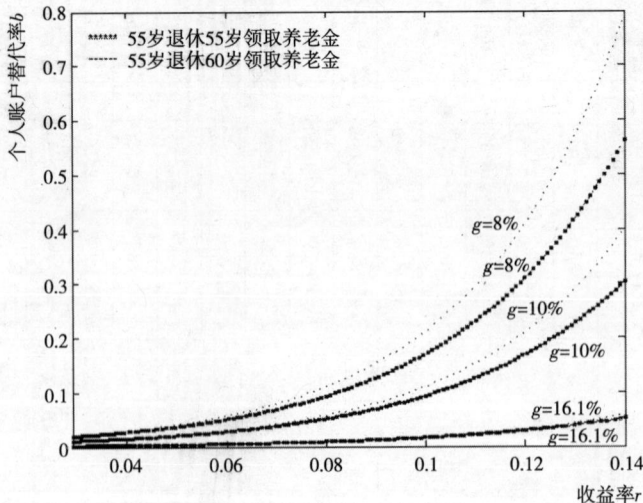

图6-6 不同养老金领取年龄和工资增长率条件下个人账户替代率
与收益率关系图（女干部）

3. 女职工推迟 k 年领取的情况

这里设女职工 50 岁退休，推迟 10 年至 60 岁才开始领取养老金，即 $n = 30$，$m = 25.4$，$k = 10$。相关个人账户替代率计算结果及趋势描述见表 6 – 4 及图 6 – 7。女职工的替代率水平是三个群体里面最低的，推迟至 60 岁领取养老金，替代率仍然最低，因为她们在 50 岁时退休，较早地停止了缴费。尽管延迟了领取年龄，但在收益率低与工资增长率、累积缴费金额有限等因素的综合作用下，替代率提高也非常有限，效果最不明显。

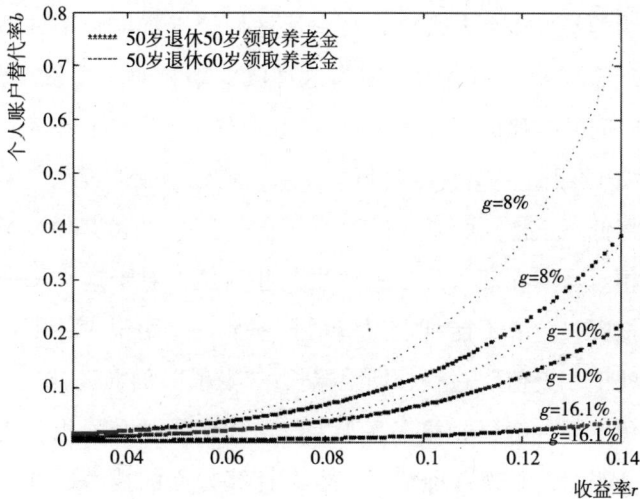

图 6 –7　不同养老金领取年龄和工资增长率条件下个人账户替代率
与收益率关系图（女职工）

4. 小结

由于在正常退休年龄与养老金领取年龄之间没有缴费行为，这种情况下的个人账户替代率介于正常退休与推迟退休之间，个人账户替代率提高的效果明显小于提高退休年龄的办法。相关计算结果证明了这一点。

虽然男性、女干部与女职工分别推迟 5 年、5 年、10 年后领取养老金可以提高未来个人账户替代率，然而提高的幅度较小，不仅替代率数值的百分位数基本没有变化，甚至千分位、万分位数值的变化也非常小。当然，这里凸显了投资收益率的极端重要性。根据计算，若投资收益率能够达到工资增长率，则推迟领取养老金可以显著提高个人账户替代率，如果投资收益率能够超过工资增长率约1个百分点，则个人账户替代率基本可以达到或接近24%的目标水平。因此，在低水平计息下，这样推迟若干年领取养老金对于养老金个人账户替代率的作用不大，或者说若没有可观的投资收益率保障，延迟领取养老金对于提高替代率的功效不大。从图示上看，相对而言，女职工在推迟领取养老金措施下的替代率变化最大，原因在于其替代率的绝对水平最低，基数最小。

需要说明的是，在个人账户收益率远远低于工资增长率的情况下，越推迟领取养老金，替代率越低，因为这种收益率相对于工资增长率而言，不断地随着时间的推移而"贬值"。如在16.1%的工资增长率条件下，若按照过去2.88%的银行一年期存款利息计息，则延期领取养老金所带来的养老金替代率将低于正常领取值（虽然差距非常小）。也就是说，平均工资替代率是一个相对当期在职人员工资水平的相对值，对于这样一个替代率目标而言，若投资收益率不能赶上工资增长率甚至差距很大，则个人账户的基金事实上处于"贬值"过程，期限越长，"贬值"的损失越大。因此，也可以从这个角度部分解释收益率高于工资增长率是基金累积制优于现收现付制的前提。当然，出现这种情况，也有计算方面的技术因素，即由于延期领取养老金后预期寿命的变化，如男性60岁时的预期寿命为22.7年，5年之后到65岁时的预期寿命为18.6年，后两者之和为23.6年，大于22.7，若投资收益率低于工资增长率（尤其差距较大时），在这种情况会加大延期领取养老金所带来个人账户替代率下降的可能性。

因此，个人账户收益率低，不仅导致养老金替代率的低下，同时也让包括推迟退休等积极措施在内的相关办法失去了提高养老金替代率的潜在能力。这实际上使得原本可以用来对付老龄化的一些政策措施变得不可用，甚至让积极措施起到降低替代率的副作用。在可用的范围内，也严重削弱了应有的积极效果。

三、过渡期部分领取养老金的情况

1. 男性过渡期部分领取养老金情况

设男性仍然在 60 岁退休，但要等到 65 岁才全额领取按照精算原则计算出来的养老金替代率水平，在此期间，可以领取一个比例 a（$0 \leqslant a < 1$），我们为 a 取了两个假设值，分别为 0.5 和 0.25。需要提出的是，既然在退休时即领取养老金（虽然是部分领取），则生命余岁需要在退休时确定，即男性在 60 岁计算生命余岁。假设此时 $n = 40$，生命余岁为 22.7 年，公式（5.6）中的 m 为全额领取养老金的年限，因此为 22.7 年减去 5 年的过渡期，等于 17.7。即 $n = 40$，$m = 17.7$，$k = 5$（后文涉及女干部、女职工的部分同样处理）。相关的计算结果以及趋势变化图详见表 6 - 5 及图 6 - 8。

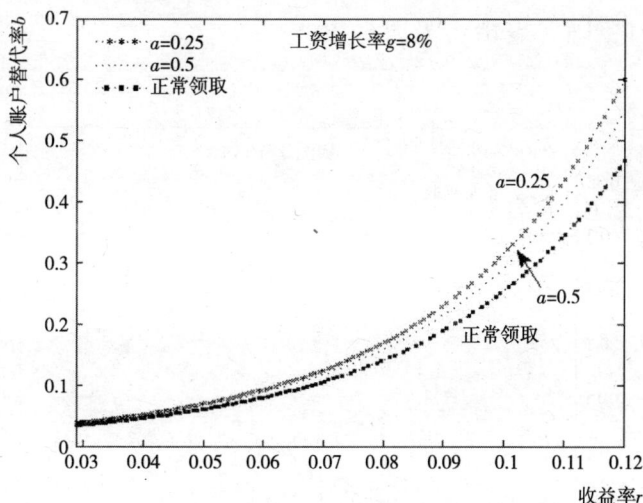

图 6 - 8　男性 60—65 岁部分领取养老金时个人账户替代率与收益率关系图

这种方式的效果介乎推迟领取养老金与提高退休年龄之间。在个人账户低水平计息的情况下，效果依然不明显。若收益率能达到或接近工资增长率，则效果较为明显。比如，在工资增长率为 8% 以及 2.88% 的个人账户计息水平下，男性在 60 岁至 65 岁之间只领取 50% 或 25% 的养老金，则可在 65 岁之后分别获得 3.66% 和 3.8% 的个人账户养老金替代率，较正常情况下的 3.41% 相差无几。但是，若收益率达到工资增长率水平，则相应的替代率可以从 14.1% 分别提高至 15.84% 和 18.69%。实际上，只要收益率与工资增长率相等，无论工资增长率水平绝对值如何，都可以达到这样的效果。在过渡期间领取 25% 的养老金情况下，个人账户收益率若能达到 9.14% 即可提供 24% 的目标替代率。当然，随着工资增长率水平的提高，这种 24% 的替代率对收益率的要求也会更高。这一点，前面章节已经多次论及。

2. 女干部过渡期部分领取养老金情况

同样，设女干部仍在 55 岁退休，但要等到 60 岁才全额领取按照精算原则计算出来的养老金替代率水平，期间只领取一个比例 a（分别为 0.5 和 0.25）。根据上文介绍的原则，此时 $n=35$，$m=25$，$k=5$。相关的计算结果以及趋势变化图详见表 6-5 及图 6-9。

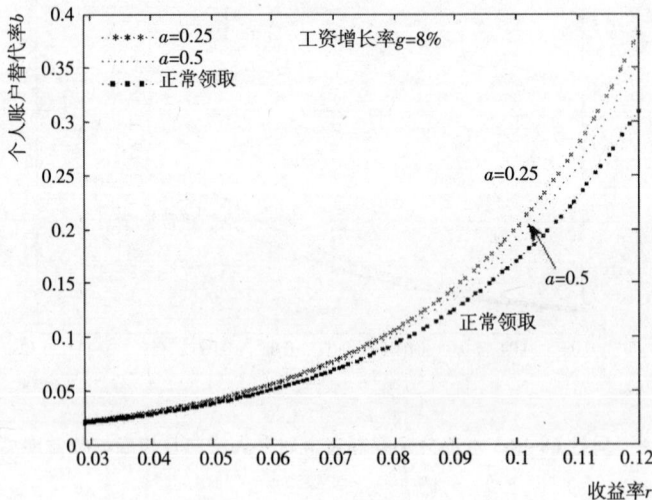

图 6-9　女干部 55—60 岁部分领取养老金时个人账户替代率
与收益率关系图

表 6-5　过渡期间不同养老金领取比例条件下个人账户替代率比较

工资增长率 g	男 (60 岁退休)				女干部 (55 岁退休)				女职工 (50 岁退休)			
	收益率 r	60—65 岁领取养老金的比例			收益率 r	55—60 岁领取养老金的比例			收益率 r	50—60 岁领取养老金的比例		
		100%	50%	25%		100%	50%	25%		100%	50%	25%
8%	r=2.88%	3.41%	3.66%	3.8%	r=2.88%	1.99%	2.07%	2.12%	r=2.88%	1.4%	1.5%	1.56%
	r=8%	14.1%	15.84%	18.69%	r=8%	9.33%	10.18%	10.67%	r=8%	6.92%	8%	8.73%
	r=8.92%	18.45%	20.93%	22.44%	r=8.92%	12.31%	13.56%	14.29%	r=8.92%	9.09%	10.82%	11.95%
	r=9.14%			24%	r=10.55%			24%	r=11.06%			24%
	r=9.37%		24%		r=10.75%		24%		r=11.49%		24%	
	r=9.81%	24%			r=11.15%	24%			r=12.3%	24%		
10%	r=2.88%	2.09%	2.21%	2.28%	r=2.88%	1.12%	1.16%	1.18%	r=2.88%	0.75%	0.79%	0.82%
	r=8.92%	10.39%	11.56%	12.24%	r=8.92%	6.78%	7.32%	7.62%	r=8.92%	5.02%	5.75%	6.2%
	r=10%	14.1%	15.84%	18.69%	r=10%	9.33%	10.18%	10.67%	r=10%	6.92%	8%	8.73%
	r=11.16%			24%	r=12.6%			24%	r=13.12%			24%
	r=11.39%		24%		r=12.8%		24%		r=13.55%		24%	
	r=11.84%	24%			r=13.21%	24%			r=14.38%	24%		
16.1%	r=2.88%	0.55%	0.56%	0.57%	r=2.88%	0.22%	0.22%	0.22%	r=2.88%	0.12%	0.12%	0.12%
	r=8.92%	2.26%	2.4%	2.48%	r=8.92%	1.23%	1.28%	1.3%	r=8.92%	0.84%	0.88%	0.91%
	r=16.1%	14.1%	15.84%	18.69%	r=16.1%	9.33%	10.18%	10.67%	r=16.1%	6.92%	8%	8.73%
	r=17.32%			24%	r=18.84%			24%	r=19.39%			24%
	r=17.57%		24%		r=19.06%		24%		r=19.85%		24%	
	r=18.04%	24%			r=19.48%	24%			r=20.72%	24%		

注：表中"100%"指按照规定年龄退休后即开始领取全额养老金，"50%"、"25%"指在全额领取之前的过渡期分别领取 50%、25% 的养老金。

3. 女职工过渡期部分领取养老金情况

设女职工仍在 50 岁退休，但要等到 60 岁才全额领取按照精算原则计算出来的养老金替代率水平，期间只领取一个比例 a（分别为 0.5 和 0.25）。根据上文介绍的原则，此时 $n=30$，$m=24.7$，$k=10$。相关的计算结果以及趋势变化图详见表 6-5 及图 6-10。

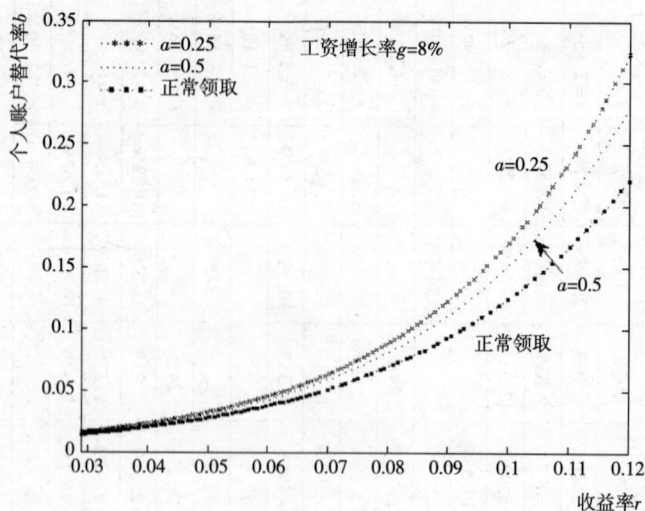

图 6-10 女职工 50—60 岁部分领取养老金时个人账户替代率与收益率关系图

女干部、女职工的相关分析趋势与男性一致，只是女性退休年龄早，缴费累积少，替代率水平绝对值仍然较低。

4. 小结

根据计算结果及相关图示可知：设立过渡期并在此期间内部分领取养老金可以提高后期的个人账户替代率，尤以女职工的提高幅度最大。从替代率的绝对值上看，这种方式所带来的替代率的提高非常小，这种过渡期内部分领取养老金的方式介于正常领取养老金与推迟领取养老金之间，因此替代率的提高效果逊于本已效果甚微的推迟领取养老金方式，结果就可想而知了。

我们仍然研究这种方式的意义不仅在于借鉴国外的类似成功做法，而且，从计算结果来分析可以看出，若在采取这种部分领取养老金的方式的同时，能够改善个人账户的投资状况，获得较高的投资回报，则对于提高个人账户替代率的效果还是明显的。如在 8% 的工资增长率条件下，若个人账户收益率能与其相当，则男性在 60—65 岁期间领取 50% 或 25% 比例的养老金时可将后期全额替代率由 14.1% 分别提高至 15.84% 和 18.69%，若个人账户收益率能达到过去社保基金的收益率水平 8.92%，则这一数值可由 18.45% 分别提高至 20.93% 和 22.44%。这样，既可以显著提高整体替代率水平，又克服了完全延迟领取下过渡期内无养老金的状况，保证了过渡期内的一定的生活水平。若这一政策与逐步提高退休年龄相结合，则效果将更加明显。

不难看出，此处的减缓领取养老金的方式是一种介乎推迟领取与提高退休年龄两措施之间的折中方法。在退休后，并不立即全额领取养老金（这里只是针对个人账户），而是领取一个比例（比如 50%、25% 不等），这既缓解了退休后无工资收入带来的困难，又起到了鼓励延迟全额领取养老金的作用。特别是我国的退休年龄多年来未随着预期寿命的增长而提高，部分人退休后仍有一定的获得收入的能力。比如一些人可以通过返聘、非正规就业，甚至自主创业等方式获得收入。在退休后的一定时期内非全额领取养老金是一个非常好的办法，可以有效提高失去收入能力阶段的养老金保障水平。从国际经验来看，一些国家通过财政补助等政府支出措施积极支持、鼓励这种做法。我国可以适当借鉴。

第四节 退休年龄与基本养老保险制度可持续发展

退休年龄的设定直接关系到基本养老保险制度的收、支两头。较低的退休年龄将给基本养老保险制度带来支出压力，造成收支失衡。尤其在人口老龄化的今天，这一效应将愈加明显。较高的退休年龄则可以有效解决上述问题。近年来，欧洲各国围绕提高退休年龄缓解养老金收支压力的改革陆续登场，即为这一判断的有力佐证（尽管提高退休年龄往往遭致抗议，当然，西方民主国家本身就有抗议文化）。

我国的退休年龄是 20 世纪 50 年代设定的。今非昔比，人们的预期寿命已经大为提高。提高退休年龄是应对人口老龄化、促进基本养老保险制度健康持续发展的重要途径，从某种程度上，这种改革是必然选择。提高退休年龄应该提上政府议事日程。当然，这种改革必须充分调研、详细论证，充分考虑各方面的意见和建议，形成广泛的共识，减小改革的阻力。特别要在改革的力度、节奏和时间窗口上认真对待，注意兼顾其他经济社会领域的改革。

第五节　女性养老金的保障不足问题

制度设计不健全、保障水平不足造成养老金的社会平均工资替代率仍不断下滑，而在这一过程中，女性因受退休年龄较低等因素的影响，保障水平更为堪忧，值得高度重视。女性的养老金水平，既关系到退休女性的生活保障水平，也是保障女性权益的重要方面，是社会公平、正义的具体体现。

一、退休年龄对女性养老金的影响

女性退休年龄与政策目标不一致。依据现行制度 38 号文的规定，退休时的基础养老金（统筹部分）月标准以当地上年度在岗职工月平均工资和本人指数化月平均缴费工资的平均值为基数，缴费每满 1 年发给 1%。个人账户养老金等于累积额除以固定月除数（比如 60 岁退休除以 139）。从中不难看出对养老金计发办法的改革，尤其是基础养老金计发办法的改革，体现了多缴多得的思想。对基础养老金而言，每多缴 1 年，增发计发基数的 1%。然而，女职工退休年龄只有 50 岁，缴费年限有限。个人账户的目标替代率大约在 24%，即工作 35 年，个人账户收益率达到工资增长水平，累积额除以 139（8% × 35 × 12/139）。然而，实际上，女性的退休年龄决定了其工作年限很难达到 35 年，且 50 岁、55 岁退休的个人账户月除数分别是 195、170，替代率远远达不到 24%。这里尚未考虑个人账户计息水平远远低于工资增长率这一重要前提。通过上述分析，不难看出由退休年龄政策带来的养老金性别差距。

1. 社会统筹部分

依据前文的计算，相同条件下，对于收入处于社会平均工资水平的个人而言，缴费工资率 a 每下降 10%，该部分替代率将下降 1—2 个百分点左右。对于女职工而言，若 20 岁开始参保，50 岁退休，则累计缴费 30 年，当缴费工资率 a 从 1 降至 0.6 时，处于平均收入水平的个人的基础养老金社会平均工资替代率从 27.78% 降至 22.22%，替代率下降幅度约为 20%。

若考虑到女性职工收入仅占男性的 70%，则相当于男性在按照实际工资缴费的情况下，女性按照这一水平的 70% 的工资缴费，加上 50 岁退休与 60 岁退休的区别，则统筹部分养老金替代率大至相差 13 个百分点（女职工 23.61%，男性 37.04%）。差距超过女职工统筹部分替代率的 50%。

2. 个人账户部分

女性（尤其女职工）个人账户的养老金状况同样最令人堪忧，即使在她们的工资与社会平均工资齐平，缴费工资率等于 100%（即缴费工资等于工资全额）的假设下，若个人账户仍维持 2.9% 的计息水平（1998—2007 年的均值，2010 年 10 月前为 2.25%，现为 3.25%），则女干部、女职工的该部分替代率仅为 7.59% 和 9.27%。

当然，女性的问题主要在于平均收入低且退休年龄低，一方面累计缴费金额少，另一方面计发月数多，这两方面都拉低了个人账户养老金及其替代率。这再一次说明提高退休年龄对于女性养老保障的重要性。

3. 女性养老金总体替代率

在现行的收入水平、退休年龄和个人账户收益率等条件下,女性养老金社会平均工资替代率很低。比如在工资增长为8%的情况下,一个工资水平处于社会平均水平的女性,工作30年,按实际工资基数连续缴费30年,50岁退休,养老金总替代率仅为35%左右。同等条件下,55岁退休的女干部替代率为42%。皆远低于60%的目标水平。参见表6-6。

表6-6 女性基本养老金总平均工资替代率

单位:%

	女职工	女干部
$g=0.08$	35.37	41.68
$g=0.1$	33.43	39.19
$g=0.12$	31.9	37.29

二、缴费年限对女性养老金的影响

38号文规定获取退休金的缴费资格年限为15年。可以观察到,大量的就业人口,特别是私营或民营企业、非正规部门的就业人口,通常会选择最低缴费年限。另外,近年来养老金"扩面"较快,一些地方为提高"扩面"速度,降低要求,允许个人补缴15年费用即可享受养老保险待遇,导致待遇水平低,引发了不少矛盾纠纷。何平等(2005)提出:目前制度规定达到15年缴费年限可按月领取基础养老金的期限偏短,建议延长至30年,应禁止退休时缴费年限不足15年一次性预交补足后即转领养老金的做法。[①]

应该说,补缴所带来的问题,对男、女有着同样的影响。但对于退休年龄小、个人账户月除数大的女性而言,问题的程度会更加严重。下文按

---

① 何平、华迎放:《灵活就业群体的社会保险》,《中国劳动》2005年第11期。

照前文的有关公式，计算了女职工在退休前补缴 n 年（如 15 年），这相当于 n 年前开始参保，缴费 n 年后开始领取养老金。参见表 6-7。

表 6-7　不同累计缴费年限下的女职工养老金替代率

单位:%

缴费年限	女职工		
	统筹账户	个人账户	总和
15 年	13. 89	5. 12	19. 01
20 年	18. 52	6. 15	24. 67
30 年	27. 78	7. 59	35. 37

在这种情况下，男、女的养老金社会平均工资替代率都很低，但女性退休年龄小、月除数大（计发月数多），从而女性个人账户的替代率非常低。另外，女性生命余岁较男性长，个人账户用完后需要的补贴也高，对制度的财务可持续性也会带来负面影响。

三、其　他

当然，养老金性别差距还有收入因素（女性收入低于男性）的影响。根据迟巍（2008）的研究，在 1987 年、1996 年和 2004 年，我国城市女性收入分别为男性的 84%、82% 和 76%，性别收入差距在不断扩大。[1] 2011 年的研究表明中国城镇在业女性年均劳动收入是男性的 67.3%。[2] 2011 年针对某省的统计研究表明，企业职工中女性年工资收入是男性的 78%。虽然这是一个收入分配问题，不是养老金政策带来的，但其加剧了养老金的性别差距，放大了退休年龄的养老金水平差距效应。

四、小　结

基本养老保险替代率不断下滑是退休年龄、缴费年限、个人账户收益

---

[1]　迟巍：《中国城市性别收入差距研究》，《统计研究》2008 年第 8 期，第 58 页。

[2]　中国网，2011 年 10 月 21 日。

率等各方面因素作用的结果。由于女性，尤其是女职工退休年龄低、缴费年限短，受到的影响更大，养老金替代率不足的问题更为严重，值得重视。

第六节　结论与政策含义

第一，提高退休年龄是大势所趋，这既是适应新的人口预期寿命的需要，更是保障养老金水平、促进养老保险制度健康发展的需要。就我国基本养老保险制度而言，退休年龄对于个人账户养老金替代率的影响更加突出。

第二，提高退休年龄的力度、节奏和方式方法可以灵活多样。延迟领取养老金、过渡期间减缓领取养老金等措施都是行之有效的办法，对于提高保障水平有一定的积极意义，也是被国外相关国家的实践所证明了的。我们应结合我国的实际情况积极借鉴，当务之急是提高女干部、女职工的退休年龄，使其与男性一致，统一全国的退休年龄，在此基础上再稳步提高整体退休年龄。根据计算，女职工的状况尤其令人堪忧！一方面，女性预期寿命高于男性，另一方面，女性尤其女职工的平均工资又低于男性，若维持当前的退休年龄政策不变，则不仅未来的女性个人账户替代率水平会非常低，其绝对水平也将大大低于男性。这将造成极大的社会养老保险待遇差距，触发更多的社会矛盾和问题，不利于社会和谐稳定，也不利于社会公平正义的彰显。

第三，我们必须清楚地认识到，若个人账户的投资收益率问题得不到有效解决，一切提高退休年龄的政策措施皆变得无效。在个人账户收益率低于工资增长率的情况下，越晚退休，个人账户基金收益越跟不上工资增长，社会平均工资替代率会越低。因此，提高个人账户收益率（改变目前计息状况）是保证退休年龄政策收到效果的重要前提。

参考文献

［1］李珍：《养老社会保险的平衡问题分析》，《中国软科学》1999 年第 12 期。

［2］Martin Feldstein, Jeffrey Liebman, "Social Security", NBER Working Paper, No. 8451, 2001.

［3］李珍：《城镇职工基本养老保险政策的分析及评价》，《公共管理与政策评论》2009 年第 1 期。

［4］李珍：《社会保障理论》，中国劳动社会保障出版社 2007 年版。

［5］李珍：《论建立基本养老保险个人账户基金市场化运营管理制度》，《中国软科学》2007 年第 5 期。

［6］李珍、孙永勇、张昭华：《中国社会养老保险基金管理体制选择——以国际比较为基础》，人民出版社 2005 年版。

第七节 附 录

一、国外有关退休年龄的改革实践

近年来，提高退休年龄或提高领取养老金（比如全额养老金）的年龄（或年限）门槛的实践在世界各国陆续展开，这是人口预期寿命不断提高的客观要求，符合人类健康规律。同时，国际金融危机加速了提高退休年龄这一改革进程。比如，国际金融危机使得欧洲各国，特别是传统福利国家财政压力进一步加大，甚至出现了希腊等国的债务危机，在这一情况下，各国政府纷纷提出要提高退休年龄，或提高领取养老金的资格门槛。必须认清的是，国际金融危机仅仅是突发事件，其发生加速了各国本以酝酿提高（或将来提高）退休年龄的进程，提高退休年龄的大环境已因生命预期的普遍提高而存在。

英国 1995 年的养老金法案规定将女性国家养老金退休年龄在 2010—2020 年之间，从 60 岁提高至 65 岁，与男性一样；2007 年新的养老金法案提出要加速同步男女不同群体的退休年龄，并规定 2024—2046 年之间，将这一退休年龄再从 65 岁提高至 68 岁。英国还在 2006 年规定，雇主不能再让雇员以低于雇主正常的退休年龄而退休，如果没有正常的退休年龄，则不能低于 65 岁。如果正常的退休年龄低于 65 岁，则必须在客观上有正当的理由。

瑞典统计局预测（其口号是活得更长，工作更长），平均预期寿命在未来年份将显著提高。结果是，65 岁时的生命余岁，1930 年出生的人是 17 年 5 个月，而 1990 年出生的人是 22 年 1 个月。如果 1990 年出生的人想要获得与 1930 年出生的人一样的养老金水平（指的是前面提到的那个替代率水平，不是绝对值），他们必须工作更长的时间。对于 1990 年出生的人，需要延长工作年限 3 年 1 个月。同时，1990 年出生的人，尽管提高了退休年龄，还是可以预期他们的退休时间较 1930 年的人长 2 年 1 个月。瑞典鼓励推迟退休，虽然法定退休年龄为 61 岁，但实际平均退休年龄在 65 岁左右，而将退休年龄从 65 岁提高至 67 岁，甚至 70 岁的重要性也经常在瑞典被提及。当然，正如瑞典统计局报告所宣传的，提高退休年龄到 65 岁以上，实行财务刺激，说起来容易，做起来难。事实上，大多数国家在提高退休年龄时都不会一帆风顺。

吉尔吉斯斯坦养老金由国家集中管理和运营，退休人员领取养老金的退休年龄男性 60 岁，女性 55 岁。1998 年底至 1999 年初，吉尔吉斯斯坦政府提出用 9 年时间分阶段把公民退休年龄延长 3 年的建议，此项政策改革最后得到了议会的批准。所谓"特别待遇养老金"是指可以比法定退休年龄提前 5—10 年退休而领取正常养老金。吉尔吉斯斯坦的退休年龄没有搞"一刀切"，而是注意兼顾地区差异。如在吉尔吉斯斯坦国家的高原地区，国家允许女性公民 45 岁退休、男性公民 50 岁退休领取正常养老金。据统计，领取特别待遇养老金的人数大约占全部退休人数的 20%，到现在为止还在不断增加。这一点值得我们借鉴，我国的地区差异非常明显，因此在提高我国退休年龄的同时，应充分考虑一些特殊地区，特别是民族地区、特殊困难地区等等。

意大利 1997 年改革后，实行弹性退休制。工人可以在 57—65 岁之间选择退休，同时还规定了退休的最早年龄限制，即不得低于 57 岁。

因此，面对人口老龄化、人口预期寿命的提高，提高退休年龄是符合客观规律的，但改革的路径、节奏等可以结合自身实际情况灵活把握。

二、国内关于退休年龄的学术讨论

1. 支持提高退休年龄

李珍（1997，1998）将相对于平均预期寿命偏低的退休年龄称之为低龄退休，认为应当着手有步骤地提高退休年龄，这是适应中国人口老龄化的重要手段之一。她还指出退休年龄之所以重要，不仅仅是因为它与养老金制度的负担发生直接的关系，还因为它与劳动力市场从而与国民产出、经济人口的赡养比率以及老年人口的经济负担能力等诸多的方面紧密相关。低退休年龄有害中国的社会保障制度和经济，所以有必要纠正理论上的误解。从中国人口健康状况看，中国目前的退休年龄偏低。20 世纪 50 年代规定的退休年龄在当时是适当的，但在人口预期寿命提高到 70 多岁的今天，显然就有必要对其重新考虑了。其他学者如林义（1994，1995，2002，2004），也从预期寿命提高这一角度提出应提高退休年龄。

董克用（2000）指出目前女性劳动力的退休年龄低于男性，而妇女的平均预期寿命一般又高于男性，这样，女性的个人账户是否能满足其退休后生活需要就成为问题。随着中国人口预期寿命的提高和人口老龄化的到来，适时调整退休年龄是必然趋势。何平（2001）从基金收支平衡以及男女不同群体退休收入差距的角度出发，提出应逐步将干部、工人和男女职工的退休年龄逐渐拉平。38 号文已经对此进行了调整，不同退休年龄的支付期不同，如 60 岁的支付期为 139 个月。笔者认为，退休年龄调整的关键不仅在于拉平，而在于要提高，可以逐步提高女性退休年龄至 60 岁，从而与男性一致，在此基础上再逐步将统一的退休年龄提高，比如 65 岁。邓大松等（2008）、何文炯（2009）等也从减轻社会保险基金压力的角度提出应提高退休年龄。

对于通过提高退休年龄或推迟退休等方式来缓解养老基金的压力的建议，笔者认为必须辩证地看待。一方面，人口老龄化情况下，若其他养老金待遇条件都不变，则确实会给基金带来支付压力，需要通过提高缴费率或者其他政府融资渠道解决，而提高退休年龄恰可以缓解这方面压力；另一方面，我们必须认识到，养老金制度的核心不在于养老基金的平衡，而在于保障老年人的生活，即目的在保障。如果养老金不能有效保障老年人生活，或起不到基本保障作用，则即便养老金是平衡的、健康的，抑或是有结余，也不过是舍本逐末之举。

2. 不支持提高退休年龄

不支持提高退休年龄的理由是多方面的，但重要的一点在于认为提高退休年龄会对就业产生负面影响。李娟（2005）在研究退休年龄时指出，影响退休年龄的因素主要有四个方面，即政策因素、经济因素、劳动力因素和个人因素，而我国劳动力供过于求的状况长期存在，就业压力本已较大。张东伟认为，推迟退休对城镇正规部门就业的影响会比较大，尤其是对大学生的就业影响最为严重，因为大学生一般的就业单位是正规部门。而且，退休年龄的延长会使企业多缴几年的保费，另外接近退休的工人的生产率比较低，这样加大了企业的成本，影响了企业的竞争优势，所以他反对提高退休年龄。

其实，关于退休年龄对于就业的影响，尚无确凿证据证明提高退休年龄对就业产生显著的负面影响。李绍光认为中国的情况与发达国家不太一样，中国的剩余劳动力比重很大，因此延长退休年龄不影响就业的假设在中国未必成立。同时，他提出推行延长退休年龄应分阶段、分部门实施，选择在劳动供给弹性较大的部门、行业和劳动力市场实行弹性退休制度。

3. 其他

虽然退休年龄对于劳动就业的影响尚无形成共识，但也不乏有观点指出在提高退休年龄时，要兼顾考量寿命延长和劳动就业压力两方面。这种观点实际上承认了退休年龄对就业的影响。胡晓义（2001，2009）指出应调整待遇享受条件，随着我国人口老龄趋势加剧及人民健康水平提高，逐步延迟退休年龄，以改变"生之者日寡，食之者日众"的状况。退休年龄关系到养老保险的可持续发展问题，推迟退休年龄虽然是世界上应对老龄化危机的一种常用办法和措施，但在我国要从现阶段国情考虑，既要看到老龄化给养老金带来的压力，又要看到我国人口多、劳动力供应丰富、就业压力大这样一个长期存在的现实，在两者之间实现平衡，综合考虑。

第七章　领取资格年限与养老金替代率的关系分析与评估

38 号文仍然延用了 26 号文有关缴费年限的规定，即退休且缴费年限累计满 15 年的人员，在发给基础养老金和个人账户养老金的基础上，再发给过渡性养老金。缴费年限累计不满 15 年的人员，不发给基础养老金。

缴费年限要求对制度的影响主要体现在两个方面：一是宏观上，它对制度的财务可持续性产生重要影响；二是微观上，它对个人保障水平或养老金替代率产生直接的影响。资格年限的影响，与退休年龄政策有方向上的相似之处，也有水平上的不同表现。目前，我国基本养老保险最低 15 年缴费的领取资格年限要求过低，保障水平和制度的财务可持续性都会受到这一因素的负面影响。下文将就基本养老保险领取资格年限的宏微观影响展开分析。

第一节　基本养老保险领取资格年限的财务分析

基本养老保险由社会统筹和个人账户两部分组成。其中，个人账户部分实行基金累积制，退休时根据个人累计缴费额以及利息计算个人账户养老金，是一种基金精算平衡机制，没有再分配性。因此，这部分基金不存在收支平衡问题，多缴多得，少缴少得，个人贡献与收益完全关联。社会统筹部分则不同，这部分体现社会性，具有一定的再分配功能，因为这部分支出或多或少得到了财政的支持，使得这种再分配性不仅体现在不同参保者之间，也体现在整个成员之间，甚至不同代际的人之间。单从社会统筹部分自身来说，由于个人缴费与个人待遇之间不是完全的精算联系，于是参保者的总缴费与当期总支出之间就会出现盈余或缺口。目前领取社会统筹部分基础养老金的累计缴费年限要求仅为 15 年，远远低于平均 32.5 年的累积工作年份。

与提高退休年龄一样，增加缴费年限要求有利于增加基金收入，改善基金平衡状况。若当期将 15 年的资格要求提高至 20 年或者 30 年，则会要求那些满 15 年而停止缴费的人继续缴费，立即增加当年的缴费总额。在实践中，那些缴费 15 年而停止缴费，实际上未到退休年龄的群体，在非正规就业中更为多见。当然，提高退休年龄对基金的影响是双向的，除了可以增加缴费，还减少了即期支出，这一点与增加缴费年限有所不同。

尽管目前已经出现了基金结余，但较低的养老金领取资格年限仍然不利于社会统筹基金的平衡。在人口老龄化步伐加快的时期，矛盾还有可能进一步凸显。另外，较低的缴费年限也不利于个人账户基金积累，保障水平有限。

第二节　基本养老保险领取资格年限与人口老龄化的冲突

人口老龄化不仅表现在老龄人口比例的上升，也同时伴随着人口预期寿命的提高。在不提高退休年龄的情况下，人口老龄化无疑将增加在职人口的养老负担，即降低老龄人口赡养比。同时，人口预期寿命的提高也拉长了人们退休后的生命余岁，从纵向的自身角度看，这一问题的结果就是个人对制度的贡献不变，但收益增加，因为领取养老金的年限在延长。而社会是由个人组成的，因此，整个养老金系统也会出现贡献不增长，而支出增长的矛盾。

通过分析，不难得知，人口老龄化对养老基金构成挑战，主要在于两个方面：一是老年人口占在职人口比例提高，即在职人口的赡养负担加重。在前期基金没有盈余的情况下，只有通过增加缴费才能满足养老金待遇不下降，否则必然导致新的赤字，或者需要降低待遇，而后者由于待遇刚性而行不通。二是伴随老龄化的是人口预期寿命的提高。实际上，人口老龄化，不仅是新中国成立初期人口出生率大幅提高的结果（国际上称之为"婴儿潮"），也是健康水平提高从而预期寿命大幅提高的直接后果。在出生率未同步提高的情况下，预期寿命的提高必然增加更多的老人，使得老人占总人口的比例不断提高。这种情况下，同样需要通过增加缴费才能满足制度内的基金平衡。

因此，在人口老龄化的今天，养老金领取的最低缴费年限要求也应该适时加以调整。更何况，我国15年的最低缴费年限要求本身已经过低，不仅不能适应人口老龄化的需要，也不符合当前的平均工作年限实际。目前平均工作年限为32.5年，相信随着人口预期寿命的提高，实际工作年限还将进一步增加。相比之下，15年的缴费年限要求过低，这也是我国社会统筹基金入不敷出的一个重要原因。在未来的改革中，退休年龄要提高，最低缴费年限要求也要随之延长。何平等（2005）曾指出，目前制度规定达到15年缴费年限可按月领取基础养老金的期限偏短，建议延长至30年，灵活就业群体中有相当一部分人劳动性质与工厂化劳动性质不同，对于那些已达到法定退休年龄而缴费年限不足30年，能够继续工作又有缴费意愿的人，应允许其延长缴费年限，推迟领取养老金的年龄。但应禁止退休时缴费年限不足15年一次性预交补足后即转领养老金的做法。

对于领取养老金的缴费年限要求，各国做法不一。法国要求缴费年限满40年才能全额领取养老金（若不满40年，但满65岁亦可），萨科奇总统甚至希望将这一标准提高至41.5年（若不满41.5年，则须满67岁）；英国在 2007 年通过法案（2010 年生效），将男女领取全额国家基本养老金（BSP）的国民保险费缴纳年限统一规定为 30 年，而在这之前则更高，分别为男 44 年、女 39 年；美国的要求则较低，至少缴费 10 年且达到退休年龄后可领取退休金（包括获取遗属补贴）。

第三节　基本养老保险领取资格年限对社会统筹财务可持续性的影响

基本养老保险的社会统筹部分，采用现收现付制。现收现付制的核心是当期在职人员的缴费用于当期养老金的支出。稍作分析可知，这里涉及两个问题：一是缴费率，二是赡养比。在当前制度内（参保人员），在岗职工人数与退休人员的比例即赡养比约为 3∶1，也即 3 个在职人员赡养 1 个老年退休者。而社会统筹部分的缴费率为 20%（当然，这一缴费率尚未全国统一），如果在职一代实现应缴尽缴，则理论上，从基金平衡角度出发，这样的机制有能力为老年人提供 60% 的社会平均工资替代率。当然，社会统筹部分养老金的计发是按照既定公式进行的，即以当地上年平均工资和本人缴费工资指数算术平均值为基数，缴费 1 年，发 1%。如果一个人仅仅满足 15 年最低缴费年限的门槛，则这部分替代率为 15%；若一个人累计缴费 30 年，则可以获得 30%。据统计，目前我国在职人员平均工作年限累计32.5 年，如果以这一数据为依据，则社会统筹部分的社平工资替代率为32.5%。即便一个 20 岁开始工作到 60 岁退休的人（男性），该部分替代率也远低于 60%，仅为 40%。因此，从基金收支平衡的角度看，社会统筹部分的缴费完全可以满足养老金支出的需要，不应出现入不敷出的现象（当然，这里不排除我国地区差异大，有些负担较重的地区可能存在支出压力）。然而，事实却与理论存在不小差距。多年来，我国社会统筹部分的基金不仅不够当期支出，还通过不断掏空个人账户基金，形成个人账户基金的巨额"空账"。出现这一矛盾和悖论，关键在于养老保险领取的资格年限。

前文提到3∶1的赡养比，这是参保人员中处于在职年龄段群体与处于退休年龄段群体的人数比例，然而，真正意义上的赡养则必须落实到缴费上，如果不缴费，则再高的赡养比也仅仅是年龄段的划分，而非真正意义上的赡养。假设参保人员从累计缴费达15年（目前领取养老金的最低缴费年限要求）开始，不再缴费，同时尚未达到退休年龄，则这种行为在实质上降低了赡养比。真实的制度供给能力取决于参保群体的缴费年限分布，越多人选择15年以上的缴费，缴费年限越长，制度的供给能力越强，基金健康平衡状况越好。目前最低15年的缴费年限要求，严重削弱了缴费的积极性，导致部分群体在累计缴费满15年后停止缴费，等待到达退休年龄时领取养老金。虽然很难确切知晓这部分群体有多少，占多大比例，但是制度规定的这一缺陷为这种行为留下了空间，自然存在这样的行为。从企业的角度，国有企业的员工存在上述行为的可能性较小，他们的工作和收入都相对稳定，通常企业会为员工连续缴纳保险费，一直到员工退休为止。但私营企业，特别是中小私营企业，由于认识上的不足和出于成本费用的考虑，则存在着少缴费的激励。广大职工也往往因认识不到未来养老的问题，加上收入较低、企业宣传带有倾向性（如告之员工，缴纳的保险费要从工资收入中扣）等原因，选择15年后停止缴费。对于那些工作不稳定，流动性大的参保者来说，更是盼着达到15年的缴费要求从而少缴费。以上种种现象，都会不同程度地降低实际的赡养率，削弱制度的财务健康水平，破坏基金的平衡发展。随着市场经济的进一步发展，各种新的社会组织和经济组织的出现，国有经济的比重还会在某些领域不断降低，新的就业模式还会不断出现，特别是灵活就业、兼职就业、临时就业的现象更是越来越普遍，这就给持续缴费意愿和持续缴费的能力都带来了负面影响。在人口老龄化步伐加快的今天，这些问题无疑再次加重了养老保险基金的支出压力。

实际上，这一问题的存在，让退休年龄政策无法充分发挥其应有的效果，或者说这样低的资格年限要求实际上削弱了严格执行退休年龄的效果。如前文所述及，提高退休年龄可以从两方面促进养老金基金平衡，一方面减少了当期支出，另一方面增加了缴费。然而，该结论的一个前提是，人们在退休前都在连续缴费。如果仅仅缴费15年，之后停止缴费，则提高退休年龄可以增加缴费的判断就不一定正确，至少这一现象的存在严重削弱了这一效应。我们建议提高退休年龄，其中的一个重要含义就在于增加总体缴费，促进基金平衡水平的健康发展，但是往往忽视了15年累计缴费年限的资格要求所带来的负面效应。

随着时间的推移，制度中"老人"的比例会逐步降低。"中人"和"新人"的比例则越来越高。对于后者而言，如果其在正规部门就业，则其缴费通常会一直延续下去，不会累积到15年即停止缴费。但是对于非正规部门而言，缴费的自主性较强，是否缴费很大程度上取决于个人，这就给缴费15年而停止缴费留下了激励，因为这部分群体会在缴费达到养老金领取资格门槛要求后停止缴费。而在我国经济市场化改革深入推进的情况下，非正规就业将越来越普遍。因此，如果说在过去正规就业占绝对主导的情况下，15年缴费资格年限所带来的问题尚不是大问题，那么随着非正规就业的比例增加，这样的问题将越来越需要重视。这不仅关系到基金的平衡、制度的健康发展，也关系到制度的保障水平和能力，即制度的有效性。

另外，现行基本养老保险统筹部分养老金（基础养老金）的计发办法不利于鼓励参保者增加缴费年限。目前的基础养老金是按照当地上年社会平均工资与个人缴费工资指数的算术平均值为基数计算的，较少的缴费年限虽然降低了个人缴费工资指数，但是却不降低上年社会平均工资水平。当然，我们不主张在基础养老金方面扩大不同人群之间的差距，这里意在说明制度设计中的激励因素实际上是要被打折扣的。增加缴费年限不应只强调因素，而应从制度规定上增加缴费年限要求，在此基础上削弱个人缴费工资因素，防止因个人收入差异悬殊而带来的基础养老金的悬殊。

解决这一问题的关键还在于增加累计缴费年限的要求，改变目前最低15年累计缴费年限这一较低水平的要求。具体提高到什么水平，可以在综合考虑我国的就业状况、退休年龄及其改革方向、各地养老金基金收支状况、人口年龄结构变化情况、产业结构与就业结构的发展形势等因素的前提下，按照着眼长远、立足当前的原则，有计划、有步骤地稳步实施，确保各项政策尤其是待遇给付的连续性、稳定性，避免造成制度断层，引发社会上的不合作、不支持。这方面改革，要做足各方面的调查研究工作，真正掌握翔实的一手材料，倾听各方面的意见和建议，既不能对问题视而不见，也不能急于求成。

第四节　基本养老保险领取资格年限对基础养老金的影响

目前，基本养老金计发办法规定累计缴费15年的退休人员可以获得基础养老金。较低的缴费年限必然带来较低的基础养老金水平或平均工资替代率。基于男性、女干部和女职工群体的退休年龄不同，这一规定对三个不同群体的替代率的影响也不一样。

对于替代率的计算，我们在沿用前面章节的相关变量和公式的基础上，结合本章的需要，作适当的修改。仍然设 a 代表缴费工资率，c 为缴费率，p 为社会平均工资增长率，g 为平均工资增长率，f 为个人工资占社会平均工资的比例，t 为开始工作至退休年龄之间的年份数量，n 为累计缴费年限，r 为个人账户的收益率，M 为规定的与不同退休年龄相对应的个人账户计发月数。则基础养老金的社会平均工资替代率为：

$$R_1 = \frac{n}{200} \frac{1}{(1+g)} \left[1 + \frac{af}{(1+g)^{t-n}} \right] \tag{7.1}$$

与退休年龄对替代率的影响有所不同，我们需要分析累计缴费年限的形成区间，即累计缴费年限（如 15 年）处在个人终身工作年份中的区间。大致可以分为三种模式。第一种情况是，个人从开始工作时参保，进而缴费，到累计 15 年时停止缴费，直到达到退休年龄时领取退休金，其基础退休金的计发，需要根据其缴费的 15 年中，社会平均工资以及个人缴费指数等相关指标来计算；第二种可能的情况是，有些个人可能选择在 45 岁开始参保缴费，到 60 岁退休时正好满足 15 年的资格要求；第三种情况为各种其他情况的集合，该集合里的各种缴费安排及其组合将处于上述两种情况之间，且由于不一定连续缴费，因此各种缴费情况千差万别。公式（7.1）是基于连续缴费的假设的。

然而，在这些不同的缴费安排中，我们可以得出一些规律性的启示。前两种缴费情况是两个极端。若同样选择累计缴费 15 年，则第一种情况带来的基础养老金替代率最低，因为，这种情况下人们刚刚开始职业生涯，工资收入处于起点，因而个人缴费处于终身工资收入中的最低阶段（通常，人们的工资收入处于不断增长之中，即使下滑也是个别的、阶段性的）。我们称情况一为先缴费。第二种情况带来的基础养老金替代率最高，因为个人缴费基数处于终身工资收入的最高阶段。我们称情况二为后缴费。而缴费工资与个人缴费工资指数直接相关，进而决定和影响了个人基础养老金的计发基数，缴费基数越高，个人缴费工资指数越高，基础养老金水平越高，退休时的社会平均工资替代率也越高，反之则反是。

因此，下文着重计算第一种情况和第二种情况下的基础养老金替代率，从中得出不同累计缴费年限下的基础养老金替代率的可能区间。关于相关参数的设置，除了已有规定的缴费率外，我们假设个人 20 岁开始工作（若到 60 岁退休，则期间有 40 年），社会平均工资增长率为 8%，个人工资及其增长率与社会平均工资相等。

一、情况一——先缴费（满 n 年后停缴）

表 7 - 1　不同累计缴费年限下的基础养老金替代率

单位:%

累计缴费年限	60 岁退休	55 岁退休	50 岁退休
15 年	7.96	8.43	9.13
20 年	11.25	12.18	13.55
30 年	20.32	23.34	27.78

从表 7 - 1 可知，一个人从 20 岁开始工作，并参加基本养老保险，在累计缴费 15 年、20 年或 30 年后停止参保，到退休时的基础养老金替代率的相关情况。特别需要指出的是，若仅仅满足目前 15 年的资格最低要求，在退休时的社会平均工资替代率很低，60 岁、55 岁和 50 岁退休时的替代率分别只有 7.96%、8.43% 和 9.13%（对应我国的男性、女干部和女职工）。相同缴费年限下，50 岁退休时替代率高于另外两者的原因在于退休年龄越小，停止缴费年份距离退休年份的"空档"越小，社会平均工资增长的年份较少，因此，基础养老金相对于社会平均工资的替代率相对于退休年龄越高的群体而言，就显示出稍高的倾向。必须说明的是，这不等于养老金绝对水平高。这里的计算是基于个人工资等于社会平均工资的情况，事实上，由于女性尤其女职工的工资水平较男性低，她们的养老金水平往往也较低。对于同时参加工作的人而言，女职工最早退休，女干部、男性依次在若干年后退休，女职工的基础养老金平均工资替代率相对较高，但绝对水平则会低于后两个群体。

另一个值得关注的问题是，累计缴费年限的差距将带来较大的基础养老金替代率差距。这不仅表现在越高的缴费年限获得越高的基础养老金替代率，而且这种趋势下的替代率增长速度超过了缴费年限的增长速度。必然，男性参保者在缴费 15 年和 30 年的情况下，30 年缴费下的基础养老金替代率高出 15 年缴费下相应替代率的 2 倍多！出现这种现象的原因在于基础养老金计发办法中的个人缴费工资因素。由于基础养老金计发公式中包含了个人缴费工资指数，即使对于同样处于社会平均工资收入水平的不同个人而言，他们的缴费年限不同，带来了个人缴费工资指数的不同。因此，此时可以清楚的得到这样的结论：基础养老金替代率的差距来自两个方面：一是缴费年限的不同（个人缴费每满 1 年发放基础额的 1%），二是个人缴费工资指数的不同。

这里尚未考虑收入差距问题。上述计算是基于个人收入与社会平均工资及其增长率相等的假设。实践中，那些工作不稳定者往往收入水平更低（例如一些临时性就业、季节性就业或其他灵活就业人员），而低收入者往往更加倾向于少缴费、多得工资收入。对于低收入者而言，资金的即期效用往往高于未来效用。比如，在城镇就业的部分灵活就业者或农民工等，相对于未来养老的需要，他们更需要解决眼前养家糊口的问题，特别是赡养老人、抚养下一代的压力。这样，基础养老金的替代率差异将进一步在不同人群中拉大。越是收入高的人工作往往越稳定，缴费能力和意愿往往越高，未来的基础养老金也往往越高。

对于基础养老金替代率的差距，我们需要客观地分析。首先，这种差距是否成为问题？根据基本养老金保基本的目标要求，基础养老金则更是基本中的基本，突出强调其社会性、再分配性。从这一点看来，基础养老金作为保基本生存之需的制度安排，承担着社会安全网、体现社会公平正义的职责，不应出现太大差距。其次，科学分析这种差距的构成。这种替代率差距一方面来自于缴费年限不同，另一方面来自于个人收入水平的差距带来的个人指数化月平均缴费工资。对于第一方面的差距，根本的解决之道在于在当前最低 15 年累计缴费年限的基础上提高领取养老金累计缴费年限的要求，这既是解决基础养老金差距拉大的有效途径（理论上，若每个人都连续缴费至退休，则年份差距将大大缩小），也是提高基础养老金保障水平和能力的关键之举，这将大大提高基础养老金的资金健康状况，提高可持续支付能力，从实质上改善制度的赡养比，缓解"生之者日寡、食之者日众"的矛盾。对于第二方面的差距，或许我们无法改变人们收入存在差距的现实（完全消除差距是不可能的），但是，我们完全可以改变目前基础养老金计发中的效率因素，甚至消除计发公式中个人指数化缴费工资这一指标。基本养老保险不应过于强调效率因素，何况其中的个人账户已经作为体现效率的私有支柱而存在，个人收入不等带来的养老金差异不应通过此来体现。

缴费年限与个人收入差异两个因素的叠加大大扩大了基础养老金的差距，对此，我们有必要深入反思。

二、情况二——后缴费（满 n 年后退休）

表7-2　不同累计缴费年限下的基础养老金替代率

单位:%

累计缴费年限	基础养老金替代率
15 年	13.89
20 年	18.52
30 年	27.78

表7-2中，人们选择在退休前若干年（比如15年，仅仅满足最低要求）缴费，缴满一定年限后退休。这种情况主要指一些消极参保现象，以够15年资格为目的。同样，我们假设个人收入及其增长率与社会平均工资一致。通过计算可知，如果仅仅在退休前缴费15年（比如45岁开始缴费，到59岁累计缴满15年，60岁退休），则其基础养老金的社会平均工资替代率仅为14%不到。类似地，我们也看到了缴费年限差距带来的基础养老金替代率的差距。由于目前的最低资格要求只有15年，若人们从20岁开始工作，则到60岁退休（比如男性）时，期间有40年的时间。由于人们工作模式、就业方式的不同，导致了人们参保的能力和意愿不同，带来累计缴费年限的不同，从而导致了基础养老金替代率的不同。例如，在退休前缴费15年者，基础养老金替代率为13.89%，而缴费30年者的替代率为27.78%。与情况一比较而言，这种后缴费的模式下的不同缴费年限基础养老金替代率差距基本与年限差距同速增长。出现这两种不同情况的原因在于，后缴费的模式下，个人缴费处于退休前的年份，是其个人工资收入的

最高年份区间，削弱了高收入阶段的差距，而仅仅保留了较低收入阶段的差距。情况一的先缴费模式则恰恰相反，缴费年限越长，缴费工资越高（因为工资在增长），个人指数化缴费工资也就越高，因此不同累计缴费年限下的替代率差距相对较大。

从实际情况来看，情况二会相当普遍。对于一些灵活就业者而言，尤为突出。在45岁左右即距离退休年龄15年时，人们的参保率会大大增加。这一点，还可以从正在推行的新农保中看出来。根据《人民日报》报道，目前新农保中，年轻农民参保积极性不高，全国44岁以下的中青年参保率只有36.21%，远低于45岁以上的参保率。虽然新农保是自愿参加，而城镇职工基本养老保险是强制参保，但囿于目前的制度执行状况，特别是灵活就业人员、部分相对稳定在城镇就业但又游离于监管之外的农民工等，强制执行往往很难落实，参保行为很大程度上取决于个人的认识以及与雇主协商的结果，而参保15年够资格要求则是双方易于接受的结果。

现实中，情况三更较为普遍。由于大量中断缴费、接续缴费等情况的存在，许多人的累计缴费并非连续形成。这种情况下的替代率水平处于情况一和情况二之间。

第五节 基本养老金领取资格年限对个人账户养老金的影响

根据现行养老金计发办法，缴费年限对个人账户的养老金影响更加直接，更为明显。这是由个人账户的性质决定的。个人账户实行基金累积制，待遇计发完全基于精算平衡的原则，因此多缴多得，少缴少得。缴费年限直接关系到累计缴费额度，因此，与个人账户的养老金替代率构成直接影响。

与基础养老金（社会统筹部分）一致，此处的分析也分两种情况，情况一是先缴费一定年限，情况二是退休前缴费若干年。根据前文的参数设置，个人账户的替代率公式如下：

$$R_2 = \frac{12acf(1+r)^{1+t-n}\left[(1+r)^n - (1+g)^n\right]}{M(r-g)(1+g)^t} \qquad (r \neq g) \qquad (7.2)$$

$$R_2 = \frac{12acfn}{M} \qquad (r = g) \qquad (7.3)$$

一、情况一——先缴费（满 n 年后停缴）

表7-3 不同累计缴费年限下的个人账户养老金替代率

单位:%

累计缴费年限	60 岁退休		55 岁退休		50 岁退休	
	$r=2.25$	$r=2.88$	$r=2.25$	$r=2.88$	$r=2.25$	$r=2.88$
15 年	1.75	2.13	1.88	2.22	2.16	2.47
20 年	2.74	3.26	2.94	3.40	3.37	3.78
30 年	5.73	6.55	6.16	6.83	7.06	7.59

结合前面章节的分析，这里对于收益率这一影响个人账户替代率的重要变量，区分两种情况：一是2010年的一年期银行存款利率2.25%，二是1998—2007年一年期银行存款的平均利率2.88%。这里比较的重点是不同缴费年限下的个人账户替代率。从表7.3中可以看出：第一，由于2.25%的计息水平与工资增长率的差距太大（这里假设工资增长率8%，实际上1998—2007年参保人员的年平均工资增长率远高于这一水平，也远远高于2.88%的平均利率，这一点前文已有论及），个人账户替代率普遍较低。第二，若仅仅从工作开始累计连续缴费15年，则退休后的个人账户替代率非常低。例如，60岁退休个人账户替代率只有1.75%，55岁或50岁退休则只有1.88%和2.16%。后者高于前者的原因在于退休较早，从停止缴费到退休年份的时间相对较短，平均工资增长带来的替代率下滑效应较其他退休年龄相对较高的群体弱。第三，替代率差距凸显。虽然个人账户在低水

平计息下的替代率整体水平普遍较低，但是不同缴费年限带来的差距还是明显的。以60岁退休的群体为例，工资处于社会平均工资水平的个人，累计缴费15年与累计缴费30年相比，退休后在个人账户养老金方面差距超过3倍，远高于缴费年限本身的差距。出现这样的结果，原因与基础养老金类似，一是缴费年限越长，后期的工资越高，缴费越多，养老金水平自然越高；二是缴费时间越长，基金收益率带来的差距越大。由于每年利滚利的原因，由利息带来的差距大大放大了缴费本身带来的差距效应。

当然，这里同样没有考虑不同个体收入差距带来的养老金差距。个人账户与社会统筹的性质和计发办法的不同，决定了由收入差距带来的个人账户的养老金差距效应远大于社会统筹部分，个人账户没有再分配性。

因此，个人账户养老金替代率的差距因缴费年限的不同而更加凸显：一方面，缴费年限不同则累计额不同，直接带来了养老金替代率差距；另一方面，与基础养老金部分一样，收入、工作较稳定的群体相对于其他灵活就业群体的缴费能力和意愿往往更高，自然所得到的养老金替代率也越高。但是，与基础养老金差距不同，个人账户养老金本身就有强调效率、效率优先的特点，鼓励激励多缴多得，因此，对于这部分的差距，我们的关注重点应在于延长缴费年限，不在于计发中的效率因素。延长领取基础养老金缴费年限的同时，也就必然要求延长个人账户的缴费年限，这在一定程度上可以缓解因个人收入差距而带来的替代率差距。

二、情况二——后缴费（满 n 年后退休）

表7-4　不同累计缴费年限下的个人账户养老金替代率

单位:%

累计缴费年限	60 岁退休		55 岁退休		50 岁退休	
	$r=2.25$	$r=2.88$	$r=2.25$	$r=2.88$	$r=2.25$	$r=2.88$
15 年	6.88	7.18	5.62	5.87	4.90	5.12
20 年	8.17	8.62	6.68	7.05	5.82	6.15
30 年	9.90	10.65	8.10	8.70	7.06	7.59

表7-4反映的是个人在退休前若干年缴费的情况。与基础养老金一样，一些人倾向于到45岁开始参保，到60岁退休时可以满足够15年的累计缴费资格要求。由于统账结合的制度将社会统筹与个人账户联系在一起，因此个人账户同样存在上述现象。

这种情况下的个人账户替代率往往较之情况一要高，原因也与基础养老金一样，在退休前若干年缴费，处于终身工资收入的最高年份，且低水平计息与工资增长速度之间的差距所带来的影响相对也较小。而在情况一下，个人刚开始工作即开始缴费、满15年后停止缴费，一方面缴费收入较低，另一方面个人账户基金收益率跟不上工资增长的状况将一直影响到个人退休，因此替代率会更低。尽管如此，后缴费的个人账户养老金替代率仍然较低，仍以60岁退休为例，若在45岁开始参保，到60岁退休，则个人账户养老金所能提供的替代率只有6.88%，若40岁、30岁开始连续参保，则到60岁退休时可以累计缴费20年、30年，替代率分别为8.17%和9.9%。这里，我们看到，个人账户的替代率并没有随着缴费年限的增加而同步增加，而是大大低于缴费年份的增长。发生这种现象的主要原因在于低水平计息，一年期银行利息远远低于当期工资增长率，这种累计相对于在职职工工资"贬值"，导致这种相对社会平均工资计算出来的替代率跟不上缴费的增长而增长，相反，缴费越多，"贬值"得越厉害。这一点，前面章节已经就收益率对个人账户替代率的影响作了详细的分析，在此不再赘述。

55岁或50岁退休的替代率会更低，因为同样的缴费年限、同样的缴费水平（这里假设不同退休年龄群体的工资水平都与社会平均工资一致）下，退休年龄越小，退休后的生命余岁较长，她们的计发月数较男性长（男性139个月，而55岁和50岁退休则分别为170个月和195个月），因此计算出来的替代率自然较低。如果说15年的累计缴费年限资格要求低，是普遍存在的问题，那么退休年龄小则是女性群体的突出问题，需要更加引起重视。

第六节　缴费年限与总替代率的关系

上文分别分析了缴费年限对基础部分、个人账户养老金替代率的影响。为便于观察比较，这里简要将缴费年限与总社会平均工资替代率的关系列表（见表 7.5）。这里假设 20 岁开始工作并缴费，工资一直处于社会平均工资水平，且以实际工资水平为基数缴费，缴费率按 38 号文的相关规定，设个人账户年收益率 2.88%、工资增长率 8%。这里不考虑制度计发外的"调整"部分。

表 7 – 5　现行制度计发办法下的养老金替代率

单位:%

退休年龄	50 岁			55 岁			60 岁		
缴费方式	连续	先 15 年	后 15 年	连续	先 15 年	后 15 年	连续	先 15 年	后 15 年
基础养老金替代率	27.78	9.13	13.89	32.41	8.43	13.89	37.04	7.96	13.89
个人账户替代率	7.59	2.47	5.12	9.27	2.22	5.87	11.89	2.13	7.18
总替代率	35.37	11.6	19.01	41.68	10.65	19.76	48.93	10.09	21.07

注："连续"表示从开始就业到退休一直连续缴费，"先 15 年"表示开始工作后连续缴满 15 年即停止，"后 15 年"表示仅在退休前 15 年缴费。

很明显，连续缴费的替代率要比只缴 15 年的高。另一个明显特征是，后缴费 15 年的替代率高于先缴 15 年。原因在于两个方面：第一，对于基础部分来说，后缴费者的个人缴费指数化基数高，因而基础部分替代率高；第二，对于个人账户来说，在收益率远低于工资增长的情况下，后缴费者的个人账户基金与实际工资之间的差距较先缴费者小（相对于工资"贬值"得慢一些），因而这部分社会平均工资替代率也会高一些。因此，对于只愿意缴费15年的群体而言，相对来说，选择在退休前15年缴费要比早缴费划算（或者干脆退休前补缴15年的费用）。

第七节　领取资格年限与基本养老保险制度可持续发展

通过对养老金领取资格年限与养老保险基金收支平衡的关系分析可知，领取资格年限的设定直接关系到养老金的收入，直接影响基金收支平衡的效果。一方面，在其他条件不变的情况下，较高的领取资格年限要求可以增加收入，较少的领取资格年限要求则会给基金平衡带来压力，甚至直接造成不平衡；另一方面，通过提高退休年龄来缓解基金收支平衡压力的效果，在一定程度上取决于领取资格年限的设定。因此，在人口老龄化步伐加快的今天，提高养老金领取资格年限要求是缓解基金收支矛盾的有效途径。目前，我国基本养老保险的最低领取资格年限要求是缴费满15年，相对于实际平均工作年限而言（目前大约为32.5年）可谓较低。这样的低门槛大大削弱了退休年龄政策的执行效果，也不利于保障水平的提高。

改变较低领取资格年限这一状况，逐步提高领取资格年限要求，对于更好提高保障水平，促进基本养老保险制度持续健康发展有着重要的意义。如果说提高退休年龄的改革阻力较大，则提高领取资格年限要求的改革阻力相对较小。对于已经累计缴费15年未到退休年龄的个人而言，只需继续规范用工合同，严格执行关于劳动用工的参保规定即可达到提高缴费年限的目的。这方面的改革可先行，与退休年龄政策的调整改革统筹安排，协调配合，提高政策的执行力和可操作性，最大限度地减少阻力。

第八节　结论与政策含义

本章分析了基本养老保险最低缴费年限要求对基本养老保险制度、基金平衡以及养老金替代率的影响。研究表明，15 年的最低缴费年限要求存在以下问题：第一，15 年的缴费年限要求太低，对基本养老保险的财务可持续构成威胁。在人口老龄化步伐加快的情况下，这一养老金领取资格年限要求加剧了基金支付的压力，从实质上恶化了赡养率水平。因为在某一确定年份里，退休养老者的数量是确定的，而部分未退休者却因缴够 15 年而停止缴费，没有真正发挥"赡养"的功能。第二，带来了较低的保障水平，且拉大了正规就业与非正规就业群体之间的养老金差距。一方面，根据现行的计发办法，较少的缴费年限带来较低的养老金计发水平；另一方面，较少的缴费年限对应的群体往往是那些非正规就业人群，他们中的部分人收入本来就相对较低，加上基础养老金的计发办法也加进了个人收入的因素，两方面因素的叠加拉大了基础部分和个人账户部分养老金的差距。这既不符合"保基本"的要求，也不利于彰显公平正义。第三，15 年的最低缴费年限要求引发了"45 岁现象"，导致一些游离于监管之外的、无法强制的群体集中到 45 岁左右开始参保。这一现象已在新农保等制度的执行中发生，应该引起重视。

党的十七届五中全会强调要"更加重视改革顶层设计和总体规划，明确改革优先顺序和重点任务"。贯彻这一指导精神，就是要统筹考虑退休年龄的改革和资格年限的改革。提高基本养老保险最低缴费年限要求是提高保障水平、促进基本养老保险制度持续健康发展的有效途径，与提高退休年龄的政策有异曲同工之妙。而相对于提高退休年龄而言，提高最低缴费年限要求的改革阻力更小、空间更大、效果更明显。因此，在统筹谋划、整体推进的基础上，提高最低缴费年限的改革可先行一步。

参考文献

［1］李珍：《养老社会保险的平衡问题分析》，《中国软科学》1999 年第 12 期。

［2］李珍：《城镇职工基本养老保险政策的分析及评价》，《公共管理与政策评论》2009 年第 1 期。

［3］李珍：《社会保障理论》，中国劳动社会保障出版社 2007 年版。

［4］李珍：《论建立基本养老保险个人账户基金市场化运营管理制度》，《中国软科学》2007 年第 5 期。

［5］李珍、孙永勇、张昭华：《中国社会养老保险基金管理体制选择——以国际比较为基础》，人民出版社 2005 年版。

［6］胡晓义：《养老保险 98 盘点》，《中国社会保障》1999 年第 1 期。

［7］胡晓义：《正确处理社会保障发展中的六个关系》，《中国社会保障》2004 年第 12 期。

［8］胡晓义：《养老金替代率三题》，《中国劳动保障报》2001 年 11 月 29 日第 4 版。

［9］汪泽英、何平：《我国社会保障制度改革 30 年成就与发展》，《工人日报》2008 年 11 月 11 日第 6 版。

［10］王晓军：《对城镇职工养老保险制度长期精算平衡状况的分析》，《人口与经济》2001 年第 10 期。

［11］米红、邱晓蕾：《中国城镇社会养老保险替代率评估方法与实证研究——兼论不同收入群体替代率的比较》，《数量经济技术经济研究》2005 年第 2 期。

第八章 OECD 国家养老金制度改革与评价

第一节 引 言

经济合作与发展组织，简称经合组织（OECD），是旨在共同应对全球化带来的经济、社会和政府治理等方面的挑战，并把握全球化带来的机遇的政府间国际经济组织。2010 年 5 月 10 日，已经拥有 34 个市场经济国家成员国[①]。经合组织提供了这样一种机制：各国政府可以相互比较政策实践，寻求共同问题的解决方案，甄别出良好的措施和协调的国内国际政策。

经合组织成员国涵盖了当今世界绝大多数欧美发达国家，提供了全世界近 60% 的商品和服务。因此，分析 OECD 国家养老金制度改革历程能把握当今世界养老保险制度发展的走向和趋势，为我国养老保险制度发展和完善提供经验和借鉴。

世界银行作为三大国际性组织之一，在养老金改革方面提出了广为人知的"三支柱"和"五支柱"理论，引发了国际劳工组织等团体和学者对养老金制度的热烈讨论，对世界范围内养老金制度发展产生了深远影响。OECD 大多数成员国同时也是世界银行成员国。因此，OECD 国家的养老金

---

① 34 个国家中，智利、爱沙尼亚、以色列和斯洛文尼亚四国 2010 年新加入，由于相关信息和数据缺乏，因此本书中 OECD 国家数据不包括这四个国家。

实践或多或少都受到了世界银行多支柱理论的影响。另一方面，世界银行的相关研究报告，如《防止老龄危机》（1994）、《21世纪的老年收入保障——养老金制度改革国际比较》（2005）中，大量引用了OECD国家的数据和案例进行论证和讨论，说明世界银行养老金改革理论与OCED国家的养老金改革实践紧密结合，互相影响。因此，本书将以世界银行多支柱理论提出为起点，重在观察20世纪90年代以后，在世界银行与国际劳工组织的理论和主张影响下，OECD国家养老金改革趋势与方向，最后根据相关指标进行评价。

此外，与其他注重国别养老金改革经验借鉴的文献不同，本书的重心不在于从纵向上剖析某个国家养老金的发展历程，而是将OECD国家作为一个整体，截取几个横断面，分析OECD国家养老金改革的总体趋势和共同经验，以求得到更加具有一般性的结论，为我国养老保障体系改革提供具有普遍参考价值的经验。

本章主要包括以下几部分内容：第一部分，OECD国家养老金改革的主要措施。从结构性改革和参量性改革两个方面进行考察。第二部分，OECD国家养老金制度改革的结果。从老年贫困率、养老金支出占GDP的比重、养老金体系结构等宏观指标，替代率、缴费率、退休年龄等微观指标两个层面分析了OECD国家养老金制度改革的结果。第三部分，OECD国家养老金制度改革的总结。从改革历程、改革趋势、改革走向、改革结果等方面进行了分析。第四部分，对我国养老保险制度改革的启示。

本章主要数据来自于OECD组织的连续出版物《OECD国家养老金概览》。

第二节　OECD国家养老金制度改革的主要内容

20世纪90年代以来，在新自由主义思潮影响下，尤其是1994年世界银行三支柱理论倡导下，在世界范围内掀起了养老保险制度改革的热潮。一方面，是对养老金制度的基本框架进行根本性改革，可以看做结构性改革；另一方面，各个国家对养老金制度的影响因素进行调整，可以看做是参量改革。基于此，本书将从上述两个角度对 OECD 国家的养老金改革进行分析。

一、养老金制度的结构性变革

近十几年来，西方国家养老金制度的根本性变革主要表现在两个方面：多支柱改革、私营化改革。

1. 多支柱改革

在 20 世纪 80 年代逐步显现的人口老龄化危机的影响下，以现收现付模式为主的养老金制度面临财务平衡难以持续、老年人基本生活难以保障的困境。在此背景下，世界银行在 1994 年提出了"三支柱"养老金改革模式，试图对上述问题给予回应，要点如下：

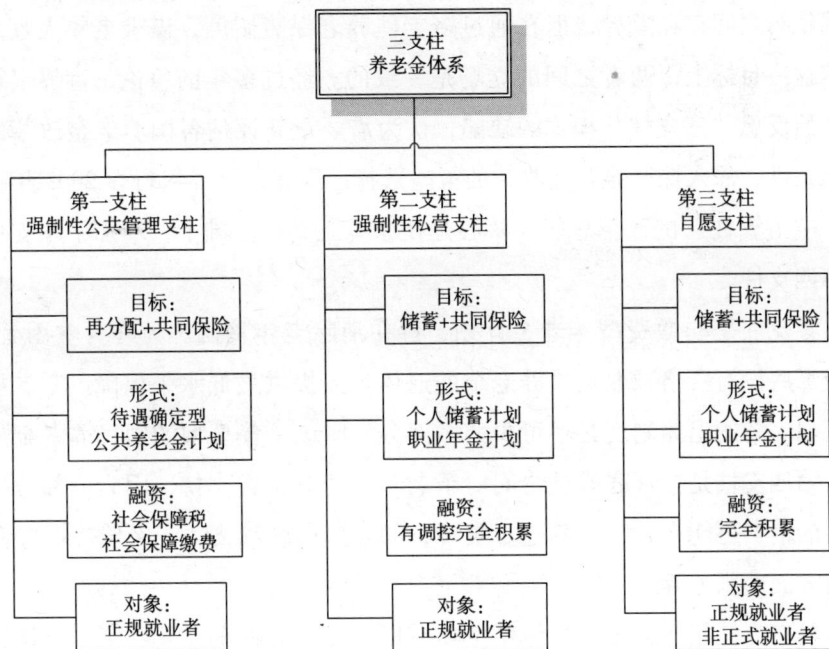

图 8-1 三支柱养老金体系结构图

第一支柱是强制性的公共养老金计划，目标是有限度地缓解老年贫困，提供各种风险保障。由政府通过税收融资，强制实施，一般采取现收现付制。最显著的特征是通过代际转移筹资来为老年人提供一定水平的长寿保险。

第二支柱是强制性的完全积累养老金计划。与传统的养老保险体系不同，它实行"以收定支"，将退休享受的待遇水平与在职时的缴费相联系，不存在代际间的转移。完全积累制会促进资本积累和金融市场的发展，并减少人们对第一支柱的依赖。

第三支柱是自愿性个人储蓄养老金计划，强调自由支配的灵活性和自愿性。这一支柱为那些希望在老年时得到更多收入及保险的人提供额外保护，政府也适当地为这种自愿性储蓄提供税收优惠。

世界银行三支柱模式提出以后，在许多国家得到了推广和应用，但也受到了一些质疑。国际劳工组织指出三支柱模式使养老金制度暴露于投资风险中。必须指出的是，虽然国际劳工组织对养老保障政策的具体设计与世界银行之间存在差异，但在通过多支柱养老保障制度，谋求老年人收入稳定这一目标上，两者之间的立场是一致的。经过多年的争论，世界银行也开始反思"三支柱"模式的缺陷，认为需要重新评估各国养老金改革的初始条件，深入探讨养老金改革的策略选择。因此，世界银行在2005年提出了"五支柱"的改革思想，核心是在原有三支柱基础上，增加了零支柱和第四支柱。

零支柱是非缴费型养老金计划，旨在消除老年贫困。为终身贫困者，以及那些没有资格领取正式养老金的退休工人提供最低水平保障。零支柱是任何完备的退休制度必不可少的一部分，应该是普享型的国民养老金形式。第四支柱是指家庭成员之间对于老年人的非正式支持，因为一部分退休者的消费可能来自于非养老金资源，如家庭内转移支付，及赡养医疗和住房方面的服务等。

与三支柱相比，五支柱体系主要有以下几个方面的变化：第一，认识到强制性养老金的局限性，进一步关注基本收入对弱势老年群体的保障作

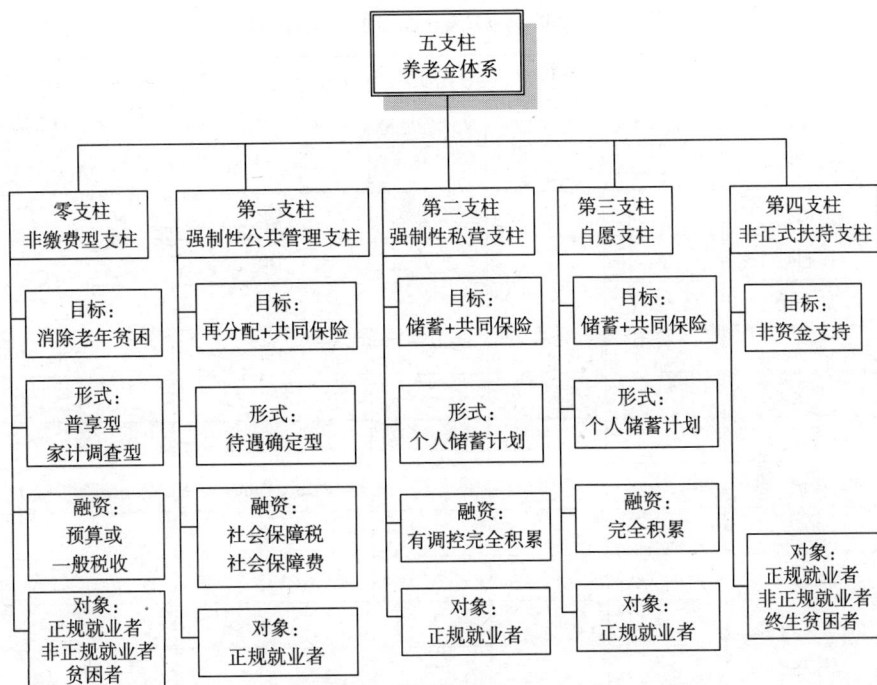

图 8 - 2 五支柱养老金体系结构图

用，因此新增了零支柱，把社会保障扩大到所有老年人口。第二，认识到第三支柱和自愿性支柱能有效补充基本养老金，在基本养老金有限的情况下，为高收入人群提供进一步养老保障需求。

1994 年世界银行报告推荐的"三支柱"养老金模式出台后，OECD 国家到目前基本都建立起了多支柱的养老金体系。尽管各个国家的第一支柱和第二支柱在发展和改革中养老金筹资和管理模式存在差异，零支柱的待遇形式也有不同，但是从广义上讲，大多数 OECD 国家都建立了多支柱的养老金体系。这是 OECD 国家养老金制度结构性变革的核心内容之一。

表 8 - 1   2007 年 OECD 国家养老金体系结构

国别	零支柱（普遍覆盖、再分配性）			第一支柱（强制性、再分配性）	第二支柱（强制性、储蓄性）
	家计调查	普享型	最低养老金		
澳大利亚	√				DC
奥地利				DB	
比利时	√		√	DB	
加拿大	√	√		DB	DC
捷克		√	√	DB	
丹麦	√	√			DC
芬兰			√	DB	
法国			√	DB + Points	
德国				Points	
希腊			√	DB	
匈牙利				DB	DC
冰岛	√	√			DB
爱尔兰		√			
意大利					NDC
日本		√		DB	
韩国		√		DB	
卢森堡		√	√	DB	
墨西哥		√	√		DC
荷兰		√			DB
新西兰		√			DC
挪威		√	√	Points	DC
波兰			√		NDC
葡萄牙			√	DB	
斯洛伐克			√	Points	DC
西班牙			√	DB	
瑞典			√		NDC
瑞士			√	DB	DB

国别	零支柱（普遍覆盖、再分配性）			第一支柱 （强制性、再分配性）	第二支柱 （强制性、储蓄性）
	家计调查	普享型	最低养老金		
土耳其			√	DB	
英国	√	√	√	DB	
美国	√		√		DC

其中，零支柱的普享型基本养老保障模式，是指国家根据同样标准对退休者发放同样数额的基本养老金（Basic-Pension），或者根据工作年限长短有所调整。但是养老金水平与过去收入没有必然关系。

零支柱的家计调查模式（Resource-Tested），指根据家庭收入和财产情况确定养老金水平，一般而言，养老金水平与家庭收入负相关。

零支柱的最低养老金（Minimum Pension），与家计调查模式类似，同样是防止养老金低于某一水平。但确定养老金方式不同，它仅考虑养老金水平，如果退休者养老金水平过低，将补足到某一统一的养老金水平。而不考虑其收入状况。

第一支柱的积分制（Points），指工作者通过每年缴纳养老保险费获取养老金积分，在退休时根据养老金积分总额计算养老金总值，并转换为普通的养老金给付。

2. 私营化改革

截至 2007 年，所有 OECD 国家的养老金体系中，都建立了私人养老金制度，有一些国家是强制的，有些国家是自愿性的。有 11 个国家建立了强制性私人养老金制度，其中有 9 个选择了 DC 模式，分别是澳大利亚、丹麦、匈牙利、冰岛、墨西哥、挪威、瑞士、斯洛伐克、荷兰。此外，意大利、波兰、瑞典三个国家建立了 NDC 计划。值得注意的是，这些国家的 DC 化改革与智利、巴西、新加坡等国家存在差异（智利等国是将第一支柱 DC 化），这些 OECD 国家是保持第一支柱 DB 性质不变，而将第二支柱从 DB 转向 DC，体现了第一支柱的再分配性质，同时通过第二支柱保持一定激励性。

强制性私人养老金制度覆盖率也比较高，一般包括了 90% 的劳动者。但是在部分养老保险转型国家，如波兰、斯洛伐克、匈牙利等，只有年轻劳动者才被强制加入新的私人养老金，因此覆盖率在 45% —60% 之间。

此外，有 19 个国家选择了建立自愿性私人养老金制度，其中德国、爱尔兰、英国和美国覆盖率较高，超过了 40%。而意大利和葡萄牙的私人养老金覆盖率则不到 10%。

表 8 - 2　2007 年 OECD 国家私营养老金计划模式及覆盖率

国别	计划模式	覆盖率	国别	计划模式	覆盖率
澳大利亚	强制职业年金	90%	韩国	自愿职业年金	
奥地利	自愿职业年金	35%	卢森堡	自愿职业年金	20%
比利时	自愿职业年金	40%—45%	墨西哥	强制个人养老金	31%
加拿大	自愿职业年金	39%	荷兰	准强制职业年金	90%
捷克	自愿职业年金	40%	新西兰	自愿职业年金	20%
丹麦	强制个人养老金	90%	挪威	强制职业年金	90%
芬兰	自愿个人养老金	15%	波兰	强制个人养老金	49%
法国	自愿职业年金	10%	葡萄牙	自愿职业年金	4%
德国	自愿职业年金	57%	斯洛伐克	强制个人养老金	45%
希腊	自愿职业年金		西班牙	自愿个人养老金	40%
匈牙利	强制个人养老金	58%	瑞典	强制个人养老金	90%
冰岛	强制职业年金	5%	瑞士	强制职业年金	90%
爱尔兰	自愿职业年金	52%	土耳其	自愿职业年金	
意大利	自愿职业年金	8%	英国	自愿职业年金	43%
日本	自愿职业年金	45%	美国	自愿职业年金	47%

资料来源：OECD Private Pension Statistics；European Union，Social Protection Committee（2005）；Copeland（2006）；Schembari（2004）；Palacios and Pallares-Miralles（2000）；Government Actuary's Department（2006）。

从老年人所领取的私营性养老金收入占总养老金收入的比重来看，在 19 个私营养老金制度覆盖率较高的 OECD 国家中，有 8 个国家老年人来自私营养老金的收入占养老金收入的比例达到或超过 50%，成为首要收入来源。还有 4 个国家私营养老金收入占总养老金收入的比重在 40%—50% 之间。其余 7 个国家私营养老金收入占总养老金收入的比重基本在 20%—40% 之间。可见，20 世纪 90 年代之前以公共养老金计划为主的养老保障体制，在此后发生了较大变化，私营性质养老金获得较大发展，在部分国家已成为老年人的首要收入来源。

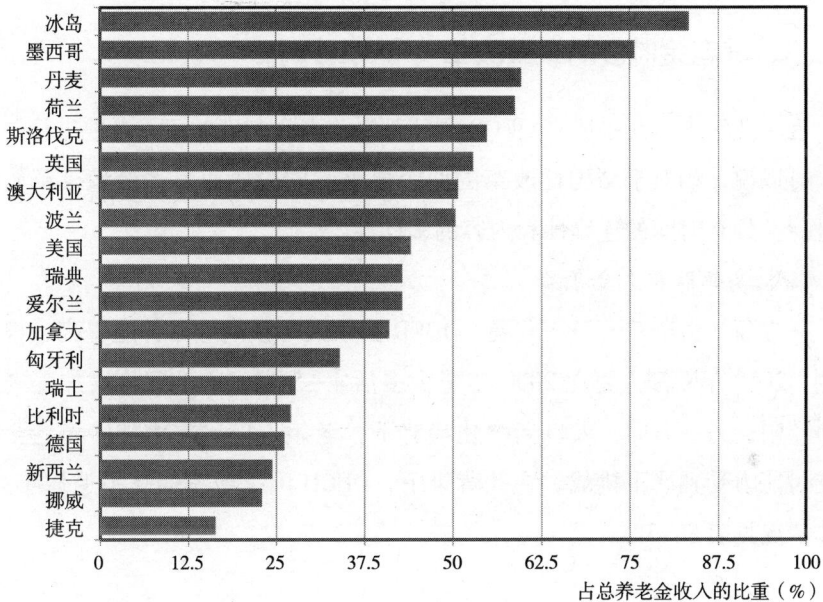

图 8 - 3　OECD 国家私营养老金领取额占总养老金收入的比重

资料来源：OECD Pension Models, see also Whitehouse, E. R. , " Investment Risk and Pensions : Impact on Individual Retirement Incomes and Government Budgets" , Social, Employment and Migration Working Paper No. 87, 2009。

3. 小结

总体来看，自 20 世纪 90 年代以来，OECD 国家养老金体系发生了一些结构性变革，主要表现在两个方面：

第一，从原来的单一支柱向多支柱发展。到目前为止，尽管 OECD 国家的具体政策设计存在差异，但是几乎所有国家都建立了多支柱养老金体系。

第二，从原来的以公共养老金计划为主体，向公共养老金计划与私营养老金计划并重的趋势发展，在一些国家私营养老金已经占据主体地位。

此外，应该指出的是，OECD 国家养老金制度的结构性改革主要发生在世界银行"三支柱"模式出台以后的 10 年间，即主要集中在 1994—2004 年期间，且在新兴国家和转型国家改革力度较大。2004 年之后的 OECD 国家养老金制度改革进程中，结构性变革相对减缓，没有出现 1994—2004 年间大规模的系统性改革。

二、养老金制度的参量改革

近十几年来，几乎所有 OECD 国家都对养老金制度的相关参数进行了调整。可以说，相对于结构性改革的两个显著不同阶段而言，参量改革始终在进行，具有时间的连续性和内容的多样性。

1. 提高领取养老金年龄

一方面，由于社会经济发展，OCED 国家人口预期寿命普遍提高，根据预测，2050 年欧洲人将比 2000 年至少多活 4—5 岁，这无疑将增加养老金支付年限；另一方面，人口老龄化趋势下，老年人口比重增加，养老金体系支付能力受到严重挑战。在此背景下，OECD 国家纷纷提高了退休年龄，具体情况见表 8 - 3。

表 8 -3　OECD 国家退休年龄（2001 年、2004 年）

单位：岁

	2001 年				2004 年			
	正常退休		提前退休		正常退休		提前退休	
	男性	女性	男性	女性	男性	女性	男性	女性
澳大利亚	65		55		65		55	
奥地利	65	60			65			
比利时	65		60		65		60	
加拿大	65		60		65		60	
捷克	63	59—63	60	56—60	63	59—63	60	56—60

续表

	2001 年				2004 年			
	正常退休		提前退休		正常退休		提前退休	
	男性	女性	男性	女性	男性	女性	男性	女性
丹麦	65				65			
芬兰	65		60		65		62	
法国	60				60			
德国	65		63		65		63	
希腊	65		57		65		55	
匈牙利	62				62			
冰岛	67				67			
爱尔兰	66		65		66		65	
意大利	65		60		65	60	60	
日本	65		60		65		60	
韩国	60		55		65		60	
卢森堡	65		57		65		57	
墨西哥	65	60			65			
荷兰	65		60		65		60	
新西兰	67				65			
挪威	65				67			
波兰	65	60			65	60		
葡萄牙	62		55		65		55	
斯洛伐克	65				62			
西班牙	65		60		65		60	
瑞典	65		61		65		61	
瑞士	65	64	63	62	65	64	63	62
土耳其	60	58			65			
英国	65				65			
美国	67		62		67			
平均	64.46	60.5	59.61	60	64.8	61.25	59.76	60

资料来源：OECD，*Pensions at a Glance：Public Policies across OECD Countries*，2007，pp.30-31。

　　总体来看，2001—2004 年间，大多数 OECD 国家无论是正常退休年龄、女性退休年龄还是提前退休年龄都有所提高。同时，男女退休年龄趋同成为一种趋势。近些年来，一些 OECD 国家，如澳大利亚、比利时、葡萄牙等，正在逐步调整女性退休年龄，以使男性和女性退休年龄逐步统一。男性和女性退休年龄差从 2002 年的 4 岁缩小到了 2004 年的 3.55 岁。此外，提前退休年龄普遍提高。在允许提前退休的 OECD 国家中，芬兰、韩国等分别提高了男性提前退休年龄，其他国家保持不变。总体上男性提前退休年龄从 59.61 岁提高到了 59.76 岁。

由上可见，OCED 国家领取养老金的年龄在 2000 年后进行了调整，但是从各国情况来看，2004 年时，OCED 国家中有 2/3 的国家其人口领取养老金年龄低于法定正常退休年龄，有 8 个国家（奥地利、比利时、芬兰、法国、匈牙利、意大利、卢森堡、斯洛伐克）男性实际退休年龄早于 60 岁。因此，2004 年后，部分国家又陆续出台了调整领取养老金年龄的相关政策。

2004—2008 年期间，丹麦、德国和英国立法将领取养老金年龄延迟到了 67 岁左右，捷克将领取养老金年龄延迟到 65 岁。荷兰采取了较为激进的措施，从 2009 年开始，用两年时间将领取养老金年龄从 65 岁提高到 67 岁。匈牙利通过逐步调整，在 2012 年将领取养老金年龄从 62 岁提高到 65 岁。此外，还有许多国家出台了远期的调整养老金领取年龄的措施，具体如表 8 - 4 所示。

表 8 - 4   OECD 国家调整领取养老金年龄的相关政策

国别	调整领取养老金年龄的政策	国别	调整领取养老金年龄的政策
澳大利亚	在 2017—2023 年间，将退年龄从 65 岁增加到 67 岁	爱尔兰	降低提前退休者的养老金待遇
比利时	将特殊情况下领取养老金年龄从 58 岁提高到 60 岁。对临近退休的失业者申请养老金时实施严格的工作寻找调查	意大利	将全额领取养老金年龄从 2008 年的 58 岁提高到 2011 年的 60 岁。全额领取的缴费年限从 35 年增加到 36 年

续表

国别	调整领取养老金年龄的政策	国别	调整领取养老金年龄的政策
捷克	2030 年之前将养老金领取年龄提高到 65 岁。将缴费年限从 25 年提高到 35 年	日本	2006—2013 年间，私人部门雇员强制退休年龄从 60 岁提高到 65 岁
丹麦	在 2019—2022 年之间，将提前领取养老金年龄从 60 岁提高到 62 岁。2024—2027 年将退休年龄从 65 岁提高到 67 岁	韩国	为了鼓励人民工作，对超过 53 岁的工作者，如果收入下降，由政府给予补助
芬兰	2011—2012 年将提前领取养老金年龄从 63 岁提高到 65 岁	荷兰	提前退休者职业年金税收优惠被废除，提高退休年龄从 65 岁到 67 岁
法国	强制退休年龄从 65 岁提高到 70 岁，公共部门雇员缴费年限从 37.5 年提高到 40 年（2012 开始）；减少公共部门提前退休者的养老金水平，为鼓励工作，对 60—65 岁工作者加薪 3%—4%，65 岁以上工作者加薪 5%	瑞典	2009 年开始，降低 1% 的雇主社会保障缴费
德国	2012—2029 年渐进增加退休年龄从 65 岁到 70 岁。提前退休年龄保持在 63 岁，但是减少提前退休的养老金待遇	瑞士	将女性领取养老金年龄从 63 岁提高到 64 岁。男性保持在 65 岁
希腊	将男性、女性领取养老金年龄统一到 65 岁；提前退休年龄为 55 岁，但是必须有至少 15 年缴费	土耳其	2048 年之前，逐步将男性领取养老金年龄从 60 岁提高到 65 岁，女性从 58 岁提高到 65 岁
匈牙利	2012 年开始，领取养老金年龄从 62 岁提高到 65 岁，对于提前退休者实施更加严格条件的时间从 2013 年提前到 2011 年	英国	对于延迟退休者，每年账户利率为 7.4%—10.4%，取代现在的一次性奖励
冰岛	降低提前退休者的养老金待遇		

　　资料来源：根据 OECD，*Pensions at a Glance：Public Policies across OECD Countries*，2007；*Pensions at a Glance 2009：Retire-Income Systems in OECD countries* 整理。

2. 扩大养老金计划覆盖面

　　由于 OECD 国家公共养老金体系建立较早，发展已经比较充分，这一时期的扩大养老金体系覆盖面主要是指政府采取各种措施扩大私营养老金计划的覆盖面，尤其是私营的自愿性养老金计划。法国、匈牙利、波兰都建立了附有税收优惠政策的私营养老金体系。韩国和意大利则将原来的遣散费用计划改变为职业养老金计划，政府也希望在此过程中提高职业养老金计划覆盖率。英国、美国、瑞士等国家也出台了一些鼓励性的政策。

还有少部分国家则致力于提高强制性养老金计划的覆盖面。希腊目前的强制性养老金计划覆盖率相对较低，因此希腊出台了新的养老金管理方案，希望借此提高养老金覆盖面。瑞士则降低了养老金计划的门槛，以确保更多非全职和低收入工作者被纳入养老金体系。

表 8 – 5   2004 年以来 OECD 国家扩大养老金覆盖面的相关政策

国别	扩大覆盖面的措施	国别	扩大覆盖面的措施
法国	建立新的个人退休储蓄计划，允许年收入 24000 欧元内的 10% 缴费在税前扣除	挪威	2006 年开始，DC 计划的最小雇主缴费为 2%，将 DC 覆盖率提高到 25%
德国	对于 DC 模式的职业养老金缴费，给予 4% 社会保障税收扣除	波兰	对新的自愿 DC 计划给予税收优惠
匈牙利	新的自愿退休储蓄计划年缴费在 100000HUF 内，可以获得政府缴费匹配。该账户可免征资本利得税，投资范围比以前扩大	葡萄牙	建立集中管理的自愿性 DC 计划，50 岁以下缴费 2% 或者 4%，50 岁以上缴费 6%
意大利	将 50 个雇员以上的解雇费用计划改为养老金计划，包括雇员计划、个人计划和政府运作计划	瑞士	降低养老金的收入门槛，覆盖更多的低收入者和非全职工作者
韩国	新成立企业要求建立 DB 或者 DC 的职业养老金，而不是解雇费用计划。现有企业必须由雇员选择是否转入职业年金计划	英国	对 22—65 岁就业者，没有职业养老金和个人养老金者，个人缴费 4%，雇员 3%，国家缴费 1%。将全额领取的缴费年限减少至 30 年
新西兰	进行 DC 计划，政府对 DC 计划给予 1040NZD 匹配，雇员缴费 4% 或者 8%，企业缴费由 1% 增加到 2%	美国	雇主允许自动加入雇员的养老金计划

资料来源：根据 OECD，*Pensions at a Glance*：*Public Policies across OECD Countries*，2007；*Pensions at a Glance 2009*：*Retine-Income Systems in OECD countries* 数据整理。

3. 改革养老金待遇计算方式

（1）养老金调整指数中引入物价因素

以前各国对公共养老金计划的待遇计算都是根据过去工资收入情况确定养老金待遇，让养老金受益者分享劳动生产率增长是福利国家的主要成绩，而不是根据价格变动实行指数化调整。

但是从 20 世纪 90 年代开始的养老金制度改革中，各国都逐渐改革了根据收入调整养老金的政策，改为根据收入和物价变动情况共同进行调整，或者根据物价变动进行调整。早在 1985 年，法国就将公共养老金计划的待遇改为根据物价进行调整，1996 年将职业年金计划的待遇改为根据物价进行调整。芬兰、波兰、葡萄牙则将养老金待遇根据过去收入进行调整，改为根据物价和工资增长率共同调整，最近芬兰和波兰进一步改变了物价和工资在养老金调整中的权重。而瑞士则在养老金待遇调整中赋予了工资和物价相同的权重。美国自动根据生活费的变动指数调整养老金待遇。加拿大自动根据消费价格指数调整养老金待遇。英国根据价格变化对养老金待遇进行年度调整。

由于工资或收入的增长速度常常高于物价上涨速度，因此，在养老金调整中，引入物价变动因素，实际上减缓了养老金增长速度，降低了养老金待遇水平，意味着养老金领取者分享社会经济发展的成果更加有限。

（2）养老金给付标准与预期寿命相关联

OCED 国家人口的预期寿命在 2002—2040 年内将增加 3—4 岁，这对于养老金体系提出了更多要求。一是老年人终生领取养老金总值增加；二是如果没有额外资金投入的情况下，养老金替代率难以保持原有水平。这些都会影响到养老金体系财务的可持续性。

因此，30 个 OECD 国家中，有 10 个国家将人口预期寿命引入了养老金计算或者调整政策中。德国的公共养老金体系中，如果人口预期寿命增加、人口抚养比增加，就会相应调低养老金待遇。奥地利也在讨论类似的根据预期寿命调整养老金待遇的政策建议。在芬兰和葡萄牙，劳动者退休时刻的养老金总值会根据那一时刻的预期寿命进行调整。丹麦则将领取养老金年龄与人均预期寿命相联系。

毫无疑问，降低养老金待遇以应对更长的预期寿命将改善养老金体系财务稳定性和可持续性。同时，为了追求与原来相同水平的养老金待遇，部分劳动者不得不推迟退休，这对部分老年人来说存在一些负面影响。

表8-6 部分OECD国家老年人预期寿命、养老金平均替代率与养老金总值状况

	65岁人的预期寿命（岁）			养老金平均替代率（%）		平均养老金总值（倍）	
	2002年	2040年	增长率	2002年	2040年	2002年	2040年
澳大利亚	82.8	85.6	15.50%	44.7	42.6	6.5	7.2
丹麦	81	84.5	21.70%	87.1	79.3	11.3	12.4
芬兰	81.8	85.4	21.50%	69.9	61.9	9	9.7
匈牙利	78.9	82.7	27.80%	79.6	73.4	10.3	11.9
意大利	82.3	84.9	15.10%	73.1	65%	9.4	9.5
墨西哥	80.5	82.6	13.70%	41	37.6	4.9	5
波兰	79.7	83.4	25.20%	74.6	60.7	8.2	8.3
葡萄牙	80.8	84.4	22.90%	67.9	56.3	8.2	8.3
斯洛伐克	79.4	82.9	24.20%	63.2	57.1	8	8.9
瑞典	83.3	85.8	13.40%	72.3	67.4	10.4	10.8

注：选择上述国家，在于这些国家在养老金体系中引入了根据预期寿命调整机制。表中的平均养老金总值数据是将个人退休后可能获得的养老金总值通过一定的贴现率折现为当前时间的总值，然后将该折现总值与个人一年的总收入相比较得到。

资料来源：OECD pension models，UN/World Bank population database；http://data.worldbank.org/topic/social-development。

（3）延长计算养老金待遇的资格年限

由于养老金缺口不断增加，OECD国家纷纷修改了养老金待遇计算方式。部分OECD国家，主要是采取收入关联模式的养老金体制国家，原来的养老金待遇与退休者在职时某一时期内收入水平挂钩。这个时间段一般有两种，一种是收入最好的10年或者20年时间段，另一种是根据工作期间最高收入计算，如退休前时刻的工资。

截至2004年，已有7个国家将计算养老金待遇的资格年限延长。其中

芬兰、荷兰、波兰、葡萄牙、斯洛伐克、瑞典将养老金待遇基准收入年限延长到了整个工作期间。加上此前已有部分国家按照工作期间平均收入计算养老金待遇，因此，在实施收入关联计划养老金国家中，目前已有 17 个国家是按照工作期间平均收入计算养老金待遇。

比较特殊的是法国和匈牙利。法国将计算年限从工作期间最好的 10 年扩展到了 25 年。匈牙利养老金待遇原来按照扣除各种税后的净收入计算，现在则改为按照税前的总收入计算。

这种变化对养老金待遇的影响主要取决于工作者工作期间收入变化状况，如果工作者收入波动比较大，而且收入增加很快，则受到的影响比较大。总之，延长收入待遇计算年限，无疑减少了国家养老金支出，促进了养老金的财务可持续性，使得养老金支出增长得到部分减缓。

表 8-7　1990—2004 年部分 OECD 国家养老金待遇计算方式的调整状况

国别	养老金待遇计算方式调整	国别	养老金待遇计算方式调整
奥地利	衡量标准从最好的 15 年扩展到 40 年	波兰	收入基准从原来的最后 20 年中最好 10 年扩展到整个期间的平均收入
芬兰	领取计算标准从最后 10 年拓展到整个期间的平均水平	葡萄牙	收入基准从原来的最后 15 年中最好 10 年扩展到整个期间的平均收入
法国	最低缴费年限增加，公共养老金计划收入关联年限从最好的 10 年扩展到 25 年	斯洛伐克	收入基准从原来的最后 10 年中最好 5 年扩展到整个期间的平均收入
匈牙利	养老金待遇根据总收入而非净收入	瑞典	收入基准从最好 15 年扩展到整个期间平均收入
荷兰	在职业计划中，将基准收入从最高收入改到平均收入		

资料来源：OECD，*Pensions at a Glance：Public Policies Across OECD Countries*，2007，pp. 58-59。

4. 鼓励延迟退休，严格提前退休条件

为了改善养老保险计划的财务可持续性，同时保持其一定的再分配效应，许多 OECD 国家都从严格提前退休条件、鼓励延迟退休两个方面进行政策调整。在严格提前退休条件方面，主要采取了提高提前退休年龄，同时减少提前退休待遇的方式。比利时、丹麦、希腊、匈牙利和意大利还增加了提前领取养老金的缴费年限要求，以限制提前退休行为。法国、爱尔兰则仅对公共部门采取了上述措施。荷兰减少了对提前退休者的税收优惠。

在鼓励延迟退休方面，主要有两种措施：一是现金奖励。如澳大利亚，2009 年之前，如果工作者到达退休年龄仍然每年工作 960 小时以上，可以获得一笔现金奖励。二是养老金增长率①优惠。如芬兰，对于达到退休年龄继续工作者，由政府给予较高养老金账户利率，以此鼓励延迟退休。芬兰、英国增加了对延迟退休者的激励。法国和日本还采取了限制雇主解雇那些达到退休年龄但仍然希望继续工作的雇员的行为。

表 8-8 2004 年之前部分 OECD 国家延迟退休激励政策

国别	延迟退休激励政策	国别	延迟退休激励政策
澳大利亚	有养老金延迟退休奖励计划	意大利	通过名义年金调整提前退休养老金待遇
奥地利	减少提前退休领取养老金的待遇，严格提前退休条件	荷兰	计划取消提前退休政策
比利时	对 62 岁以上工作者给予退休金奖金，对达到标准退休年龄者，给予私人养老金部分的财政补贴	葡萄牙	增加延迟退休养老金待遇，减少提前退休养老金待遇
捷克	采取了减少提前退休和增加延迟退休政策	西班牙	对于延迟退休者给予小幅激励
芬兰	增加 63—67 岁工作者的记账利率	英国	增加延迟退休者的养老金，增加一次性给付选择
法国	对于提前或延迟退休者的养老金待遇进行调整	美国	对提前领取政策有调整

---

① 指在收入关联计划中，每服务 1 年养老金待遇增加相对于工资收入的比率。

续表

国别	延迟退休激励政策	国别	延迟退休激励政策
德国	降低 65 岁以前退休者的养老金待遇		

资料来源：Whitehouse，E. R.，"Pension Incentives to Retire"，Social，Employment and Migration Working Paper，OECD，Paris，2007。

5. 金融危机后相关改革措施

（1）保障养老金收入水平

2008 年爆发的金融危机对多个国家的养老金体系保障水平产生了一定影响，尤其是低收入老年人的生活水平，因此部分国家在此期间采取了各种措施以保障老年人退休待遇的充足性。其中，澳大利亚 2008 年给予老年人一笔一次性的生活补助，同时提高了零支柱养老金的替代率，从 25% 提高到了 27.7%。希腊同样提高了基本养老金待遇。芬兰则立法规定，从 2011 年开始实施新的最低养老金保障，相当于目前的每年 8200 欧元，这将为老年人提供一个比现在更好的，替代率为 23% 的老年人收入安全网。比利时、法国和西班牙都提高了最低养老金标准。德国则在 2008 年、2009 年分别增加了所有人群的养老金（2003—2006 年间养老金水平基本没有变动）。有些国家还采取了税收减免措施提高养老金待遇的充足性，如澳大利亚、芬兰和瑞典减少了养老金领取者的税赋。

表 8 – 9　2004 年以来部分 OECD 国家保障养老金充足性的相关政策

国别	保障养老金充足性的相关政策	国别	保障养老金充足性的相关政策
澳大利亚	2009 年增加第一支柱替代率从 25% 到 27.7%。2008 年 12 月一次性给付 1400 澳元（单身）、2100 澳元（夫妻）	韩国	65 岁以上的覆盖率从 60% 增加到了 70%。基本养老金平均替代率从 5% 增加到 10%
比利时	增加了额外的最低养老金	西班牙	最低养老金增加 6.4%

国别	保障养老金充足性的相关政策	国别	保障养老金充足性的相关政策
芬兰	2011 年实施新的保障养老金，对退休收入在 15000—30000 欧元之间的退休者减税	瑞典	2009 年，对 65 岁以上老人在 363000SEK 以内的收入进行减税，使 90% 的领取者收益
法国	增加了额外的最低养老金	冰岛	削减高级政府雇员养老金
德国	2008 年增加养老金 1.1%，2009 年增加 2.41%	英国	基本养老金从 2012 年开始根据平均收入调整，国家第二养老金从收入关联模式改为统一待遇模式
希腊	一次性发放 100—200 欧元养老补贴		

（2）增强养老金安全性

由于人们从开始参加养老保险到去世，大概需要经过 60 年时间，养老金体系的长期性决定了养老金具有较大的风险性，尤其是缴费确定型的私人养老金体系更是如此，因此许多国家采取了各种措施增强养老金基金的安全性。

一是完善养老金基金投资机构。多样性是减少投资风险的关键指标，近几年来，比利时、加拿大和墨西哥养老金基金投资渠道和范围都要广于以往。澳大利亚在管理和投资养老金基金方面，鼓励和强制劳动者在接近退休时，将其养老金基金转移向风险更小的投资工具。波兰要求基金投资公司建立三种不同风险回报率的投资工具，只有年轻的工作者才能选择最高风险投资工具。英国的新国民养老金储蓄计划规定，工作者养老金基金被默认为生命周期基金，这种基金随着工作者的年龄增加而不断降低风险。

冰岛通过增加强制性确定受益制养老金体系的雇主缴费，来增加养老金体系的财务可持续性。葡萄牙和土耳其则通过调整指数，改善养老金支付时的购买力来保障安全性。

6. 小结

相对于结构性改革在 20 世纪 90 年代的兴起，到 2000 年以后逐步趋于减缓的阶段性发展，OECD 国家的参量改革则一直在进行，主要从以下几个方面展开：

第一，由于人口预期寿命延长和老龄化趋势加剧，在过去十几年里，提高领取养老金年龄成为 OECD 国家的普遍选择。而且考虑到延长退休年龄对民众造成的影响，许多国家提前多年出台领取养老金年龄的改革政策，为改革顺利进行创造有利条件。

第二，由于公共养老金建立较早，且发展较为充分，因此 OECD 国家扩大养老金覆盖面的举措，主要是针对私营性质养老金。从政策设计而言，大部分国家采取了税收优惠、缴费匹配等鼓励性政策。从政策目标而言，上述政策能有效扩大养老金计划在低收入群体中的覆盖面。

第三，改革养老金调整机制同样成为各个国家的普遍选择，而且手段比较丰富，主要的考虑因素有工资增长情况、物价变动情况、人均预期寿命，以及计算养老金待遇的基准工资情况。

第四，为了进一步促进养老金体系的财务可持续性，一方面 OECD 国家通过立法，对提前领取养老金的要求进行了更为严格的限制；另一方面还通过各种奖励性政策，引导和鼓励人们延迟退休。

第五，尽管养老金体系改革的总趋势是控制支出规模，促进可持续性，但在遇到金融危机、老年人基本生活受到影响时，OECD 各国仍然迅速采取措施，保障养老金待遇水平。说明无论外部条件如何变迁，保障老年人的基本生活始终是养老金计划的核心目标。此外，由于长期性和安全性的要求，养老金基金投资过程中，都有特定的投资要求。

第三节　OECD 国家养老金制度改革的结果分析

一、宏观指标分析

1. 老年贫困率

从现实来看，OECD 的 23 个成员的老年贫困率在过去二三十年间下降了，逐渐完善的养老金体系是重要原因之一。图8-4表明了在过去二三十年间不同年龄群体相对贫困风险指数①的变化情况。可以看出，在20世纪80年代，75岁以上老年人口的贫困风险是总人口贫困风险的约两倍，随后老年人口相对贫困现象开始减少，相对贫困风险指数从1985年的90下降到2005年的不到45。而66—75岁组的贫困现象改善也同样显著。在1985年，他们的相对贫困风险比总人口贫困风险高出33个百分点，但是在2005年，则下降到总人口平均水平。26—50岁的主要是工作年龄人口，其贫困风险一直比较稳定。但是，25岁以下人口的贫困风险有略微增长的趋势。

然而，爱尔兰和西班牙从20世纪80年代后期到2000年以后高龄老年人贫困风险一直上升，其主要原因是快速的经济增长和真实收入增加，导致老年人相对落后了。澳大利亚、芬兰、瑞典、瑞士、美国的老年贫困现象在20世纪90年代以后也有所增加。

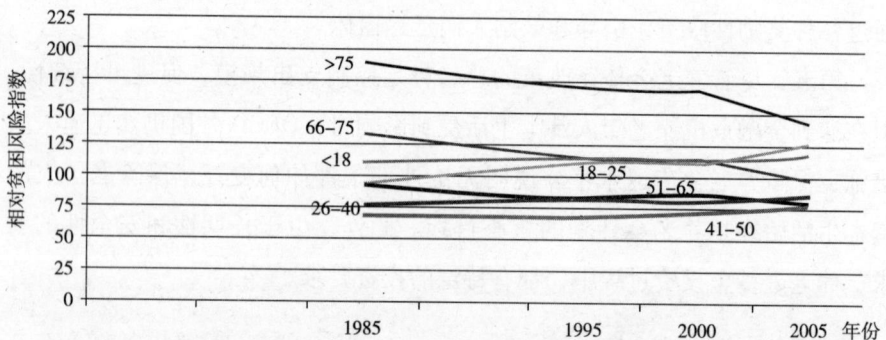

图8-4 1985—2005年OECD23个成员国不同年龄人群相对贫困风险发展趋势

注：图中23个国家不包括加拿大、芬兰、希腊、荷兰、瑞典、英国、美国。

资料来源：OECD income distribution database，See OECD（2008），Growing Unequal，Figure 5.5。

截取一个时点来看（2007年），到达领取养老金年龄的工作家庭贫困率（7%）显著低于老年人口家庭贫困率（17%）。这一点在澳大利亚、法国、

---

① 如果把总人口平均贫困风险指数定义为100，相对贫困风险指数指的是不同群体人口相对于这个基准发生相对贫困的可能性大小，通常用省略百分号的百分比数字表示。如果指数大于100，表示该群体相对贫困风险程度高于总人口平均贫困风险水平。

德国、希腊、爱尔兰、意大利、挪威、葡萄牙表现的比较明显。但是在土耳其，未工作的老年人比工作的老年人贫困率要低。这主要是因为养老保险覆盖面不足，而且集中在较高收入者群体上。

表 8 - 10　2007 年 OECD 国家就业和非就业老年家庭贫困率

单位：%

	总体水平	工作家庭	无工作家庭	单身家庭	夫妻家庭
澳大利亚	27	4	32	50	18
奥地利	8	7	9	16	4
比利时	12	4	13	17	10
加拿大	7	2	10	16	4
捷克	3	—	3	6	2
丹麦	10	2	12	17	4
芬兰	14	11	14	28	4
法国	9	1	9	16	4
德国	8	2	9	15	5
希腊	21	7	31	34	18
匈牙利	5	—	5	11	1
冰岛	5	3	7	10	2
爱尔兰	25	5	36	65	9
意大利	13	3	17	25	9
日本	21	13	30	48	17
韩国	49	35	69	77	41
卢森堡	3	—	4	4	3
墨西哥	23	19	39	45	21
荷兰	2	2	2	3	2
新西兰	4	1	2	3	1
挪威	9	1	10	20	1
波兰	6	6	6	6	6
葡萄牙	20	5	25	35	16

	总体水平	工作家庭	无工作家庭	单身家庭	夫妻家庭
斯洛伐克	4	—	7	10	3
西班牙	27	12	32	39	24
瑞典	6	3	7	13	1
瑞士	18	—	—	24	15
土耳其	18	20	16	38	17
英国	10	1	12	17	7
美国	24	9	34	41	17
OECD	14	7	17	25	9

注：老年家庭是指家庭中最主要成员年龄超过65岁。相对贫困指的是收入水平不到社会平均收入的一半。

资料来源：OECD income distribution database，see OECD（2008），Growing Unequal，Table 5.3。

2. 养老金占 GDP 和财政支出的比重

总体来看，OECD 国家的养老金支出占 GDP 比重在 1990—2005 年间从 6.2% 上升到了 7.2%。这主要源于两个原因，一个是老年人口增加，另一个是养老保险体系不断发展和完善。

其中，有 6 个国家养老金支出占 GDP 比重出现了下降趋势。部分原因是一些国家提高了领取养老金年龄，如新西兰在此期间将领取养老金年龄从 60 岁增加到 65 岁。还有些国家对于提前领取养老金做出了更为严格的限制。但是总体来看，在此期间 OECD 国家养老金支出水平有所提高。

2005 年意大利的公共养老金支出最高，达到 GDP 的 14%。此外，奥地利、法国、德国、希腊和波兰的养老金支出占 GDP 比例都超过了 10%。但是韩国和墨西哥的养老金支出占 GDP 的比重不足 2%。这是因为，韩国的公共养老金体系 1988 年才建立，覆盖面有限，虽然在 1990—2005 年间增长很快。墨西哥的低养老金支出则反映了养老金体系覆盖面小的事实，仅有 35% 的雇员参加了养老保险计划。

表 8-11　OECD 国家养老金和遗属津贴占 GDP 与政府支出比重的情况

单位:%

	占 GDP 的比例				占政府支出的比例	
	1990 年	1995 年	2000 年	2005 年	1990 年	2005 年
澳大利亚	3.1	3.7	3.9	3.5	8.6	9.9
奥地利	11.7	12.6	12.3	12.6	22.7	25.3
比利时	9.1	9.3	8.9	9	17.4	17.3
加拿大	4.2	4.7	4.3	4.1	8.7	10.6
捷克	6.1	6.2	7.5	7.3		16.3
丹麦	5.1	6.2	5.3	5.4	9.2	10.3
芬兰	7.3	8.8	7.6	8.4	15.1	16.7
法国	10.6	12	11.8	12.4	21.5	23
德国	10	10.5	11	11.4		24.3
希腊	9.9	9.6	10.7	11.5		26.6
匈牙利			7.3	8.5		17.1
冰岛	2.2	2.4	2.2	2		4.7
爱尔兰	3.9	3.5	3.1	3.4	9	10
意大利	10.1	11.4	13.6	14	19.2	29
日本	4.9	6.2	7.4	8.7		22.7
韩国	0.8	1.2	1.4	1.6	3.8	5.4
卢森堡	8.2	8.8	7.5	7.2	21.6	17.3
墨西哥	0.5	0.8	0.9	1.3		
荷兰	6.7	5.8	5	5	12.2	11
新西兰	7.5	5.8	5.1	4.4	14	10.9
挪威	5.6	5.5	4.8	4.8		11.5
波兰	5.1	9.4	10.5	11.4		26.3
葡萄牙	5	7.4	8.2	10.2		22
斯洛伐克		6.3	6.3	6.2		16.2
西班牙	7.9	9	8.6	8.1		21
瑞典	7.7	8.2	7.3	7.7		13.9
瑞士	5.6	6.6	6.6	6.8	18.3	19.1

	占 GDP 的比例				占政府支出的比例	
	1990 年	1995 年	2000 年	2005 年	1990 年	2005 年
土耳其	3.2	3.7		7.8		
英国	4.9	5.4	5.4	5.7	11.9	12.8
美国	6.1	6.3	5.9	6	16.1	16.2
OECD	6.2	6.8	6.9	7.2		

资料来源：OECD Social Expenditures（SOCX）Database，OECD Main Economic Indicators Database。

3. 养老金体系保障结构

从表 8-12 可以看出，2004—2007 年间，公共的分配性支柱（零支柱和第一支柱）养老金财产占养老金总值的份额上升，私营的储蓄性支柱（第二支柱和第三支柱）养老金财产占养老金总值的份额下降。其中，除比利时、丹麦、冰岛、葡萄牙和瑞典公共的分配性支柱养老金财产占养老金总值的份额有所下降，第二支柱养老金财产占养老金总值的比重有所上升外，其余 25 个国家都呈现出公共的分配性支柱养老金财产占养老金总值的比重上升，第二支柱养老金财产占养老金总值的比重下降的趋势。这与近几年养老金体系发展的总体思路相一致：私有化趋势减缓，养老金体系再分配性增强。

此外，OECD 国家公共的分配性支柱养老金财产占养老金总值的份额维持在 20%—30% 之间，私营的储蓄性支柱养老金财产占养老金总值的份额维持在 70%—80% 之间。分国别来看，多数国家养老金结构中，第二支柱居于主要地位。但加拿大、爱尔兰、英国、新西兰、韩国第一支柱养老金财产份额占到养老金总值的 50% 以上。其中韩国是因为养老金体系发展不充分，第二支柱缺乏。另外几个国家则主要是英联邦国家，继承了英国养老金体系结构。

表 8 - 12　OECD 国家各支柱养老金财产占养老金总值比例

单位:%

	2004 年		2007 年	
	零支柱 + 一支柱 （公共 & 分配）	二支柱 + 三支柱 （私营 & 储蓄）	零支柱 + 一支柱 （公共 & 分配）	二支柱 + 三支柱 （私营 & 储蓄）
澳大利亚	45.8	54.2	49.2	50.8
奥地利		100		100
比利时	5.4	94.6	4.4	95.5
加拿大	51	49	56.6	43.4
捷克	17.2	82.8	17.1	82.9
丹麦	44	56	40.3	59.7
芬兰	1.5	98.5	2.9	97.1
法国	1.9	96.8	4.7	95.3
德国	1.1	98.9	1.5	98.5
希腊	0.1	99.9		100
匈牙利		100		100
冰岛	19	81	16.6	83.4
爱尔兰	100		100	
意大利	0.1	99.9		100
日本	40.2	59.8	44.3	55.7
韩国	51.9	48.1	60.1	39.9
卢森堡	13.4	86.6	16	84
墨西哥	16.1	83.9	24.3	75.7
荷兰	38.2	61.8	41.2	58.8
新西兰	100		100	
挪威	30.5	69.4	33.6	66.5
波兰	0.3	99.7	1.5	98.5
葡萄牙	3.5	96.5	1.8	98.2
斯洛伐克	0.2	99.8	0.3	99.7
西班牙	0.2	99.8	1.2	98.8
瑞典	4.7	95.3	4.5	95.5

	2004 年		2007 年	
	零支柱＋一支柱 （公共＆分配）	二支柱＋三支柱 （私营＆储蓄）	零支柱＋一支柱 （公共＆分配）	二支柱＋三支柱 （私营＆储蓄）
瑞士	0.1	99.9	0.2	99.8
土耳其	0.8	99.2	1.1	98.9
英国	85	15	87.1	12.9
美国	100		100	
平均	22.5	77.5	28.4	71.6

注：空白表示该国家没有该支柱的养老金。比例是通过分别计算各个支柱养老金财产，然后计算在养老金财产总额中各支柱的比例获得。

资料来源：OECD，*Pensions at a Glance 2009：Retirement-Income Systems in OECD Countries*，pp. 132-133；OECD，*Pensions at a Glance：Public Policies across OECD Countries* 2007，pp. 51-52。

二、微观指标分析

1. 退休年龄

首先，2001—2007 年间，OECD 国家正常退休年龄普遍提高。2007 年，绝大多数 OECD 国家将正常退休年龄定在了 65 岁，而美国、挪威、冰岛的退休年龄已经达到或者正在达到 67 岁。正常退休年龄低于 65 岁的主要是几个转型国家，如斯洛伐克、匈牙利。

第二，男女退休年龄趋同成为一种趋势。近些年来，一些 OECD 国家，如澳大利亚、比利时、葡萄牙等，正在逐步调整女性退休年龄，以使男性和女性退休年龄逐步统一。女性平均退休年龄从 2001 年的 60.5 岁提高到了 2007 年的 61.5 岁。

第三，提前退休年龄提高。在允许提前退休的 OECD 国家中，澳大利亚、芬兰、韩国分别提高了提前退休年龄，其他国家保持不变，只有希腊将提前退休年龄从 57 岁降低到 55 岁。但总体上平均提前退休年龄从 2001 年的 59.61 岁提高到了 2007 年的 60.15 岁。

第四，发达国家退休年龄显著高于转型和新兴国家。这主要是因为发达国家人均预期寿命高，人口生育率较低，劳动力供给不足情况更加明显。

表 8-13 OECD 国家退休年龄（2001 年、2007 年）

单位：岁

	2001 年				2007 年			
	正常退休		提前退休		正常退休		提前退休	
	男性	女性	男性	女性	男性	女性	男性	女性
澳大利亚	65		55		65		60	
奥地利	65	60			65			
比利时	65		60		65		60	
加拿大	65		60		65		60	
捷克	63	59—63	60	56—60	65	62—65	60	59—60
丹麦	65				65			
芬兰	65		60		65		62	
法国	60				61			
德国	65		63		67		63	
希腊	65		57		65		55	
匈牙利	62				62			
冰岛	67				67			
爱尔兰	66		65		66		65	
意大利	65		60		65	60	60	
日本	65		60		65		60	
韩国	60		55		65		60	
卢森堡	65		57		65		57	
墨西哥	65	60			65		60	
荷兰	65		60		65		60	
新西兰	67				65			
挪威	65				67			
波兰	65	60			65	60		
葡萄牙	62		55		65		55	

	2001 年				2007 年			
	正常退休		提前退休		正常退休		提前退休	
	男性	女性	男性	女性	男性	女性	男性	女性
斯洛伐克	65				62			
西班牙	65		60		65		60	
瑞典	65		61		65		61	
瑞士	65	64	63	62	65	64	63	62
土耳其	60	58			65			
英国	65				68			
美国	67		62		67		62	
平均	64.46	60.5	59.61	60	65.06	61.5	60.15	60.75

资料来源：OECD，*Pensions at a Glance 2009：Retirement-Income Systems in OECD Countries*，pp. 160-161；OECD，*Pensions at a Glance：Public Policies across OECD Countries*，2007，pp. 30-31。

2. 养老金替代率

从表 8-14 可以看出，2002—2007 年间，低收入组养老金毛替代率基本总体保持稳定，平均收入组以及较高收入组的养老金毛替代率稍有上升，分别从 2002 年的 56.9% 和 47.6%，上升到 2007 年的 59% 和 50%。因此，老年人总体的替代率水平有小幅提高。

从各收入组退休前后的收入差异来看，各组退休前收入比为 0.5∶1∶2，2002 年退休后收入比为 0.64∶1∶1.66，2007 年退休后收入比为 0.61∶1∶1.7。可以看出，对于不同收入组人群退休前后的收入差距显著缩小。

从 2007 年的数据可以看出，退休前收入为平均水平的工作者，退休后的毛替代率为 59%。但是各个国家之间存在着明显差距，爱尔兰、日本、英国为新进入劳动市场的劳动者提供不到 35% 的替代率水平，而冰岛、希腊则提供了超过 90% 的毛替代率。奥地利、丹麦、匈牙利、希腊、卢森堡和荷兰的毛替代率在 70%—90% 之间。芬兰、挪威、瑞士的毛替代率与平均水平基本相同。

表 8 – 14　OECD 国家不同收入组的养老金毛替代率变化状况

单位:%

	2002 年			2004 年			2007 年		
	0.5	1	2	0.5	1	2	0.5	1	2
澳大利亚	65.1	40	26.2	70.7	43.1	29.2	67	41.6	28.9
奥地利	78.3	78.3	64.3	80.1	80.1	58.8	80.1	80.1	57.3
比利时	61.6	40.7	26.2	57.3	40.4	23.5	58.1	42	24.3
加拿大	72.4	42.5	21.3	75.4	43.9	22.2	76.5	44.5	22.2
捷克	70.5	44.4	25.4	78.8	49.1	28.9	79.2	49.7	29
丹麦	82.4	43.3	23.8	119.6	75.8	57.1	124	80.3	63.7
芬兰	80	71.5	71.5	71.3	63.4	63.4	66.5	56.2	56.2
法国	84.2	52.9	47.4	63.8	51.2	44.7	61.7	53.3	46
德国	47.3	45.8	37.6	39.9	39.9	30	43	43	32
希腊	84	84	84	95.7	95.7	95.7	95.7	95.7	95.7
匈牙利	75.4	75.4	75.4	76.9	76.9	76.9	76.9	76.9	76.9
冰岛	85.5	52.8	41.3	109.9	77.5	72.9	108.3	90.2	86.1
爱尔兰	61.3	30.6	15.3	65	32.5	16.2	68.4	34.2	17.1
意大利	78.8	78.8	78.8	67.9	67.9	67.9	67.9	67.9	67.9
日本	69.2	50.3	36.9	47.8	34.4	27.2	47.1	33.9	26.6
韩国	60.9	40.6	29.3	99.9	66.8	45.1	64.1	42.1	25.2
卢森堡	116	101.9	95.2	99.8	88.3	82.5	99.4	88.1	82.5
墨西哥	39.1	36	34.4	52.8	35.8	33.6	55.3	36.1	33.7
荷兰	68.7	68.3	68.3	80.6	81.9	82.6	93.4	88.3	85.8
新西兰	75.1	37.6	18.8	79.5	39.7	19.9	77.5	38.7	19.4
挪威	65.3	52.6	38.4	66.4	59.3	42.7	66.2	59.3	42.2
波兰	56.9	56.9	56.9	61.2	61.2	61.2	61.2	61.2	61.2
葡萄牙	103	66.7	65.5	70.4	54.1	52.7	63	53.9	52.4
斯洛伐克	48.6	48.6	48.6	56.7	56.7	56.7	56.4	56.4	56.4
西班牙	81.2	81.2	76.7	81.2	81.2	67.1	81.2	81.2	66.7
瑞典	87.8	64.8	66.2	79.1	62.1	66.3	76.6	61.5	81.3
瑞士	62.8	58.2	33.1	62.5	58.4	30.5	62.5	58.3	30.4

续表

	2002 年			2004 年			2007 年		
	0.5	1	.2	0.5	1	2	0.5	1	2
土耳其	96.2	87.2	71.9	72.5	72.5	72.5	86.9	86.9	86.9
英国	67.4	37.1	22.5	53.4	30.8	17	51	30.8	16
美国	49.6	38.6	28.1	55.2	41.2	32.1	50.3	38.7	28.8
平均	72.5	56.9	47.6	73	58.7	49.2	72.2	59	50

注：0.5、1、2 指的是该组人的收入分别是社会平均收入的 0.5 倍、1 倍、2 倍；毛替代率指的是退休者养老金收入与其在职时期收入的比例，在职收入没有扣除养老金缴费以及税收。

资料来源：OECD, *Pensions at a Glance 2009 : Retirement-Income Systems in OECD Countries*, pp. 60-61；OECD, *Pensions at a Glance : Public Policies across OECD Countries*, 2007, pp. 33-34。

3. 养老金财产

从表 8 - 15 可以看出，第一，无论哪个收入组，女性一生的养老金财产[1]都要比男性多，这主要是因为女性的预期寿命长。

第二，退休前后男性和女性不同收入组之间的收入差距现值都缩小了。2007 年，退休前收入比为 0.5∶1 的男性和女性，一生养老金财产之比分别为 0.62∶1 和 0.61∶1。说明养老金体系在促进收入再分配方面作用比较明显。

第三，养老金体系对男性的收入再分配强度大于女性。2004 年和 2007 年 OECD 国家男性不同收入组养老金财产之比为 0.63∶1 和 0.62∶1，2004 年和 2007 年 OECD 国家女性不同收入组养老金财产之比为 0.62∶1 和 0.61∶1，这主要是因为女性预期寿命长，领取养老金年限长，不同收入组之间的养老金财产差异有所增加。

第四，2004—2007 年间，OECD 国家无论男性还是女性的养老金财产水平都呈现稍微下降趋势，这主要是因为各个国家为了增强养老金体系的财务可持续性，采取了控制养老金水平的政策。

---

[1] 这里所说的养老金财产是将个人退休后可能获得的养老金总值通过一定的贴现率（本书设为 2%）折现为当前时间的总值。表 8 - 15 中数值是将该折现总值与个人一年的总收入进行比较的结果。

表 8 – 15 OECD 国家不同收入组养老金财产与现期收入的比较

	2004 年				2007 年			
	男性		女性		男性		女性	
	0.5	1	0.5	1	0.5	1	0.5	1
澳大利亚	12.5	7.3	14.6	8.4	11.7	6.9	13.7	8.1
奥地利	12.2	11.7	14.2	13.5	12.2	11.6	14.2	13.5
比利时	8.8	6.2	10.2	7.2	8.9	6.4	10.3	7.5
加拿大	11.5	6.7	13.4	7.8	11.7	6.8	13.6	7.9
捷克	13	8.1	15.3	9.5	12.1	7.6	14.3	9
丹麦	19.5	11.9	22.3	13.6	18.5	11.6	21.3	13.3
芬兰	11.2	10	13.2	11.8	10.4	8.8	12.3	10.5
法国	11.5	9.2	13.2	10.6	10.8	9.3	12.5	10.8
德国	7.2	7.2	8.6	8.6	7.2	7.2	8.5	8.5
希腊	14.3	14.3	16.6	16.6	14.3	14.3	16.6	16.6
匈牙利	12.4	12.4	15.4	15.4	12.4	12.4	15.4	15.4
冰岛	17.7	11.8	20	13.3	17	13.7	19.1	15.4
爱尔兰	11.5	5.8	13.7	6.9	12.1	6.1	14.5	7.2
意大利	10	10	10.7	10.7	10	10	10.7	10.7
日本	7.9	5.7	8.9	6.4	7.8	5.6	8.8	6.3
韩国	13.9	9.3	16.6	11.1	8.9	5.9	10.7	7
卢森堡	21.8	19.3	26.6	23.5	21.7	19.2	26.5	23.5
墨西哥	7	4.8	8.5	4.8	7.3	4.8	8.9	4.8
荷兰	14.9	15.1	17.4	17.7	17.2	16.3	20.1	19.1
新西兰	14.7	7.4	17.3	8.6	14.3	7.2	16.8	8.4
挪威	11.5	10.2	13.4	11.3	11.4	10.2	13.4	11.9
波兰	8.4	8.4	8.9	8.6	8.4	8.4	9.5	8.6
葡萄牙	10.5	7.9	12.3	9.2	9.2	8.1	10.7	9.5
斯洛伐克	8.8	8.8	10.7	10.7	8.8	8.8	10.6	10.6
西班牙	12.2	12.2	14.3	14.3	12.2	12.2	14.3	14.3
瑞典	12.6	10	14.4	11.4	12.2	9.9	14	11.3

	2004 年				2007 年			
	男性		女性		男性		女性	
	0.5	1	0.5	1	0.5	1	0.5	1
瑞士	10.7	9.8	13.1	12	10.7	9.8	13.1	12
土耳其	9.2	9.2	10.7	10.7	11	11	12.9	12.9
英国	8	4.6	9.1	5.3	6.8	4.1	7.8	4.7
美国	7.9	5.9	9.2	6.8	7.2	5.5	8.3	6.4
平均	11.8	9.4	13.7	10.9	11.6	9.3	13.4	10.9

注：0.5、1 指的是该组人的收入分别是社会平均收入的 0.5 倍、1 倍。

资料来源：OECD，*Pensions at a Glance 2009：Retirement-Income Systems in OECD Countries*，pp. 41-42；OECD，*Pensions at a Glance：Public Policies across OECD Countries*，2007，pp. 123-124。

4. 缴费率

总体来看，自从 20 世纪 90 年代以来，OECD 国家公共养老金缴费率比较稳定。在 OECD 国家中，21 个国家征收养老保险费（税），平均缴费率从 1994 年的 20% 增加到 2007 年的 21%。其中，1/3 的国家的缴费率在 2004—2007 年间没有变化：奥地利、比利时、希腊、卢森堡、土耳其、美国。德国和瑞士仅有很微小改变。但是，捷克、加拿大、韩国的缴费率有较大上升。与此相反，日本、斯洛伐克、西班牙则降低了缴费率，这可能是希望通过降低劳动税增加就业。

OECD 国家养老金缴费额占 GDP 的比重平均水平是 4.7%。其中，最高的是意大利，达到了 9.4%。尽管土耳其缴费率水平与 OECD 国家平均水平相同，但是仅占 GDP 的 2.2%，说明其正式就业者规模偏小，公共养老金覆盖面狭窄。加拿大的养老金缴费收入占 GDP 的比重仅为 2.7%，这主要是因为加拿大的缴费水平低，仅为 OECD 国家的一半；同时缴费封顶线也很低，在社会平均收入水平附近。

分缴费对象看，OECD 国家雇员缴费收入占 GDP 的 1.8%，雇主缴费占 GDP 的 2.9%。在缴费总收入中，雇主缴费占了 58%，雇员缴费占了 36%，其余的来自于自雇佣者缴费、失业者缴费。雇主缴费收入比较多的是捷克、芬兰、匈牙利、意大利和西班牙。在奥地利、比利时、德国、日本、瑞士和美国雇主和雇员的缴费收入基本相当。最右侧一列反映了养老金缴费收入占政府财政收入的份额。希腊、波兰和西班牙的养老金缴费占到了政府收入的23%—24%。而加拿大、韩国和土耳其的养老金缴费收入占政府财政收入的份额比较低。

表 8 - 16　1994—2007 年 OECD 国家公共养老金缴费率和缴费收入情况

单位:%

	缴费率				2006 年养老金缴费收入		
					占 GDP 比重		占税收比重
	1994 年	1999 年	2004 年	2007 年	雇员缴费	雇主缴费	
奥地利	22.8	22.8	22.8	22.8	3.5	3.7	18.9
比利时	16.4	16.4	16.4	16.4	2.2	2	10.4
加拿大	5.2	7	9.9	9.9	1.3	1.3	8.1
捷克	26.9	26	28	32.5	1.7	5.7	21.2
芬兰	18.6	21.5	21.5	20.9	1.6	6.9	20.5
法国	21.5	24	24	24			
德国	19.2	19.7	19.5	19.5	2.6	2.7	16.4
希腊	20	20	20	20	2.9	3.5	23.9
匈牙利	30.5	30	26.5	26.5	1	4.8	15.7
意大利	28.3	32.7	32.7	32.7	2.2	7.3	22.4
日本	16.5	17.4	13.9	14.6	2.9	2.9	21
韩国	6	9	9	9	1.6	1	9.8
卢森堡	16	16	16	16	2.5	2.2	13.3
荷兰	33.1	37.7	28.1	31.1			
波兰		32.5	32.5	35	4.3	3.7	24
斯洛伐克	28.5	28.5	26	24	1.3	2.3	17.4
西班牙	29.3	28.3	28.3	28.3	1.3	6.6	23.3
瑞典	19.1	15.1	18.9	18.9	2.5	3.6	12.7
瑞士	9.8	9.8	9.8	10.1	2.8	2.7	20.4

续表

	缴费率				2006 年养老金缴费收入		
					占 GDP 比重		占税收比重
	1994 年	1999 年	2004 年	2007 年	雇员缴费	雇主缴费	
土耳其	20	20	20	20	1.1	1.1	8.8
美国	12.4	12.4	12.4	12.4	2.3	2.3	17.2
平均	20	20.7	20.2	21	1.8	2.9	14.1

注：数据空缺表示该国的公共养老金是非缴费型。

资料来源：OECD（various years），Taxing Wages；OECD（2008），Revenue Statistics；Social Security Administration，United States（various years），Social Security Programs throughout the World；OECD pension models and tax-benefit models。

第四节　OECD 国家养老金制度改革的简单评价

一、改革的历程：结构性改革主导第一阶段，增量改革主导第二阶段

总体上，世界银行多支柱理论提出后的十年间，即 1994—2003 年这一阶段，可以看做是结构性改革较多阶段。此期间养老金体制私有化浪潮发展迅速，有 9 个国家建立了 DC 养老金计划，6 个国家建立了 NDC 养老金计划。世界银行所倡导的多支柱体系也在 OECD 国家得到了长足发展和进步。相对而言，结构性改革属于较为激进的改革形式，这些国家通过将一部分责任从政府和国家转化到市场和个人身上，改善养老金制度的财务可持续性。

2004 年以后则主要是参量改革阶段，或者说以技术性调整为主，无体制性飞跃的阶段。在此期间，基本没有出现上一阶段发生的大规模系统性的改革，澳大利亚、爱尔兰、挪威、美国等国家的改革进程趋于减缓，而

另一些国家的改革进程趋于停滞甚至倒退。① 其他一些国家，如德国、澳大利亚、加拿大、日本等国家，普遍通过延迟领取养老金年龄、严格养老金领取条件等手段对养老保险制度进行技术性调整。意大利立法通过的养老金体制改革措施被宣布推迟实施，斯洛伐克允许已经纳入退休供款新计划的职工退回到公共养老金制度，其他一些国家也在讨论类似的后退方案。

改革进程呈现两阶段特点的主要原因有两个：一是 1994 年世界银行提出的三支柱理论是对以往现收现付制养老金模式的结构性变革，适时回应了当时世界上许多国家面临的人口老龄化和养老金财务不可持续问题。因此，为了适应多支柱模式的要求，各国必须对既有的现收现付制模式做出结构性调整。二是 2004 年世界银行五支柱理论提出，是对三支柱理论的完善和修正，而不是颠覆和重建。此外，由于经济发展减缓以及金融危机的影响，2004 年以后 OECD 国家的养老金改革以参量调整为。

二、改革的趋势：减小政府责任，扩大个人责任

20 世纪 90 年代以来，OECD 国家几乎都进行了至少某些养老金制度方面的改革。结果是 16 个国家的平均养老金期望值减少了 22%，妇女养老金期望值下降了 25%。16 个国家中只有匈牙利和英国的平均养老金期望值有所提高。改革前在德国、日本、墨西哥、波兰和斯洛伐克，收入为平均工资一半的职工终生工作后可得的养老金为其退休前收入的 41%，而改革后该比例下降为 32%。这说明近十几年的改革过程中，个人和其他社会主体的养老责任和负担总体上在增加，现在职工需更多依靠自己的力量为日后退休做准备。

另一方面，虽然国家对养老金体系资金投入的绝对数仍然在增加，但是分配到单个老年人的养老金资金相对减少了。总的来看，国家在改革过程中的责任和负担减小了。从政策层面看，不同国家采取了不同的政策路径。法国、葡萄牙、新西兰、芬兰、英国等国通过将公共养老金制度向低收入人群倾斜，保护了低收入者的福利免受削减，但减少了对其他群体的

---

① OECD, *Pensions at a Glance* 2009: *Retirement-Income Systems in OECD countries*, 2009.

养老金承诺，以减少国家责任，同时构筑了社会安全网。而波兰、斯洛伐克等国则使养老金和收入更紧密挂钩，虽然可能减少国家责任，但可能使低收入老年人贫困风险增大。

上述现象总体上阐述了这样一个事实：OECD 国家近些年的养老金制度改革趋势是国家和政府的责任逐步减小，个人与其他社会主体的责任逐步增加。对此，可以给予如下解释：

20 世纪 90 年代以来，伴随着欧洲福利国家发展中各种问题的出现，福利社会作为一个相对于福利国家的概念被提出。福利社会在不同的国家文化背景下有不同的阐述。① 但总体上看，有以下共识：福利社会强调市民社会的自我运作，主张通过非政府组织、社区、家庭和志愿者或者市场机制等多元化供给主体来满足人们的福利需求，以实现人们福利供给的完善；而福利国家则强调国家对于国民的福利保障责任，并通过公共财政和社会政策的手段来运作国家福利体制。②③ 从福利社会与福利国家比较的角度出发，可以认为 OECD 国家养老金体系改革中，国家责任逐步缩小，个人和社会责任增加，更加注重强化市场作用等措施，体现了 OECD 国家从福利国家到福利社会的改革取向。

三、改革的走向：私有化与商品化趋势减缓，再分配性增强

埃斯平·安德森认为第二次世界大战后建立的社会保障体系是一个非商品化的过程。郑秉文考察了 1990—2003 年世界各国社会保障体系，认为养老保险体系在此期间经历了一个"再商品化"过程。④ 根据本书前文分析，确实如其所说，在 1990—2003 年阶段，OECD 国家养老金制度以激进

---

① 林卡：《"福利社会"：社会理念还是政策模式》，《学术月刊》2010 年第 4 期，第 5—11 页。

② 景天魁、毕天云：《中国特色的福利社会》，《人民论坛》2009 年第 10 期，第 46—48 页。

③ 林卡：《走向"福利社会"——"福利社会"概念辨析及其蕴意》，《人民论坛》2009 年第 10 期，第 49—50 页。

④ 郑秉文：《OECD 国家社会保障制度改革及其比较》，《经济社会体制比较》2004 年第 5 期，第 111—123 页。

的市场化、私营化变革为主要特征，体现了"再商品化"的特点。

但是从 2004 年以后，尤其是经济危机以来，"再商品化"进程已经减缓，基本没有出现大规模的市场化、私营化改革。一些国家的改革进程趋于减缓，另一些国家的改革进程趋于停滞甚至倒退①。其原因是前一阶段改革有些矫枉过正，偏离了养老保险政策防止老年人陷入贫困的本原目标；经济危机导致私人养老金计划遇到财政危机。

从 2004 年以后养老金体系结构来看，OECD 国家公共的分配性支柱养老金财产占总养老金财产的份额上升，私营的储蓄性支柱养老金财产占总养老金财产的份额下降。说明 OECD 国家养老金体系的再商品化和私有化趋势减缓，再分配性增强。

四、改革的结果：减少老年贫困，改善财务可持续性

20 世纪 90 年代初以来，OECD 国家养老金制度经历了持续改革进程。其背景主要是世界范围内人口老龄化进程加剧，原有养老金体系财务平衡遇到挑战，对于老龄化危机应对出现困难，不得不通过各种政策措施改革原有养老金制度。从各国政策实践看，无论是结构改革还是参量改革，都是在防止老年人贫困这个前提下，围绕着改善养老金体系财务可持续性、应对老龄危机的目标展开的。

从相关指标来看，在此期间，老年人口的贫困率显著下降，养老金替代率水平小幅上升。总体而言，OECD 国家养老金改革改善了老年贫困状况，基本保障了老年人的生活水平。

另一方面，结构性改革举措，如养老金制度私营化、多支柱化，改善了养老金体系，尤其是公共养老金体系的可持续性。参量性改革手段贯穿于 20 世纪 90 年代以来的整个时期，改革养老金领取条件、改变养老金待遇调整机制、增加养老金体系覆盖面，客观上促进了养老金体系的财务可持续性。

---

① OECD, *Pensions at a Glance: Public Policies across OECD Countries*, 2005, pp. 36-37.

第五节 OECD 国家养老金制度改革
对中国的启示

一、不同性质的养老金计划定位要清晰，政府责任边界要明确

一般认为，养老金计划具有两个主要目标。第一个目标是对退休金领取者进行收入再分配，并防止老龄人口陷入贫困。第二个目标是以适当的水平替代就业收入，帮助劳动者维持退休后的生活水平。虽然各个国家在两个目标的侧重上存在一些差异，但是养老金政策总体上是同时追求这两个目标，只是各自权重不同。世界银行的三支柱体系中，第一支柱的公共养老金计划目标应是提供再分配，缓解老年人贫困；第二支柱和第三支柱旨在维持老年人退休后与退休前生活水平相对稳定。从 OECD 国家的政策实践来看，大多数国家的养老金体制遵循了这个思路，建立了多支柱体系，而且各自功能定位清晰。如澳大利亚，2007 年，零支柱福利金提供 25% 的替代率水平，保障老年人生活不会陷入贫困；强制性的第二支柱超级年金计划提供约为 26.9% 替代率水平，加上自愿储蓄，使其老年生活在免于贫困之上获得更多保障。

从我国养老保险制度来看，基本养老保险中社会统筹与个人账户部分定位和功能的认识还有待深化。我国基本养老保险制度框架分为社会统筹和个人账户两部分，社会统筹实行强制的 DB 模式，个人账户实行强制的 DC 模式，这两部分之间的功能定位没有一个清晰界定，如何设计个人账户与社会统筹部分各项相关指标，如替代率、缴费率等，也没有形成一致认识。

根据世界银行建议，基本养老保险制度与企业年金制度是第一支柱与

第二支柱的关系。从我国实际来看，基本养老保险制度保障水平已经不仅限于第一支柱防止老年人贫困的功能。第二支柱的企业年金发展严重滞后，覆盖面、保障水平一直没有大的提高，没有起到提高老年人生活水平的功能。而这一现实约束了第一支柱养老金保障水平不能下降，因此政府财政负担承重。随着人口老龄化趋势的加剧，这一负担将进一步增加。

可见，由于养老金计划的定位不清晰，我国的公共养老金计划事实上承担了非公共养老金计划的功能，引致养老金体系中政府的责任边界不明确，使得政府不仅对公共性质养老金负有最终责任，实际还对其他性质的养老金计划负有责任，导致政府的责任扩大，财政负担增加。

因此，在我国养老保障体系中，必须对各养老金计划的定位和功能进行清晰界定，并明确政府的责任边界。

二、严格领取养老金条件成为多数国家的共同选择

从前文分析可以看出，为了保障养老保险体系的财务可持续性，应对老龄化危机，几乎各个国家都采取了相应措施严格领取养老金条件，具体手段包括：提高退休年龄、提高提前领取养老金年龄、延长全额领取养老金所要求的缴费年限、将养老金领取标准与预期寿命相关联等。从这些政策实施结果来看，养老保险体系的财务可持续性得到了不同程度的改善。

比照 OECD 国家改革来看我国养老保险制度实践，可以看出我国基本养老金领取条件比较宽松，无论是领取养老金的最低工作年限、缴费年限，还是退休年龄、领取年龄等指标都低于 OECD 国家。同时，作为典型的经济转型国家，我国现有的养老保障体系很不完善，城市和农村的非正式就业者和贫困者绝大部分还未被纳入正式养老保险体系。除此之外还有巨额的隐形债务和个人账户空账问题。这些问题使得我国养老保险的财务可持续性受到了极大的挑战，中远期内面临极大的财政支付压力。

因此，从应对老龄化危机和保持养老保险体系可持续性角度出发，应该参照 OECD 国家，对领取养老金条件做出一定的适应性调整，严格养老金领取条件，改变当前过于宽松的养老金发放标准。借鉴 OECD 国家的政策实

践，可以从如下几个方面入手：一是针对我国退休年龄过低的现实，提高领取养老金年龄。这可以通过逐步分阶段、渐进提高的方式来实现。二是针对当前提前退休普遍，且提前退休者养老金待遇与正常退休者相差无几的现象，严格控制提前退休，并合理减少提前退休的养老金待遇。三是出台相关政策，鼓励延迟退休。如给予延迟退休者一定数量的缴费匹配或者税收优惠等。

三、调整机制常态化、合理化对于养老金体系发展至关重要

OECD 国家的养老金体系建立较早，养老金待遇调整机制发展的也比较充分。养老金待遇的调整主要有三种方式，一是完全根据国民收入增长状况进行调整，如 2000 年以前的丹麦、德国、爱尔兰和卢森堡等国；二是完全根据物价变动状况进行调整，如美国、英国、法国、比利时、日本和意大利；三是将收入增长与物价变动相结合，赋予相应的权重进行调整，如瑞士、匈牙利、波兰、捷克、斯洛伐克等国家。虽然调整方式有所不同，但截至 2002 年，30 个 OECD 国家都建立了养老金待遇调整机制。

从养老金待遇调整机制发展来看，各国政府在养老金调整指数中，更加注重物价因素，而收入因素的重要性有所下降。表现在一些国家从根据收入转向根据物价变动调整养老金，如德国；一些国家在养老金待遇调整机制中增加了物价因素的权重，如芬兰和波兰。这主要是因为物价上涨率低于收入增长率，根据物价调整有助于减缓养老金支出上涨过快。但是必须注意的事实是，OECD 国家总体上经济发展平稳，收入变动与物价变动之间差异不是很大，虽然在调整机制中增加了物价因素，但是总体上养老金水平变化不大。而我国处于快速增长阶段，收入增长与物价增长之间差异较大，且不稳定。因此，我国的养老金待遇调整机制中，如何较好实现收入与物价因素的合理搭配，是必须注意的问题。

我国在 20 世纪 50 年代初制定了固定退休金计划，退休后一旦领取了固定数额的退休金，以后一般就不再变动，这一规定一直持续到改革开放后。20 世纪 90 年代中后期各省市开始进行养老金调整的探索，如上海市 1994

年规定依据 CPI 确定调整幅度，北京市 1996 年规定基本养老金依据上一年本市职工平均工资增长率的一定比例调整。2005 年以后，根据国务院安排，连续五年给退休职工每月增加 100 元养老金，但全国尚未形成成熟的一致的养老金调整机制。在没有预期稳定的养老金调整机制下，老年人唯有减少当期支出，以应对将来的风险，这不利于老年人的生活保障。同时，没有常态的养老金调整机制，对于未来养老金支出的规模和增长速度同样难以做出科学估计，不利于养老保险体系可持续发展。因此，借鉴 OECD 国家实践，我国应该迅速建立正常养老金调整机制。

四、养老金政策的发展是一个不断调整优化的过程

养老金制度的首要目标是提供养老收入、防止老年贫困，促进社会再分配，因此作为一个收入再分配领域的政策，其政策效应的发挥受制于经济社会发展。当国家经济发展比较顺利，可以支配的社会财富较为充沛时，养老金制度发展就比较顺畅。而当社会经济发展趋缓或陷入停滞的时候，养老金制度也必须做出适应性调整。纵观十几年来 OECD 国家养老金制度改革历程，可以发现，没有一个 OECD 国家在此期间没有对养老金制度进行过调整和改变，说明养老金制度发展和完善是一个动态的连续的过程。因此，尽管养老金制度作为一项社会政策而言，应该具有一定的稳定性和连续性，但是由于养老金制度的特殊性，应该允许养老金制度适当的动态调整，以使得养老金制度与社会经济发展相适应和相协调。

因此，在我国养老金制度改革完善过程中，应该克服一些政策长期不变，始终未进行调整的困境。如养老金给付调整机制迟迟未予出台，领取养老金年龄已经明显低于世界平均水平，导致养老金支付压力巨大等问题。

五、私营化不能顺利解决养老金危机，养老金改革价值取
　　向要慎重

纵观 20 世纪 90 年代以来 OECD 国家的养老金制度发展历程，在前一阶段，许多国家采取了以多支柱化、私营化为核心的改革，然而近些年来，

这些国家的私营化改革纷纷减缓，有些国家更是趋于停滞。其外部原因是近些年来部分国家经济发展减缓，私营养老金计划遇到财政危机，其在风险应对方面的脆弱性充分暴露。内部原因则是前一阶段私营化改革过于注重养老金计划对经济发展的促进作用，而偏离了养老保险政策防止老年人陷入贫困的本原目标，导致老年人基本生活难以有效保障。

可见，尽管有世界银行的大力倡导，养老金制度私营化改革在许多OECD 国家的实践结果表明，私营化不能解决人口老龄化导致的养老金危机。养老保障制度的多个目标，不是仅仅通过私营化改革就能解决的。

我国的养老保障制度转轨和改革实际上遵循了世界银行倡导的改革方向：准公共性质的基本养老保险社会统筹账户，准私营性质的基本养老保险个人账户和企业年金。然而，在 OECD 国家纷纷对私营化进行反思和调整的背景下，我国的养老保障体制的发展方向，是沿着既有的路径继续前进，还是对现有制度进行结构性调整，如对低收入群体建立零支柱养老金计划，都是值得深入思考的现实问题。

参考文献

［1］世界银行：《防止老龄危机：保护老年人及促进增长的政策》，中国财政经济出版社 1996 年版。

［2］Beattie, R., and W. McGillivray, "A Risk Strategy: Reflections on the World Bank Report Averting the Old Age Crisis", *International Social Security Review*, Vol. 48, 1995, 1.

［3］高山宪之：《全球性养老保障制度的最新争论与改革动向》，《经济研究参考资料》，2003 年第 4 期。

［4］张熠：《应对老龄化挑战：构建可持续发展养老金体系》，《亚太财经与发展中心工作简报》2007 年第 8 期。

［5］世界银行：《21 世纪的老年收入保障：养老金制度改革国际比较》，中国劳动社会保障出版社 2006 年版。

［6］OECD, *Pensions at a Glance: Public Policies across OECD Countries*, 2007.

［7］约翰·特纳:《OECD 国家社会保障养老年龄: 1949—2035 年》,《经济社会体制比较》2009 年第 5 期。

［8］孟庆平:《养老保险市场化改革: 国际经验与中国政策选择》, 山东大学博士论文, 2008 年。

［9］OECD, *Pensions at a Glance 2009: Retirement-Income Systems in OECD Countries*, 2009.

［10］林卡:《"福利社会": 社会理念还是政策模式》,《学术月刊》2010 年第 4 期。

［11］景天魁、毕天云:《中国特色的福利社会》,《人民论坛》2009 年第 10 期。

［12］林卡:《走向"福利社会"——"福利社会"概念辨析及其蕴意》,《人民论坛》2009 年第 10 期。

［13］郑秉文:《OECD 国家社会保障制度改革及其比较》,《经济社会体制比较》2004 年第 5 期。

第九章 瑞典名义账户制度的启示

本章回顾了瑞典名义账户制度改革的原因、内容及运行的结果。通过分析，我们发现将宏观经济和人口条件内置于制度之中的名义账户制度到目前和可以预见的未来，在解决财务可持续性问题和劳动力市场效率损失方面并没有显示出比改革前的公共年金制度更优越。相反，从个人退休收入保障的角度看，该制度显得更脆弱而不是更安全。这一发现对中国城镇企业职工基本养老保险个人账户是否应该做实以及其他人群在建立社会养老保险时是否应该选择个人账户具有警示意义。

第一节 研究的背景和意义

20 世纪 70 年代石油危机引起的滞涨和人口老龄化同时出现，新自由主义批评社会养老保险制度由于它的公共性质引起效率损失；同时较为有共识的观点认为现收现付的制度不能应付人口老龄化问题。

1979 年英国"合同退出"计划拉开了社会养老保险私有化的序幕。1980 年智利放弃实施了 40 多年的社会养老保险制度，建立了强制性个人养老账户制度，更是社会保障私有化的一个明显标志。1994 年，世界银行在《防止老龄危机》的政策报告中建议社会养老保险成熟的国家降低现收现付的社会保险的权重，建立强制性、积累制的私人养老保险制度（企业年金或个人账户）及自愿性的个人储蓄制度，这就是著名的"三支柱"方案。包括中国在内的十多个国家进行了或多或少的结构性改革，建立了强制性积累的个人账户制度。只是由于种种原因，除东北三省外，中国的个人账户并没有做实。

由于从现收现付制度转向积累制度需要巨额的转制成本，对于许多国家来说不具政治和经济上的可行性，名义账户制度被创造出来了，瑞典、波兰等六国陆续建立了名义账户模式。

所谓名义账户就是非积累的个人账户制度，个人未来的退休收入取决于个人账户的名义积累额（DC 计划），但当期缴费并不用于积累而是用于上一代退休人口的退休金支付，即在财务上它仍然是一个代际转移支付制度。相对于社会保险而言，它是私有化了的强制养老制度。

1998 年瑞典创造了名义账户制度，2003 年世界银行在瑞典组织了相关讨论会，并积极推荐这一制度，使得这一制度在理论上和实践上的影响力随之扩大。国外有学者认为这一制度实现了现收现付制度和个人账户制度的结合，个人账户制度能克服效率损失问题，又可实现老龄化情况下财务的长期可持续性，一举双得；而现收现付制度使得转制无需像智利那样支付成本。国内有学者认为名义账户模式应该成为中国的一种理性选择（郑秉文，2003）。

但是，我们的研究发现，经过十余年的发展，瑞典的名义账户制度的实践并不支持制度设计的理论和目标，也并不像制度早期学者们想象的那样一举多得。

文献研究可以发现，几乎没有对瑞典经验数据的评估，但名义账户一举多得的"优越性"在中国却深入人心。笔者有机会参与社会保险立法第一稿、第二稿的相关研讨会和国家相关部委关于社会保障"十二五"规划的研讨，深感强制性个人账户（私人养老保险）具有激励作用和"空账"比实账更好的思想对立法和相关政策的制定影响很深。

有鉴如此，我们认为有必要详细介绍瑞典模式的来龙去脉，尤其是将其制度运行的机制和运行的结果呈现出来，并给出分析和评价，以此抛砖引玉，也供中国养老保险政策制定者参考。

第二节 瑞典名义账户制度的由来及
制度机理的分析

一、瑞典名义账户制度的由来

各国对社会养老保险制度进行结构性改革的理由无非是财力不可持续、人口老龄化以及效率的损失等等。高收入国家主要是因为面临人口老龄化下的财政压力问题，当然效率损失问题也是原因之一，如英国；更多的国家主要是因为经济体制的转型，旧制度与新经济体制不相适应，如波兰、中国、智利及其他一些拉美国家。

瑞典进行社会养老保险制度改革的理由主要是基于效率损失的认识，财政和财务的压力在其改革的时点上并不构成改革的理由。笔者以为，瑞典的社会养老保险私有化与其说是该制度走到了尽头还不如说是政党更替的产物。应该说，瑞典的社会养老保险制度是一个成本不高的制度，它以较低的费率为退休人员、残障人口和遗属提供了较高的保障水平。导致这一制度改革的原因是认为其扭曲了劳动力市场、损害了效率。人们认为待遇与缴费之间模糊不清的关系，一方面会产生不合理的代内再分配，一方面会形成"税收楔子"造成"福利损失"，加剧对劳动力市场的扭曲作用。从公共养老金向名义账户的转变不仅有助于改善效率，而且有助于人口老龄化下的长期财务平衡。

1932 年之后的绝大多数时间里，瑞典社会民主党是执政党。在社会民主党自由、平等、团结的基本价值观下，瑞典成为典型的高福利国家。在高福利框架下的养老保障制度由两部分构成：一部分是 1914 年建立的国民年金（Folk Pension，FP），这是一个普享制度，凡65岁以上且在瑞典居住40年者皆可享受，其资金来源是雇主和政府，两者各出资雇员工资的6%和2%，这一制度相当于世界银行所称的"零支柱"；另一部分是1960年建立的收入关联的养老金计划（Supplementary Pension System，ATP），这是一种俾斯麦模式的社会养老保险制度（又称待遇确定型计划，DB），这一制度相当于世界银行所称的"第一支柱"，它不仅为退休人口提供退休金，还为残障人口和遗属提供年金，其资金来源为雇主缴费。考虑到人口老龄化问题对制度的财务影响，制度实施的是收大于支的部分积累制。至20世纪90年代早期，雇主缴费的费率为雇员工资的13%，雇员有30年缴费记录的话，可获得相当于其工资记录中最高15年的平均工资的60%作为养老收入。同时，制度拥有一笔相当于五年养老金支付的结余，这笔结余成为改革后新制度的"缓冲基金"。

可见瑞典的养老保障制度具有结构简单、高保障水平的特点，同时第一支柱的成本不算高，也不存在政府财政压力和制度财务的压力问题。1990年社会民主党政府任命的养老金委员会曾提出参量改革的建议。1991年社会民主党的执政地位被四党组成的自由保守联合政府取而代之。新政府任命一个议会小组研究养老金改革，该小组建议对瑞典养老金制度进行结构性改革，1994年改革建议获得通过，1996年开始启动执行程序，1998年以名义账户制度（Notional Defined Contribution，NDC）为核心的新养老保险制度通过立法并获推广，至此新制度替代了原有的国民年金和收入关联养老金计划。

二、瑞典名义账户的内容

瑞典名义账户制度是一个多党博弈的结果，它的主要目标有两个：一是提高效率，二是在不提高费率的情况下在长期内保持财务稳定。该制度通过个人账户将个人的贡献与退休收入联接起来，多缴多得，实现"公平的待遇给付"，可以纠正社会养老保险中的劳动力市场扭曲问题；又因为制度是固定供款计划，即退休收入由账户的积累决定，所以制度可以长期内实现财务稳定。这一制度可以解决旧制度下现收现付带来的长期内财务不稳定问题。第一目标属于价值判断，后面我们将用数据检验这一思想的正确性，这里我们先介绍名义账户制度的内容及财务稳定的机制，即"自动平衡机制"。

瑞典政府仍然称其为公共养老金制度，但在笔者看来，1998 年瑞典正式实施的新的养老保险制度是一个彻底私有化了的制度。这个制度由名义账户和积累账户组成，只因为名义账户的权重大，所以人们通常以名义账户制度来称呼它。

新制度由名义账户和积累账户（Fined Defined Contribution，FDC）组成，新制度分别向雇主和雇员征收适格收入 10.21% 和 7% 的费用，由于记账基数不考虑个人缴费，新制度折合缴费率为 18.5%（即（0.07 + 0.1021）／（1 − 0.07）＝0.185）。其中，16% 进入名义账户，2.5% 进入积累账户。两部分账户最大的区别就在于：积累账户对个人缴费进行投资运营以期实现保值增值，而名义账户并没有实际的资产积累，工作一代的缴费仍用于当期养老金支付，只是将缴费名义性的计入工作一代的个人账户，且每年根据平均工资增长率对其账户余额进行指数化计息。当计划参与者达到 61 岁，即可开始领取养老金，此时，个人账户上积累的总价值将转换成年金发放。初始年金由个人账户总价值和体现预期余命的年金除数决定。瑞典实行弹性退休年龄，养老待遇水平会随着退休年龄的推迟而提高。改革之初，瑞典政府在法案中明确规定（Government Bill 1993/94），在 2% 的经济增长条件下，所有满足工作年限条件的人在退休时可以享受到相当于其工作最后一年工资 55%—65% 的养老金待遇。新制度中，残障和遗属养老金被分离出来，由财政负担，实现了养老保险制度财务上的独立性。另外，新制度中还设有老年保障津贴制度（Guarantee Pension），向没有收入关联养老金或收入关联养老金不足的老年人口提供基本生活保障，其资金来源于财政。

名义账户的权重大，对个人的退休收入起决定作用的是名义账户积累起来的名义的本利和。名义账户的名义利息率是盯住社会平均工资增长率的，这可以使退休收入分享经济增长的成果。但问题是，名义利息率是否每年都能盯住工资增长又取决于制度的长期资产/负债情况，如果资产/负债情况恶化，计息率将会下降。

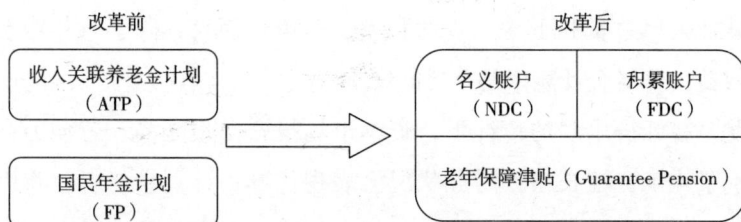

图 9－1　瑞典社会养老保险制度的演变

三、名义账户自动平衡机制

瑞典模式最为人津津乐道的是它的自动平衡机制，认为其解决了人口老龄化情况下养老保险的长期财务平衡问题。瑞典改革的目标之一是在稳定的费率下实现长期的财务稳定。由于费率是已知的，名义账户的计息率是盯住工资增长率的，考虑到劳动力规模、预期寿命的提高、缓冲基金的投资风险等因素，短期内可能出现资产负债不平衡问题。所谓自动平衡机制是在既定费率的情况下，以 75 年作用预测期，当长期内制度的资产与负债不平衡时，该机制自动启动，降低或提高名义账户的计息率，以达到制度长期内的资产负债平衡，即达到制度财务稳定的目标。

制度设计了平衡率来表示平衡状态，当平衡率小于 1 时，表示长期内负债大于资产，自动平衡机制将启动，名义账户计息率相应降低，直到平衡率恢复到 1。

平衡率 ＝（缴费资产价值 ＋ 缓冲基金）/养老金负债

上式中，分子为总资产，总资产由缓冲基金的资产价值和缴费资产价值组成。缓冲基金包括改革前的社会养老保险制度留下的资产及其投资收益、当期缴费的结余，投资收益对缓冲基金的意义重大；缴费资产价值

（缴费额与存续期的乘积）滚存而成；总负债由名义账户下在职者积累的权益以及对退休者将要发放的养老金组成。

在资产项目中，缓冲基金的资产价值变化主要取决于缓冲基金的投资收益率；缴费资产价值在参保率既定的情况下，影响当年缴费额的因素主要包括就业人口总量和平均工资增长率。对负债而言，除了每年缴费计入养老金权益，养老金计息率是重要的影响因素。

因此，在经济乐观的情况下，资本市场投资回报率高、劳动力市场失业率低、平均工资增长快，财务状况会表现优异，计划参与者也将因此而受益。但如果遇到经济萧条期，情况就会相反。不幸的是，所有不利的因素在 2000—2002 年及 2008 年都发生了。

第三节 瑞典名义账户制度运行情况及其分析

从 1994 年瑞典名义账户制度试运行以来已积累了十多年的数据，从 1998 年通过立法以来也有十余年的历史，虽然从更长的时间看我们不知道制度的结果会是怎样的，但从已有经验数据看，瑞典的新制度出现了比预测负面的结果：

第一，平衡率小于 1，自动平衡机制 2010 年启动，名义账户资产将计负利息率。财务的可持续性是瑞典养老保险改革的一个重要目标。2008 年前的养老金年度报告均预测：只有在悲观情况下，2020 年开始才会出现负债大于资产的情况，这时自动平衡机制才会启动。而中性和乐观的预测中，平衡率不仅不会低于 1.0，而且能在 2050 年前超出 1.1，即资产大于负债。但 2008 年，萧条的宏观经济状况显示，改革方案中最悲观的预测也过于乐观了：2008 年，制度的平衡率为 0.97，即负债大于资产 3 个百分点。自动平衡机制于 2010 年开始启动。这就是说，该制度在改革后的第十年第一次出现负债大于资产的情况，比最悲观的预测提前了 10 年。自动平衡机制的启动意味着制度的长期财务状况将得以平衡，但对个人账户拥有者则意味着退休权益的下降。2010 年，他们的名义账户资产总额将按 -3% 的利率计息。

第二，名义账户计息率陷两难境地。名义账户上没有实际资产，利息只能是名义的。如果计息率低于工资增长率，则在其他条件不变时，对受益人是一种利益的侵害，且退休收入必然盯不住预期的水平；名义利息率盯住工资增长率时，受益人的退休权益是有保障的，但制度的负债积累太快。长期内，制度的收支平衡要么选择继续提高费率，这与改革的初衷不符；要么启动平衡机制，给个人账户计负利率，这样，工资指数化的计息率就成为一纸空话，受益人的权益受损，退休金水平将下降。名义账户的计息，无论高低，都是无源之水。

第三，缓冲基金的规模下降。缓冲基金受到资本市场的侵蚀，由改革之初 5 年的养老金给付能力[①]降低到如今的 3.55 年。由于婴儿潮时期出生的人口逐渐达到退休年龄，2009 年瑞典养老金将进入当期收不抵支的历史阶段，这就意味着缓冲基金的消耗期从此开始。因此，作为财务平衡重要保障的缓冲基金将面临更大的保值增值压力，这也给财务可持续性提出了更严峻的挑战。

第四，养老金水平将比预测中下降更快。根据橘皮书提供的数据计算，2005—2008 年间，瑞典养老保险制度退休人员的养老金替代率[②]以每年 1% 的速度下滑。改革方案中，中性预测方案显示：1940 年出生的人口达到 65 岁退休时的养老金水平为社会平均工资的 64%，1990 年出生的人口的同一指标将下降到 53%（Social Insurance Agency，2009）。但由于自动平衡机制的提前启动，并且积累账户的实际投资率大大低于改革时的估计，未来的

---

①　养老金给付能力指现有的缓冲基金资产在不增加缴费资产、不获得投资收益的情况下，按照同年养老金待遇水平可以应对多少年的养老金支付，具体是通过计算缓冲基金资产与当年养老金支付总额之商来表示。

②　指 65 岁新增退休人员平均养老金与当年社会平均工资之比。

退休金水平不可避免地比预期的还要低。

据我们观察，名义账户制度运行结果与预测之间的差距可能产生于两个方面：

第一，预测中忽略了劳动力市场就业状况的波动。我们观察到，在各种改革方案的预测中，均采用了固定的就业率和覆盖率假设，这是由瑞典高就业的传统决定的。当经济萧条期的失业增加时，因为缴费人数的减少，制度的收入就会减少，2008—2009 年瑞典失业率高达 10%，比平时的水平高 7 个百分点左右，这使得制度当期收入大幅下降。

第二，预测采用的假设过于乐观。瑞典改革方案的乐观既表现在它对实际工资率的低估也表现在它对投资收益率的高估。制度对长期财务状况悲观、中性和乐观三种状况的预测基于三组不同的工资增长率（即名义账户计息率）和积累账户投资收益率，分别为：1% 和 1%、1.8% 和 3.25%、2% 和 5.5%。除了悲观状态，中性和乐观的预测中，工资增长率低于账户收益率。表 9-1 中，一方面，名义账户计息率是盯住工资增长率的，当实际计息率高于预测中的工资增长率时，则意味着制度的负债增长高于预期；而另一方面，缓冲基金的实际投资收益率被大大高估了，影响了资产的增值水平。名义账户计息率的复合年均计息率是 3.10%，而缓冲基金的实际复合年均收益率仅为 1.69%。也就是说，从制度的层面看，制度的资产增长慢于制度的负债增长，这是在实践中制度比预测早 10 年启动自动平衡机制的重要原因之一。

对于账户所有者个人而言，在费率一定时，退休水平取决于名义账户的计息率和积累账户的实际投资收益率。上面分析了，由于平衡机制的提前启动，2010 年名义账户部分将不能按实际工资增长率记息，而只能记 -3% 的利息，这意味着过去积累起来的名义资产将缩水 3%。目前管理当局还不能确定什么时候制度能够平衡。而个人账户在过去的十几年内实际的复合年收益率只有 0.12%（据表 9-1 计算），大大低于预测的收益率，更是低于实际工资增长率。这样，个人退休水平一定会比预测的情况更糟糕，这是毫无疑问的。

表9－1　瑞典名义账户计息率、积累账户收益率和缓冲基金收益率

单位:%

年份	1995	1996	1997	1998	1999	2000	2001	2002	2003	2004	2005	2006	2007	2008
名义账户计息率	1.8	1.8	2.8	3.4	1.7	1.4	2.9	5.3	3.4	2.4	2.7	3.2	4.5	6.2
积累账户收益率	4.6	4.6	4.6	5.0	3.7	0.7	−8.6	−31.1	17.7	7.9	30.5	12.2	5.3	−34.3
缓冲基金收益率							−4.1	−15.1	16.6	11.0	17.7	10.8	4.4	−21.6

资料来源：收入指数和实账积累制收益率数据来自"How the National Pension System Works", *Orange Report*: *Annual Report of the Swedish Pension System* 2008, pp. 12.；通货膨胀率来自瑞典统计局官网 http://www. ssd. scb. se/databaser/。

第四节　瑞典名义账户制度的评价

瑞典进行社会养老保险制度改革的主要目标是人口老龄化下财务的长期可持续性和市场效率，而强调效率则不可避免地涉及再分配或"社会公平"问题。在分析了瑞典名义账户的来由、现状及其运行的机理之后，我们在这些方面进行一些粗浅的评估。

一、新制度再分配性质减弱

瑞典新制度中仍然保留了一些再分配的性质，再分配发生在下列情况下：第一，计划参与者在照顾儿童、服兵役、接受高等教育期间，可以在账户上获得相应的养老金权益，这部分费用由国家财政负担，因此也被称为非缴费性养老金权益；第二，名义账户制对死者账户余额所形成的继承收益在与死者同龄的生存者之间进行再分配，形成了短寿者向长寿者的再分配，这也是预防长寿风险的手段；第三，瑞典名义账户使用无性别差异的年金除数，因为女性比男性更长寿，这就意味着男性向女性进行再分配。

但相较于瑞典传统的社会养老保险制度，新制度再分配性质大为削弱。瑞典养老保险制度改革本质上是私有化，通过"精算公平"将个人收入在一生内进行平滑分配，将养老责任转移给个人，失去了养老保险使财富由富人向穷人进行再分配的功能，也失去了分散风险的能力。

如果我们将保费收入（新制度还要加上缓冲基金）看做是制度的投入，而保障的风险因素及保障水平看做是制度的产出的话，到目前为止，我们可以说，改革后的制度比改革前的制度成本更高、收益更低。1960 年建立的收入关联制度在 20 世纪 90 年代早期以工资 13% 的缴费率，为养老、残障人士和遗属提供了保护，其中养老金替代率高达 70%，并且有大约五年的支付结余。

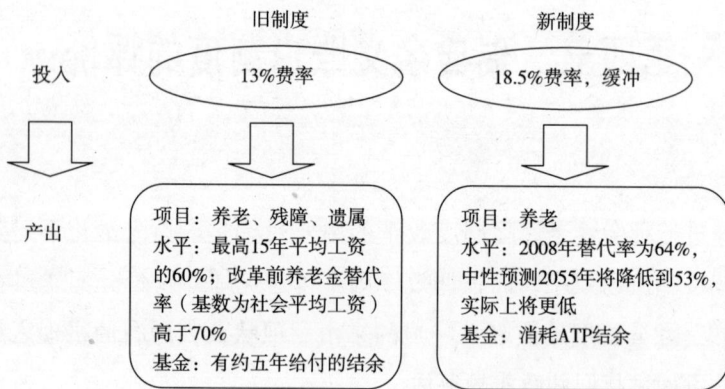

图 9 - 2　瑞典养老保险新旧制度投入产出比较

而反观新制度，它在继承了旧制度的缓冲基金的同时，大幅提高了缴费水平，在产出上降低了待遇水平且减少了保障项目，残障和遗属分离出来交由政府另外出资管理。从养老金的保障水平看，改革方案预期的养老金替代率到 2050 年将下降为 53%，而从近十年运行的结果看，实际的替代水平会下降得更快。

由于上文所指出的预测假设有乐观估计的问题存在，养老金下降的程度可能被低估，未来的不确定性增大。风险没有在制度中得到有效的分散，那么保险存在的意义就会受到质疑。

二、财务的长期稳定性以高缴费率和低替代率为代价

私有化的主张者们认为，个人账户只与个人终身收入相关，与人口年龄结构无关，因此可以化解人口老龄化风险。而且资本市场带来的丰厚的投资回报率将有利于养老保险制度的可持续发展（世界银行，1994）。

瑞典的经验告诉我们，个人账户制度的实施确实可以有效的保证财务的长期平衡，但它是以高缴费、不断降低的养老金替代率为代价的，如果不提高费率和降低退休水平，个人账户制度下的财务稳定也是不可能的。"养老保险财务的可持续性的评判不应该只是制度的收支平衡，还应该包含合理的负担水平和合理的替代水平，如果以更高的负担水平和更低的保障水平为代价，养老保险的财务收支平衡是没有意义的。"（李珍，2010）也就是说，我们需要认真的区分财务可持续性和制度可持续性这两个概念，财务可持续性绝对不应该成为养老保险制度追求的唯一目标。

另外，从瑞典2001—2008年的历史数据中我们可以看到个人账户面对经济波动时的脆弱性。随着经济全球化的深入，经济周期还将进一步缩短，这也意味着未来不确定性和风险的升级。面对可能出现的老年贫困问题，政府是袖手旁观还是出资援助，问题又回到了原点，企图通过个人账户转移出去的责任又将回到政府身上。

瑞典的例子提示我们，个人账户制度并不能解决人口老龄化的风险，如果通过提高费率和降低保障水平来维护制度的长期财务稳定的话，设计精良的 DB 计划（公共年金）也能做到（Axel，2006；Barr，2006）。

三、个人账户的效率没有得到证明

按照新经济自由主义的理解，公共年金计划强调的是"社会公平"，个

人缴费与退休收入的关联不紧，因而鼓励人们"搭便车"，人们倾向于少缴多得，所以会选择提前退休，这是对劳动力市场的扭曲，是效率损失。瑞典改革的初衷恰是要改变效率损失的局面。改革者认为，个人账户制度按照精算公平的原则将待遇与缴费紧密的联系起来，这种"多缴多得，少缴少得"的宗旨与弹性退休年龄相结合可以激励人们延迟退休，以提高劳动力市场的效率。这一理论至少从逻辑上讲是可以立得住脚的，但却没有得到瑞典案例的证明。瑞典的法定退休年龄是65岁，但制度允许个人选择提前或推迟退休，当然养老金水平会与退休年龄紧密相连，退休越早养老金水平越低，退休越晚则养老金水平越高。制度设计者认为在精算公平的制度下，受益人会倾向于选择推迟退休，但事与愿违，数据表明越来越多的人倾向于选择提前退休而不是相反。在表9－2中，从年龄组来看（纵向），随着出生年份的后移，选择提前退休的人所占比重越来越大，且退休的年龄越来越早；从时间序列来看（斜向），每年新增退休人员中，61—64岁的人口所占比重从2002年的9.4%（3.0%＋2.2%＋2.1%＋2.1%）上升到2008年的21.8%（6.3%＋4.7%＋5.1%＋5.7%），这显然与个人账户的设立初衷背道而驰。虽然我们不知道影响人们提前退休的原因，但我们可以肯定，个人账户制度对激励和效率的作用估计过高了。

表9－2　瑞典不同出生年龄组初次提取养老金的年龄分布

单位:%

出生年份	初次提取养老金年龄									
	61 岁	62 岁	63 岁	64 岁	65 岁	66 岁	67 岁	68 岁	69 岁	70 岁
1938	3.7	2.3	2.3	2.1	77.4	4.0	3.2	0.8	0.3	0.3
1939	4.0	1.9	2.1	2.3	75.8	6.3	2.3	0.8	0.3	
1940	3.1	2.2	2.5	3.2	76.1	4.9	2.5	0.7		
1941	3.0	2.3	3.1	3.7	73.3	6.1	2.7			
1942	3.6	3.0	3.5	3.9	70.9	5.9				
1943	4.2	3.2	3.6	5.3	66.7					

续表

出生年份	初次提取养老金年龄									
	61 岁	62 岁	63 岁	64 岁	65 岁	66 岁	67 岁	68 岁	69 岁	70 岁
1944	4.8	3.3	4.5	5.7						
1945	5.2	4.1	5.1							
1946	6.0	4.7								
1947	6.3									

资料来源："How the National Pension System Works"，*Orange Report*：*Annual Report of the Swedish Pension System* 2008，p. 10。

第五节　总结与讨论

瑞典的社会养老保险私有化改革，是以效率和财务制度稳定为主要目标的。说到效率，到目前为止的实践数据显示"精算公平"的个人账户制度在此方面并没有显示出优越性。放眼看世界，这一结论也是适用的。南美洲所有的国家在全部或部分私有化养老保险后，覆盖率无一例外地大幅下降，这与改革的理论是相背的（改革者认为，由于"多缴多得"，"搭便车"的行为会减少而覆盖率将会提高）。至于名义账户，人们认为其可取，是因为不用支付转制成本就可以完成转制。笔者认为，名义账户只是完成了由待遇确定型（DB 计划）向缴费确定型（DC 计划）的转变，而没有实现现收现付向积累制度的转变，算不上是真正的转制。而瑞典的例子表明，名义账户制度的财务稳定是以比公共年金制度更高的费率和更低的退休收入为代价的，不是一个更经济的制度。如果退休金下降到不能接受的地步，进一步提高费率将是不可避免的。从上面我们的分析可以看出，名义账户制度的计息是一个无源之水，计息是高是低都不能保证受益人的利益。换句话说，名义账户制度并不能在不提高费率的情况下有效率地平滑个人的终生收入。

我们观察到一个有趣的现象，1993—1994 年，政治家在游说改革时许诺受益人在改革后可以获得本人最后工资的 55%—65% 的养老金，在改革实施后的预测中，未来的养老金水平变成了社会平均工资的 53%，而且社会平均工资是大大低于本人的最后工资的。而实际的运行结果则是保障水平比预测的情况更低。改革的实际结果远没有政治家们宣传的那么理想。

当然，中国仍可以从瑞典养老保险制度改革中吸收一些好的经验，这主要表现在技术层面而非制度层面，具体来说就是其严谨真诚的管理态度和公开透明的信息披露，这对计划参与者了解制度、研究者进一步探讨制度十分重要。

瑞典名义账户制度对于中国来说，有两点实践的意义：对于已经建立了个人账户制度的城镇企业职工养老保险，应该尽早做实个人账户并进行市场化运营管理，尽可能追求资金的保值增值；对于还没有建立强制性个人账户的人群，如农民工、农民及公务员、事业单位的职员，不要期望通过个人账户来解决老年收入问题。正如笔者几年前指出的，"三十多年来改革的实践已经证明，社会养老保险制度的问题并不能靠私有化来解决。"

最后，笔者认为公共年金制度在人口老龄化情况下进行改革是必须的，参量改革应该比结构性改革公平与效率损失更小，比如提高退休年龄、更长的缴费年限、基本的保障而不是高水平的保障等等，都是行之有效的办法。

参考文献

［1］ Axel H. Börsch-Supan, "What are NDC Systems? What do They Bring to Reform Strategies?", in Holzmann, R., and E. Palmer(eds.), *Pension Reform: Issues and Prospects for Non-Financial Defined Contribution(NDC) Schemes*, Washington D. C. ：World Bank,2006.

［2］ Barr, N., "Non-Financial Defined Contribution Pension：Mapping the

Terrain", in Holzmann, R. , and E. Palmer(eds), *Pension Reform：Issues and Prospects for Non-Financial Defined Contribution (NDC) Schemes*, Washington D. C. ：World Bank, 2006.

［3］ *The Swedish Pension System Annual Report (2008 – 2001)*, Stockholm：Social Insurance Agency, 2002 – 2009.

［4］ The World Bank, *Averting Old Age Crises*, Oxford Press, 1994.

［5］李珍：《关于社会保险私有化的反思》，《中国人民大学学报》2010 年第 2 期。

［6］郑秉文：《"名义账户"制：我国养老保障制度的一个理性选择》，《世界经济与政治》2003 年第 5 期。

第十章　英国养老金私有化改革的
历程与评价

　　英国是最早建立社会福利制度的国家之一，是典型的欧洲高福利国家。英国较早地开始发展多支柱、多层次养老金体系，至今，已经是欧洲乃至全世界养老保障支柱、保障层次最多的国家之一。早在 1961 年，英国就开始在国家基本养老金（BSP）之外建立国家补充养老金（即今天的 S2P）。同时，英国也是最早进行养老金私有化改革的欧洲国家之一，该国从 1978 年开始立法，允许雇主和雇员选择从国家补充养老金中"协议退出"（Contract out），并给予税前扣除的优惠，鼓励建立雇主支持的养老金或者个人账户养老金（对于没有雇主支持者）。

　　"协议退出"带来的保障水平下降、养老金收入差距拉大、基金管理费用高等问题的日益显现，加上退出比例本身也呈下降趋势，人们越来越倾向于回到依靠国家养老金的老路上来。政府在新的改革中再次推行均等化，提高制度的再分配性。这一改革历程凸显反复、频繁、复杂，一方面无疑给个人带来了风险，造成了损失，徒增改革成本；另一方面，人们无法预知未来的养老金水平，不利于做出合理的终身储蓄安排。

　　30 多年过去了，伴随着养老金私有化改革的理论研究和实践探索，也引发了不少争论。本轮国际金融危机给一些国家的养老基金投资运营带来了巨大损失，更引发了国内外专家学者对养老金私有化改革前途的讨论。籍此，我们以英国这一较早进行私有化改革的典型国家为例，分析其在私有化过程的效率效果、利弊得失，希望能够重新唤起人们对养老金私有化改革的认识，从而能更为客观、冷静地看待这一进程。

第一节　英国养老金私有化改革历程及现状

社会制度的建立、改革与发展往往不是线性的，都带有一定的曲折性、复杂性。英国的养老金制度更是如此。从建立雏形至今，伴随着政党轮替、政府更迭，英国的养老保险制度无论在结构上，还是在参数方面，都已历经多次修改、变革。这给全面、准确地解析英国的制度带来了不少困难。尽管如此，我们还是可以从两个角度把握这一改革历程：纵向上的时间历程，以及横向上的制度架构。

首先，从纵向时间历程上看，养老责任在转移。私有化改革中，政府通过税费优惠，鼓励建立私人部门养老金（主要是企业养老金计划）来降低政府财政负担，并要求企业提供至少与政府养老金同等水平的养老金，从而使企业承受了与政府同样的负担。企业为了享受税费优惠并减轻由此带来的日益增加的支出负担，逐步改待遇确定型计划（DB）为缴费确定型计划（DC），从而最终向个人转移风险和责任。下文首先介绍私有化改革前后的制度演变情况。

其次，从横向结构架构上看，改革逐步形成了三支柱模式。英国是福利制度起步较早的国家，但直到 20 世纪初，对于老年人普遍资助项目也只有《济贫法》中的相关规定。1925 年才第一次出台了缴费型的养老金法案。此后，覆盖范围逐步扩大，保障水平逐步提高，到 1979 年养老金私有化改革前夕，英国基本形成了覆盖范围较广、待遇较慷慨的养老金体系。这一体系主要包括缴费型的国家养老金和非缴费型的国家养老金两大类（或三支柱）。其中，缴费型的国家养老金占主导地位，主要包括两个计划，即：第一支柱，国家基本养老金（Basic State Pension, BSP）；以及第二支柱，国家收入关联型养老金（State Earning Related Pensions, SERPS）。以上两个计划（支柱）的缴费主要来自于国民保险费（National Insurance Contribution，NIC）。非缴费型的国家养老金，主要指最低养老金保障计划（Minimum Income Guarantee，MIG），该计划是作为国家基本养老金的补充。按照世界银行的划分标准，这一计划可以视为零支柱范畴。除了上述国家养老金计划外，这一时期其他的私人养老金项目基本处于小型、分散、自治状况。

一、第一支柱，国家基本养老金制度（BSP）

到第二次世界大战爆发时，英国基本均等的国家养老金权益的基础已经建立，但还不具有广泛性，且待遇水平较低（每周 10 先令的均等待遇水平）。1942 年，威廉·贝弗里奇的报告《社会保险和联盟服务》为战后从摇篮到坟墓的福利国家画出了蓝图，提出建立个人供款与养老金待遇之间的联系。1946 年，新上台的工党政府基于贝弗里奇的这一提议，建立起覆盖广泛的、基于国民保险费的待遇均等的社会保险系统，国家基本养老保险是其中的一个重要方面。2009 年 4 月，基本养老金水平为个人每周 90.7 英镑，夫妇每周 145.05 英镑。领取全额基本养老金的资格年限分别是男、女缴纳 44 年、39 年的国民保险费（NIC），2007 年养老金法案将这一年限统一降至 30 年。低于这一年限，降低基本养老金水平。

二、第二支柱，国家收入关联型养老金（SERPS）

这一计划是由在 1961 年设立的补充国家养老金即国家等级退休金计划（Graduated Retirement Benefit Scheme）发展而来，该计划是当时为保障国民保险基金的支付能力而设立的（鼓励人们额外多缴费），但是人们很快就发现这个补充计划不能建立一个充足的第二支柱养老金，并将建立第二支柱的目光逐步转向了职业年金。最终，该补充计划先后在 1978 年和 2002 年分别被国家收入关联型养老金计划（SERPS）和国家第二养老金计划（S2P）所替代，但待遇仍然依缴费等级而定。正是 1961 年补充型养老金的建立，国民保险缴费（NIC）的来源第一次变成了两部分：部分收入关联型的，和在基础之上的额外缴费。这一支柱养老金从建立之日起，就有一个特征，即可以从该计划中"协议退出"。这一特征出自撒切尔首相的改革。在石油危机带来的"滞涨"，以及新自由主义思潮泛起的背景下，1979 年，以撒切尔为首的保守党上台后，突出强调市场的作用，主张减少国家对经济的干预，通过大规模私有化，减轻政府沉重的社会保障负担，合理弱化国家在社会保障方面的责任和地位，将所承担的养老责任转向私营部门[1]，同时提出大力发展职业养老金和个人养老金。这一改革过程通常被称为养老金私有化改革，其主要特征是"调结构"，即利用政府在国民保险费等方面的税费优惠，鼓励建立雇主职业年金，或者其他类型的个人账户养老金，其中一个特别的政策即为从国家养老金的补充养老金（S2P）中"协议退出"。因此，经过多年的发展，现在的第二支柱既包括政府举办的 SERPS/S2P 计划，也包括经过"协议退出"而建立的企业计划或个人计划等，涵盖范围较广。

三、零支柱，最低养老金保障计划（MIG）

该计划是国家基本养老（BSP）的补充，用以弥补那些收入低于最低养老金标准的人，主要针对一些特殊项目和缺乏收入的特殊群体，例如低收入者、房屋租赁者等，遵循家计调查（Means-Tested）的给付原则。

历经撒切尔、布莱尔等政府的多次改革，英国基本形成了上述的三支柱模式。当然，目前英国还存在一些不同类型的个人自愿性质的养老金计划，按照世界银行的五支柱划分模式，这些属于第三支柱。鉴于这部分较为散、小，这里不作详细介绍和分析。目前英国养老金的架构大致如图 10-1 所示。

---

[1] 臧忠生：《聚焦英国社会保障制度（中）》，《中国劳动保障报》2002 年 2 月 7 日。

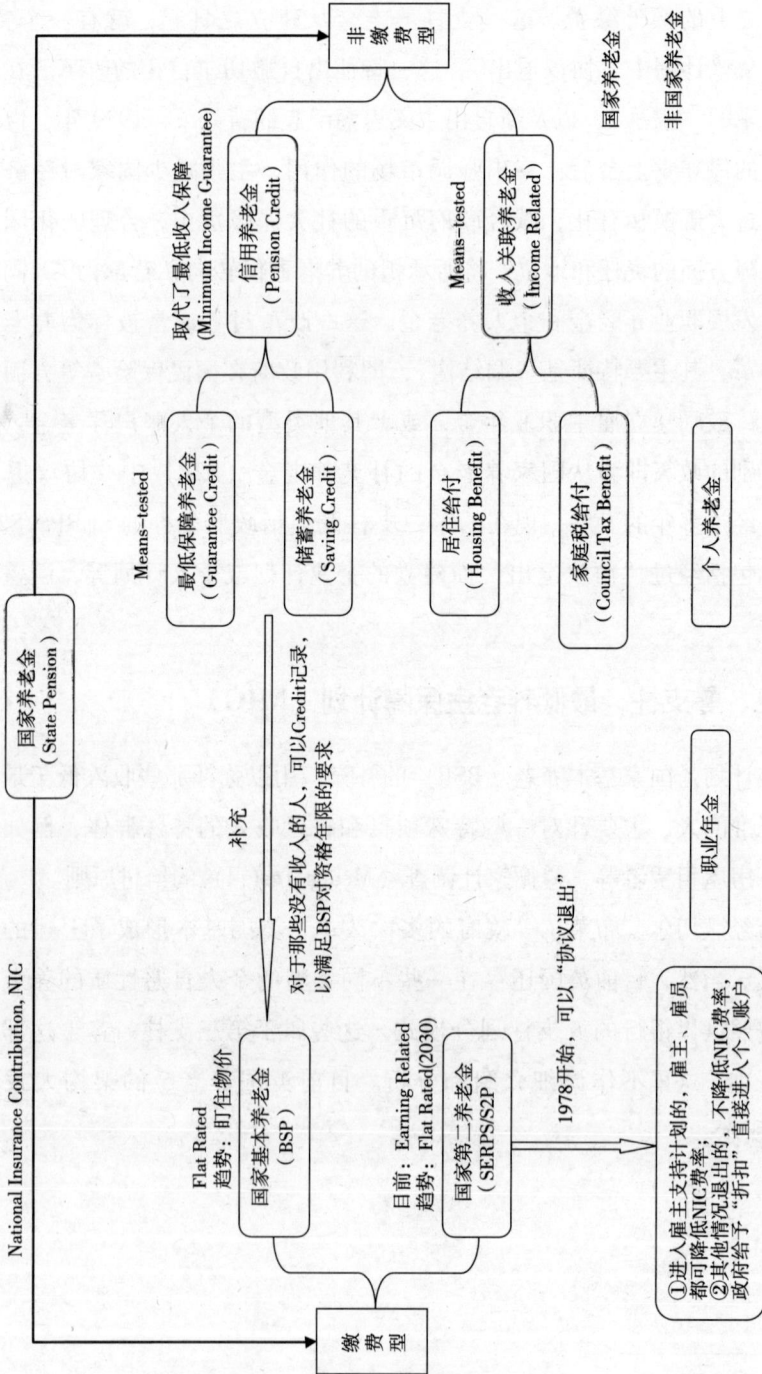

图 10 -1 英国养老金体系基本架构

第二节 英国养老金私有化改革效果及评价

养老金私有化改革的背景和原因有很多，通常至少包括两个方面：第一，日益增加的财政压力下，需要通过私有化来减轻政府负担；第二，人们认为政府管理的养老金计划缺乏效率，会带来诸如"搭便车"等问题。而私有化之后可以提高个人的积极性，包括主动监督的积极性等，从而提高管理运营效率。如果说私有与公有的效率属于尚存有争议的理论问题，不堪重负的财政压力则是政府要时刻面对的现实难题。

一、私有化改革未能从根本上解决成本和效率问题

1. "协议退出"不能降低养老金总成本

英国养老金私有化改革，最直接的、最重要的原因在于减轻政府财政负担。经过公有转私有、企业 DB 转 DC 等一系列转型后，或许政府的养老金支付压力可以在一定程度上得以缓和（从实践来看，英国政府用于养老金支出的费用占 GDP 的比重仍然在持续上升），但从宏观上看，养老金的社会总成本并不会就此降低，只是从政府转移给企业，再从企业转嫁给个人。否则，政府推卸责任的后果必然是养老金待遇的相应下降，而这显然是行不通的。因此，与其说私有化改革可以减轻政府财政压力，毋宁说是转移压力。因为，养老金的支出必然要有最终的主体来承接，如政府推卸，企业转嫁，承担者就只能是个人。而后者不是增加缴费，就要承担降低待遇的后果。

当然，英国政府除了通过私有化"调结构"、推责任外，还通过了一系列旨在缓解财政压力的参数改革。比如，1986 年，英国重新修订国家收入关联养老金计划，此前养老金替代率为雇员收入最高的 20 年的平均收入的

227

25%，改革后养老金替代率逐步降低，在 1999—2009 年的过渡期间降到雇员整个工作期内平均收入的 20%，且从 2001 年开始，配偶的养老金从原来参保人的 100% 减至 50%，等等。此前也有过类似改革，如 1974 年，政府将养老金随物价和工资孰高而增长的机制，改为随物价增长。这一系列政策无疑可以缓解财政支出压力，但却导致养老金的社会平均工资替代率不断下降，带来新的保障水平的问题。鉴于本章的重点在于分析私有化改革，参数改革不再赘述。

因此，无论从实践还是理论上来说，总的养老成本问题并不会因私有化而根本解决。本质上，这是一个成本如何在政府、企业、个人三者之间分摊的问题，或者从长远角度看，这是一个在不同代际人口之间分摊养老成本的问题。政府需要从整个养老金体系来看待成本分担及可持续性等问题，而不应仅仅拘泥于政府本身的负担，虽然这是一个重要的现实问题。

2. 激励效果不明显

除了降低政府财政负担，私有化的另一个重要理由是激励作用明显，因为私有产权清晰。政府给出的"协议退出"优惠措施包括：第一，退出后，雇主和雇员都可以降低缴纳国民保险费（NIC）水平；第二，如果个人不拥有雇主计划或退休储蓄计划，则可以通过选择一个股权持有养老金（Stakeholder Pension）或个人养老金（Personal Pension）计划，从而完成"协议退出"，但在这种情况下，NIC 缴费不降低，政府将给予部分返还（Contribution Rebate）并直接转入个人养老金账户；第三，所有建立起的个人账户都可享受税前的缴费优惠。这些税费优惠能起到多大的激励作用呢？实践中，不少人选择了仅靠国民保险费的返还金额来建立个人账户，其价值差不多等于 SERPS/S2P 计划的价值，而自己不再额外增加缴费。设想的激励效果大打折扣，关键是这又导致了保障水平的不足，政府不得不再次强调 SERPS/S2P 计划的重要性。

二、改革大大提高了个人承担的责任和风险

如前文所述，政府鼓励从公共计划中"协议退出"，目的是将责任转向

私人部门，企业同样有着转嫁责任的激励，从 DB 型计划转向 DC 型计划，同时降低了企业的供款比例。最终，个人承担了更多的养老责任和风险。

1. DB 型转向 DC 型

改革之初，英国政府批准的"协议退出"是企业的 DB 型养老金计划，DC 型的计划可以建，但不能获得国民保险费的折扣优惠。在 20 世纪 80 年代，有大约一半的人参加了企业举办的 DB 型养老金计划，即选择了从国家收入关联计划（SERPS）中退出。然而，为了进一步减轻政府在 SERPS 计划中的支出压力，政府允许 DC 型企业计划从 SERPS 中退出。在 1996 年，英国的劳动人口有 2850 万，930 万雇员是"协议退出"职业养老金计划的成员，其中有 85% 是 DB 型的，但是从 1998 年开始的新计划中，DC 型或混合型的占到 85%。DC 型计划的精算平衡、易受收益率波动影响等特征大大增加了个人责任和风险，减轻了企业的责任。

2. 企业降低供款

DB 计划向 DC 计划转变不仅增加了个人责任和风险，而且降低了待遇水平，原因是 DC 型计划的养老金缴费水平往往比 DB 型计划的养老金缴费水平要低，其中主要是雇主缴费率下降（见表 10 - 1）。

表 10 - 1　英国私人养老金计划缴费率分布（2007 年）

单位:%

计划成员数	平均缴费率（占工资的百分比）					
	DB 计划			DC 计划		
	雇员	雇主	总计	雇员	雇主	总计
10000 以上	4.8	16.9	21.7	2.8	6.4	9.1
5000—9999	5.1	15.9	21.0	3.0	6.3	9.3
1000—4999	5.2	15.4	20.6	3.1	5.0	8.1
100—999	5.1	17.5	22.6	3.4	6.5	9.9
12—99	5.2	17.9	23.1	3.6	5.9	9.6
平均	4.9	16.6	21.6	3.0	6.1	9.0

资料来源：Pensions Policy Institute，Pensions Fact，Dec.，2009.

雇主在从 DB 型转问 DC 型计划时，大幅降低了供款比例（不同收入等级的供款均降到 DB 型水平的 1/3 左右），从一个侧面说明了私有化不能保证企业计划提供足够的养老金，至少与 SERPS/S2P 水平相当的养老金。

3. 保障水平下降、个人风险增加

首先，私有化给制度保障能力和水平带来威胁。到 2007 年，英国养老金的平均收入的总替代率为 30.8%，税后的替代率为 41.1%，在 OECD 国家中最低，而同期 OECD 国家的这两项指标的平均值为 59% 和 70%。另外，私有化改革使得获得 70% 的养老金目标替代率难度加大。相对于 DB 型计划而言，DC 型计划更不容易达到期望替代率水平。2010 年，中等收入者在其退休时点的工资收入为每周 460 英镑，则 70% 的替代率需要每周的养老金收入在 320 英镑左右。在 DC 计划下，雇主平均缴费率为工资收入的 6% 左右，则以 2009 年的收入水平，退休后能从国家养老金和私人养老金中获得的总收入为 270 英镑/周。[①] 要达到 70% 的替代率，个人和雇主的总缴费率必须达到 15%。[②]

其次，养老金保障水平风险增大。在 DB 计划中，成员并不需要弄清楚雇主为他们缴纳了多少费用，因为养老金只与他们的最后收入相关。但是在 DC 计划中，雇员们仍然不清楚雇主为他们缴纳了多少费用，也不知道因为少缴费会招致处罚或损失。尤其在 1988 年刚建立个人养老金计划的时候，大多数雇主都是拒绝向计划缴费的。

再次，公平性问题。"协议退出"后，伴随着企业从 DB 型计划向 DC 型计划转换，养老金与个人收入的联系更加紧密，使得个人在工作期间的收入差距进一步延伸至退休阶段。有英国经济学家指出，保守党的撒切尔夫人推销"私有化＋自由化＋机会均等"的组合政策，结果加剧了国内两极分化，贫困人口增加（其实，诺贝尔经济学奖得主阿马蒂亚·森和斯蒂格利茨也早就批评了资本主义制度中所谓"机会均等"的欺骗性）。也正是

---

① Pension Policy Institute,*Retirement Income and Assets*:*Outlook for the Future*,p.16.

② PPI calculations based on all-salary contributions.

因此，英国政府不得不做出调整，在 2008 年法案中提出让国家收入关联型计划（SERPS/S2P）变得更加均等，直到完全均等，同时开始停止 DC 型的"协议退出"。当然，不可否认，英国的国家养老金体系仍是世界范围内待遇均等的典范。

三、私有化改革带来了许多新的矛盾和问题

1. 制度效率问题凸显

（1）投资风险

在英国，大约有 15 万个小型 DB 养老金计划，大多数计划成员都小于 100 人。几乎所有这些计划都由保险公司汇集起来集中管理。大约有 2000 个大型计划，包含 70 个资产超过 10 亿英镑的计划。[①] 在英国的养老金基金业的近期历史中，20 世纪 70 年代的股灾使得给付大量不足，20 世纪 80 年代和 90 年代的牛市又重新积聚了巨额盈余，然而 2000—2002 年股市下跌 30% 又造成了赤字，2008 年的金融海啸使其又一次陷入了困境，无论是企业年金基金还是个人账户基金都面临巨额亏损，其中个人账户基金资产亏损达 30% 以上。美国加州公务员养老基金、瑞典的积累账户（FDC）以及智利的情况也大体相似，澳达利亚超级年金也在 2008 年损失了 19.7%。近年来，英国养老金投资业绩不佳使得雇主关闭了与最后工资关联的 DB 计划，改用 DC 计划取代，将风险转移给计划成员。

（2）投资收益

Blake 和 Timmermann 曾经研究过 1986—1994 年间英国 DB 计划的养老金基金的投资业绩，表 5 - 6 显示了与市场上其他投资者相比，英国养老基金投资效率的好坏。从第四栏可以看出，英国养老基金平均投资收益低于市场平均收益 0.46 个百分点，而且这还未扣除基金经理的管理费用；并且，只有 42.8% 的基金超过市场平均表现，44.8% 的养老基金超越了英国股票市场的平均收益。可以肯定的是，其他资产类别的表现要更好一些，尤其

---

① Pension Schemes Registry and Government Actuary's Department(2000).

是英国债券和国际债券，但是这些资产组合的比重非常低，不足以抵消股票市场低收益的影响。

表 10 - 2   英国养老基金投资表现与市场平均收益的对比（1986—1994 年）

	养老基金资产投资比重（%）	市场平均收益（%）	养老基金平均收益（%）	超市场平均收益（百分点）	超市场平均收益的养老基金比例（%）
英国股票	53.7	13.3	12.97	-0.33	44.8
国际股票	19.5	11.11	11.23	0.12	39.8
英国债券	7.6	10.35	10.76	0.41	77.3
国际债券	2.2	8.64	10.03	1.39	68.8
英国指数化债券	2.7	8.22	8.12	-0.10	51.7
现金/其他	4.5	9.90	9.01	0.89	59.5
英国房地产	8.9	9.00	9.52	0.52	39.1
总计		12.18	11.72	-0.45	42.8

资料来源：Blake, Lehmann and Timmermann（1999, 2002）。

（3）成本与费用

首先，DB 计划。虽然 DB 计划能够确保在退休后获得一个稳定的收入替代率的养老金，但是，前提是必须为同一个雇主工作到退休。统计显示，只有不到 5% 的人能够做到一生都不换工作，而大多数人平均在一生中要更换 6 次工作，因此要承受大约 25%—30% 的养老金损失。即使只在职业生涯中更换一次工作，养老金损失也会达到 16%。[①] 其次，DC 计划。在英国，DC 计划的成员要支付缴费 2.5% 的管理费用，以及最高达积累资产 1.5% 的基金管理费用。精算师学会估计这些成本将相当于减少了 10%—20% 的缴费，在很多计划中，头两年的缴费几乎都被用来支付佣金了。自建立 DC 计划以来，平均 19% 的基金价值被用于缴纳管理费用，最差的计划甚至达到

① Blake, D., and Orszag, J. M., "Portability and Preservation of Pension Rights in the UK", Report of the Director-General's Inquiry into Pensions, p. 74.

28%。另外，基金在不同计划提供者之间转换，将会产生25%—33%的转换费用，而从DB计划转到DC计划则转换费用更高。刘子兰、李珍对于英国个人账户的管理费用做了相关研究，计算得到超过40%[①]的个人账户的积累被各种费用和成本所消耗。当然，养老金账户的费用效率问题普遍存在，私有化进行得比较彻底的智利，其个人账户系统在2006年之前（国际金融危机前）10年的平均收益率为6.8%，但管理成本也是较高的，比如1982年到2003年间平均成本为5%。

2. 养老金差距拉大

私有化的过程带来了诸如保障水平差距拉大、政府激励性财政支出不断增加、个人保障风险及投资风险等问题。对于这些矛盾和问题，一方面，我们不能否认建立私人养老金、进行市场化投资运营的积极意义，甚至应承认这些举措是必要之举；另一方面，市场化不等于私有化，前者只是养老基金的管理机制和运营方式，后者则涉及整个体制，牵涉到政府、企业、个人在养老责任方面的划分。因此，英国养老金改革过程中出现的看似市场化中的问题，实质在于私有化，市场本身没有错。

四、频繁多变的改革缺乏连续性和稳定性

英国的养老金改革，虽然沿着私有化方向一路走来，但是许多制度变量朝令夕改，甚至制度架构出现频繁变化。比如，政府为建立私人养老金而给予激励政策，养老金随工资或物价的变动而调整的方案，国家收入关联型养老金如何平衡效率与均等性等等。多变的政策不利于人们形成稳定的收入预期，不利于人们做出合适的收入与储蓄的安排。养老金制度原本就有保险的功能，该功能就在于降低不确定性，频繁的制度改革和参数变更使得制度越来越缺乏可预见性，变得难以理解，以至于英国人直到退休前都无法知道能获得多少养老金。

---

① 刘子兰、李珍：《养老社会保险管理成本问题研究——以英国为例》，《中国软科学》2002年第11期。

五、公平性仍是英国养老金制度的重要特征

三十多年来，一方面，私有化是贯穿英国养老金改革始终的主线，另一方面，追求公平（甚至均等）这一传统，仍然一直是挥之不去的、笼罩在私有化改革之上的价值空气。事实上，英国的改革之所以反复折腾，除去政党政治的需要，也反映了改革始终处于公平与效率的权衡之中，公平均等更加深深扎根于人们的内心深处。

布鲁金斯研究所的研究人员用"累进性"（Progressively）来衡量一国养老金的公平（均等意义）性。这一指标的计算规则是，如果每个人的养老金都完全与其自身退休前的收入相关联，体现了完全的个体特征，则计0分；如果所有人的养老金都一致均等，则计100分。在这个规则下，经合组织（OECD）的平均得分为37分，英国的得分是81.1分，体现了其高度的均等性，反映了其均等的国家基本养老保险在整个养老体系中仍然占据绝对的主导优势，从一个侧面说明了这种模式更受普通民众的欢迎。其他国家则依据其在养老金私有化方面的程度而得分不同，如美国得51分，澳大利亚得73分。从国际范围来看，澳大利亚的超级年金（SG）是完全私有的，但其尚不成熟，目前只有约21%的人完全依靠其SG账户，而超过2/3的老年人主要依靠均等性较强的老年国民养老金生活。可见，即使私有化较为彻底的国家，国家养老金仍然发挥着重要作用，在任何情况下仍需发挥"安全网"的"兜底"功能。

第三节　结论与启示

第一，养老金私有化改革需要重新认识，私有化改革需要更加慎重。英国的私有化改革所出现的反复，以及财政压力未能根本解决等问题都说

明，私有化改革不像想象的一般"一私就灵"。世界范围内的私有化改革以及出现的问题，包括英国的改革、阿根廷在 2008 年选择回到原来的现收现付制、2008 年国际金融危机造成的损失等，都再次彰显了私有化的弊端。目前，尚无证据证明私有化是解决人口老龄化下的有效途径，也不必然带来政府责任的减轻。越来越多的研究表明，解决养老问题的根本在于提高劳动生产力，真正解决"生之者寡、食之者众"的困境。

第二，市场化不等于私有化。建立国家养老金之外的私人养老金（包括职业年金、个人养老金等），建立市场化运营机制，甚至在有效控制风险的前提下将国家养老金的部分资产交由有资质的市场机构运营，皆无可厚非。然而，英国以及相关国家的私有化表明，在工业化、市场化的条件下，国家养老金仍需发挥养老的主渠道作用，特别是坚守保障基本生存条件下的公平正义。

第三，国家养老金仍需高度重视，基本养老金仍需注重公平。从基本架构上看，英国基于国民保险费的国家养老金计划类似于我国基本养老保险制度，都由两个部分组成。首先，英国的国家基本养老保险（BSP）相当于我国的社会统筹部分，不同之处在于英国的 BSP 是待遇完全均等的计划，而我国则稍有不同，特别是 2005 年的 38 号文增加了个人收入因素。其次，英国的 SERPS/S2P 引入收入关联，引入效率因素，但鉴于"协议退出"所带来的保障水平下降、投资效率低、待遇差距拉大等问题，2007 年法案提出将 SERPS/S2P 逐步均等化。我国的个人账户也是基本养老金的一部分，但更加强调效率，完全基于精算平衡。且我国的个人账户同样存在收益低、贬值、激励不充分等方面的问题。要强调的是，我们还远未建立起像英国一样的其他补充计划（如非缴费型 Pension Credit 计划）来保障最低退休收入水平，而基本养老保险中的个人账户，由于其基于精算平衡，没有再分配功能，"保基本"的差距也将被拉大。因此，我国统账结合的基本养老保险制度需要更加突出保障水平及公平正义。

第四，提高退休年龄、提高劳动生产力是关键之举、必要之举。最近，英国政府为缓解财政压力，提出取消 65 岁强制退休令，即除非雇员自愿，雇主不能强制雇员在 65 岁退休（少数公务人员除外）。欧洲各国最近也纷纷在提高退休年龄、提高待遇资格年限等方面有所动作，尽管政治上会遇到一些障碍，比如罢工、游行。我国在这方面也应有所改革，尽快让男女的退休年龄一致，并逐步提高退休年龄。提高劳动生产力，增加社会总产出是应付老龄化的根本出路，其他改革都必须围绕这一中心展开。

参考文献

［1］李珍：《养老社会保险的平衡问题分析》，《中国软科学》1999 年第 12 期。

［2］尼古拉斯·巴尔：《福利国家经济学》，郑秉文译，中国劳动社会保障出版社 2003 年版。

［3］胡晓义：《国务院〈决定〉解读系列之二——保障水平要与我国社会生产力发展水平及各方面承受能力相适应》，《中国社会保险》1997 年第 11 期。

［4］李珍：《个人账户的风险及其控制》，《管理世界》1997 年第 11 期。

［5］李珍：《个账基金运营所面临的挑战和机遇》，《中国社会保障》2006 年第 12 期。

［6］董克用：《有关养老保险新政策的分析与评价》，《人口与经济》2001 年第 3 期。

［7］褚福灵：《养老保险金替代率研究》，《北京市计划劳动管理干部学院学报》2004 年第 12 期。

［8］李珍、孙永勇、张昭华：《中国社会养老保险基金管理体制选择——以国际比较为基础》，人民出版社 2005 年版。

［9］李珍：《社会保障概论》，中国劳动社会保障出版社 2007 年版。

［10］ Barr, Nicholas, " Reforming Pensions: Myths, Truths, and Policy

Choices", IMF/WP/00/139, 2000.

[11] Diamond, Peter, "Government Provision and Regulation of Economic Support in Old Age", in M. Bruno and B. Pleskovic, ed. , *Annual Bank Conference on Development Economics*, Washington D. C. : World Bank, 1995.

第十一章　对于"社会养老保险私有化"的反思

　　本章回顾和总结了自 1979 年以来世界范围内社会养老保险私有化的思潮及实践，笔者认为社会养老保险私有化思想在理论上夸大了公共年金制度存在的问题，同时夸大了个人养老储蓄账户在效率和保障等方面的作用，私有化思潮将公共年金与个人账户对立起来，并将其看做是一个非 A 即 B 的选择。三十多年来二十余国的私有化改革并没有取得预期的成果，相反，个人账户制度面临种种困难。

　　1979 年撒切尔夫人对英国进行了大规模的私有化改革，作为私有化改革的组成部分，英国鼓励雇员从原来的社会养老保险制度中"协议退出"，加入私人部门养老金计划。英国的改革可以看做社会保险私有化的开端。此后，有二十余国进行了全部或部分的私有化改革，选择了强制性个人账户制度，因此，有论者称这一现象有"社会保障私有化趋势"。需要说明的是，在本书中社会保障私有化和社会养老保险私有化为同义语。西方学者认为社会保障私有化是一个较为广义的概念，不仅包含养老保险所有权的私有化，也包含养老资产的私营化。限于篇幅，本章仅从所有权的层面检视社会保障"私有化"的理论与实践。选择社会养老保险私有化是基于社会养老保险对人口老龄化的脆弱性以及对效率的伤害的认识。事实上，社会保险私有化在理论上是不完善的；在实践上，社会养老保险制度（因其具有公共所有性质，又称公共年金。下文公共年金与社会养老保险通用）不能克服的问题，个人账户制度也不能克服。公共年金和强制性个人账户制度不是一个非 A 即 B 的问题，参量改革公共年金制度可能比选择个人账户制度更安全和行之有效。现在，我们有三十多年的历史和二十余国的经验与教训，我们有条件对社会保险私有化进行反思和总结，并期望这种反思能够对中国社会养老保险的建立和完善有理论上的帮助。

第一节 "社会保障私有化"的由来及现状

1889 年德国首创的社会养老保险模式在财务上是一个代际转移支付制度，即工作一代缴纳的保险费（税）用于退休一代的退休金支出，因而这一制度被称为现收现付制度；这一制度的资产在所有权上是全体参与者公有的，因而又被称为公共年金；制度根据计算公式，许诺被保人达到一定条件时可以获得既定的退休金，支付的风险由制度承担，因而从责任的角度，该制度又被称为待遇确定型计划。

德国模式被广泛接受和效仿，到 20 世纪 90 年代初，这一制度覆盖了全世界 40% 的劳动力，30% 的退休人口从中获取退休金（世界银行，1994）。各国的收入水平与制度的覆盖率呈线性关系，收入高的国家覆盖率高，收入低的国家覆盖率低。

各国的经验证明，在人口年龄结构轻、经济增长速度高的情况下，这一制度运行是有效的。在理论上，萨缪尔森（Samuelson，1985）、阿罗（Aaron，1966）从不同的角度做过精细的研究，基本的结论是当工资增长率加劳动力增长率大于市场利率时，现收现付制度在长期内具有成本优势和较高的收益率，它能在代际间进行帕累托最优配置。

20 世纪 50—60 年代，受凯恩斯的需求管理理论的影响，在经济长期持续繁荣的情况下，各高收入国家社会保障支出随之大幅增长。1973 年爆发的石油危机引发了"滞胀"问题，经济增长缓慢，同时人口结构老化的问题日益凸显。这样，在讨论滞胀的原因及其对策的过程中，凯恩斯主义及其需求管理理论受到批评，政府失灵渐成主流认识，新自由主义的思想占了上风。[①] 新自由主义认为，凯恩斯主义导致了庞大的公共开支和财政赤字，由此引致高税收率，高税收率降低了资本和劳动的供给，从而经济增长减速和通货膨胀。新自由主义反对国家干预，主张减税，主张公共资源私有化。

在这种社会、经济及理论的背景下，出现了批评现收现付制度并主张私有化改革的理论和实践。信奉新自由主义的撒切尔夫人执政期间进行了大规模的私有化改革，养老保险私有化改革是其中的一部分。1979 年，英国鼓励与就业关联的公共年金的被保人"协议退出"，进入企业年金制度或者直接建立个人账户，这一事件可以看做是社会养老保险私有化改革的先河。1981 年智利在经济体制激进的私有化改革过程中，社会养老保险私有化也构成了其中的重要内容。智利完全放弃了 20 世纪 30 年代建立的德国模式，建立了强制性个人账户制度。1994 年世界银行建议各国降低社会养老保险制度的权重，建立强制性公共支柱、强制性私营支柱和自愿支柱性个人储蓄制度三支柱养老保险制度。[②] 此后一些世界银行的成员国在世界银行的影响下，降低了现收现付制度的权重，在社会养老保险中引入了强制性个人账户制度，如中国、阿根廷、墨西哥等十几个国家。高收入国家受世界银行建议的影响较小，对社会养老保险制度进行结构性改革的不多，但也有少数国家放弃了公共年金制度，建立了个人账户制度，如瑞典、意大利等国。在建立个人账户制度的国家中，有实施基金积累的的（FDC），如智利；有实施名义账户（NDC）与基金积累制混合制度的，如瑞典、意大利、波兰。中国养老保险个人账户设立的本意在于实施基金积累制度，但由于转型成本的问题，除少数地区外，多数地区的个人账户上是没有资产的，所以在这个意义上，仍然是名义账户。中国目前正在努力使账户的资产与负债相匹配，实现真正的基金积累制度。到目前为止，已有二十多个

---

① 李珍：《社会保障理论》，中国劳动社会保障出版社 2007 年版，第 6 页。
② 世界银行：《防止老龄危机》，中国财政经济出版社 1996 年版，第 10 页。

国家实行了或多或少的社会养老保险私有化改革。

至此，经典的德国模式被改革成完全不同的组合，我们且称之为：智利模式、瑞典模式、中国模式，这些模式各有不同的特点，见表11－1。

表 11－1　不同模式养老保险制度的制度结构比较

模式	所有制	财务制度	责任约束	再分配性质
德国模式	公共	现收现付	待遇确定型	有
智利模式	私有	全部积累	缴费确定型	无
瑞典模式	私有	现收现付＋积累	缴费确定型	少量
中国模式	公共＋私有	现收现付＋积累	待遇确定型＋缴费确定型	部分

第二节　私有化思潮对公共年金制度和个人账户制度的曲解

我们可以对自 1979 年从英国开始的社会保障私有化改革的相关理论和实践做一次整理和分析。事实上，现收现付的公共年金制度和个人账户制度各有优势和劣势，但在近 30 年的理论讨论和政策实践中，两种制度都被曲解了。

一、公共年金的劣势和个人账户的优势都被夸大了

公共年金制度的问题和劣势被过分放大了。20 世纪 70 年代石油危机以后，对公共年金制度的批评是沿着两条路线展开的。[①] 一条线路是对制度本身的批评，包括对制度的公共性质和现收现付的财务制度进行批评。批评

---

① 李珍：《中国社会养老保险基金管理体制选择——以国际比较为基础》，人民出版社2005年版，第13页。

者认为社会养老保险制度存在管理不善、投资收益率低、"搭便车"、扭曲劳动力市场等等，即存在"公共悲地"问题；同时由于公共年金制度的财务制度是现收现付制度，因而在人口老龄化情况下的财务制度是不可持续的。另一条线路是批评现收现付制度对经济的负外部性，代表性的人物是马丁·费尔德斯坦（Martin Feldstein）。费尔德斯坦以美国为研究对象，认为现收现付养老保险制度对储蓄产生了"挤出效应"，并阻碍了经济增长。[①]作为供给学派的代表人物之一，他主张放弃现收现付制度，实施强制性个人储蓄账户制度，以增加储蓄。[②] 上述两种思路的目标是一致的，即对公共年金制度进行私有化改革，建立个人账户积累制，人口老龄化的问题、效率损失问题，甚至于储蓄与经济增长的问题，都可以轻易解决。

关于现收现付制度与储蓄的关系。现收现付对储蓄的挤出效应在理论上并没有达成共识。费尔德斯坦以 20 世纪 70 年代以前的美国为研究对象，研究的结论是现收现付制度对储蓄有挤出的作用。但许多研究证明长期内现收现付制度与储蓄的关系是中性的，或者两者不相关。[③] 世界银行（1997）考察了各国的情况，认为两者之间的关系是不明显的[④]美国的现收现付养老保险制度是 1935 年建立的，至今为止，它为退休人口提供的保障水平大体稳定在工资的 40% 左右，而美国的储蓄水平在不同的年代却有较大差异，所以，很难说现收现付制度与储蓄有明显的关联。

关于公共年金制度"公共悲地"问题和财务不可持续问题。世界银行对公共年金制度的问题做了全面的总结，列出了"政府计划失效"的 11 个问题，[⑤] 我们可以将其归纳为三类：一是制度管理不善的问题，如投资效率

---

① Martin Feldstein, "Social Security, Induced Retirement and Aggregate Capital Accumulation", *Journal of Political Economy*, September/October 1974.

② Martin Feldstein and Andrew Samwick, "The Transition Path in Privatizing Social Security", paper for Privatizing Social Security Conference at Cambridge, MA, August 1996.

③ 李珍：《中国社会养老保险基金管理体制选择——以国际比较为基础》，人民出版社 2005 年版，第 13—16 页。

④ 科林·吉列恩等：《全球养老保障——改革与发展》，中国劳动社会保障出版社 2002 年版，第 306 页。

⑤ 世界银行：《防止老龄危机》，中国财政经济出版社 1996 年版，第 27—28 页。

低、没有完善的规章制度等等；二是效率损失的问题，现收现付制度会导致提前退休、逃避缴费等等；三是现收现付制度使政府财政不堪重负，且仍然不能应付人口老龄化问题。

世界银行对公共年金制度存在的问题的描述是真实的，但其中的许多问题并不是公共年金制度的本质特征，也不是私有化的理由。我们发现，公共年金制度和个人账户制度并不是一个非 A 即 B 的问题，个人账户制度并不能克服公共年金制度的问题。第一，从逻辑上和理论上讲，私有化可以克服提前退休、低覆盖率等市场扭曲行为，但实践中，经验并没有证明社会养老保险"私有化""一私就灵"，公共年金制度中的效率损失问题在私人部门也普遍存在。第二，公共年金和私人年金都有管理不善的例子，道德风险也广泛存在于私人寿险之中。第三，公共年金制度较普遍运用的是现收现付的财务制度。现收现付制度在人口老龄化的情况下，如果既不加重工作一代的负担又不减少退休一代的福利，则一定会出现财务危机，这才是问题的本质。但问题是，私有化也并不能有效解决人口老龄化情况下的制度可持续发展。

一方面，公共年金制度的问题被夸大了，另一方面强制性个人账户的作用被夸大了。一般认为个人账户的作用大体可以表述为三个方面：一是个人账户具有更高的效率，可以避免效率的损失。因为多缴多得，所以可以避免逃税（费）现象，减少提前退休，提升覆盖率。二是强调个人账户将增加储蓄，并且能深化资本市场，促进经济增长（World Bank，1994；James，1995；Feldstein，1997）。三是个人账户是个人收入在一生中的平滑制度，因而老年收入的保障不受人口结构变动的影响（World Bank，1994）。世界银行总结道，私有化后的多支柱方案，"从长期看，其结果是整个国家经济的改观。老人和年轻人也将获益。"[1]

关于个人账户能起激励作用的思想深深影响了那些选择个人账户制度的国家。比如中国选择公共年金（中国称之为社会统筹）加个人账户制度

---

① 世界银行：《防止老龄危机》，中国财政经济出版社1996年版，第14页。

时的指导思想就是公平与效率相结合，公共年金部分体现公平而个人账户部分体现效率。但是个人账户的实践经验并没有证明个人账户制度更有效率。对比 1997 年中国建立个人账户制度前后的情况，我们可以发现，中国养老保险制度的覆盖率、提前退休的情况，是由中国的经济状况、企业的营利水平、就业的压力以及社会保障政策实施的力度决定的，而与养老保险制度的所有制制度无明显的关联。[①] 事实上包括智利在内的几乎所有全部或部分私有化改革的拉丁美洲国家，从其数十年的经历看，它们的覆盖率都是下降的。[②] 智利覆盖率的下降可能是因为部分工作人口为了逃避缴费而从正式部门转向非正式部门（世界银行，1994）。瑞典的数据显示，个人账户制度下越来越多的人选择在 65 岁法定退休年龄到达之前提取退休金。65 岁前提取个人账户退休金的比重从 1999 年的 10.3% 快速上升到 2005 年的 18.1%，而且这一比例有加快增长的趋势（见本书表 9 - 2）。这可能是制度设计时没有预期到的。

笔者不认为公共年金制度比个人账户更具激励因素，但是个人账户的效率因素在理论上和政策中都被夸大了却是事实。

尽管世界银行认为现收现付与储蓄的影响不明显，但它却赞同这样的观点，即强制性个人账户能对储蓄产生正面的作用并对资本市场和经济增长起良性作用。斯蒂格里茨、巴尔等人对这种观点都不以为然，他们认为对国民经济有意义的是总储蓄，强制性个人账户增加了以养老为目的的储蓄，但并不意味着总储蓄一定会增加，因为养老的强制储蓄可能被其他因素替代，比如自愿储蓄的减少或是政府储蓄的减少（Orszag 和 Stiglitz，1999；Barr，2000）。以智利为例，个人账户在制度成熟前积累了大量的储蓄，但同期政府的储蓄却减少了，因为政府需要每年支付 GDP 的 2%—4% 作为公共年金私有化的转制成本，所以智利的总储蓄与个人账户制度的关联并不明显。另外，储蓄能否有效转化为资本以及资本能否有效推动经济

---

① 李珍：《城镇职工基本养老保险政策评估》，《公共政策评论》2009 年第 11 期。
② 2009 年 10 月 15 日郑秉文在瑞典斯德哥尔摩第四届中欧社会保障高层圆桌会议的发言。

增长是不确定的（Barr，2000）。除此之外，并不是所有的国家都需要通过公共现收付制度的私有化来增加储蓄。像中国这样受儒家文化影响的国家，储蓄不是一个问题，无需通过强制个人账户来解决储蓄不足的问题。同时，最重要的问题是：养老保险的目标是为老年人提供收入保障还是增加储蓄？

世界银行（1994）认为，经验证明，资本市场的长期收益率高于工资增长率，因而现收现付制度的优势消失了，相反，个人账户则是有效的。正是基于这种理论，笔者认为既然中国选择了个人账户制度而又不能退回去，我们就应该建立养老金市场化管理制度，尽可能争取较高的收益率（李珍，1998，2007）。

费尔德斯坦等人（1996）以美国股票市场过去70年的平均收益率9%为计算的依据，认为个人账户制度能有效地提供老年收入保障。但是，在实践中我们碰到的第一个问题是：政府将强制性个人账户基金全部投入资本市场，尤其是股票市场，是否有政治障碍？中国就面临这样的问题，因为人们厌恶风险，所以，至今我们的基金只能存银行，即使有一天基金向资本市场开放，也不可能是非常激进的投资组合。第二个问题是长期的资本市场平均收益率掩盖了资本市场收益率的易变性，收益率的易变性与个人账户的风险承担能力是有冲突的。第三，个人账户积累制由于"合成谬误"的原因，其保障功能将打折扣。一个人或少数人通过储蓄养老是可能的，而当一代人都指望通过储蓄来养老时，当他们的终生积累变成退休金进入消费领域时，其购买能力取决于下一代产出的实物和服务的数量。设生产率不变或生产率提高的速度赶不上总消费需求时，则退休金的购买力会下降。巴尔认为如果代际转移支付不能解决人口老龄化带来的财务困难的话，个人账户制度也不能解决问题（李珍，1998；Barr，2000）。巴尔的理论暗含的前提是：经济体是封闭的。当一个经济体是封闭的，当生产率不变时，退休一代的积累加上工作一代的工资必然造成通货膨胀，所以个人账户积累并没有带来任何的变化。但是当一个经济体是开放的，积累制度应该是有益的。

二、公共年金的优势和个人账户的劣势都被忽视了

社会养老保险私有化的思想和政策中明显地轻视了公共年金制度中的再分配作用。社会保险是由两个概念组成的，即社会和保险，它强调的是通过保险机制来分散风险，达到为全体退休人口提供收入保护的社会目标。已有的经验证明，设计精良的公共年金制度有明显的不同收入人群间的再分配功能，对缓解老年贫穷起了重要的作用。虽然一些国家的设计不完善，可能正好起到反再分配的作用，但那不是社会保险的本质特点。完善的计划是可以做到保护低收入人群的。正因为如此，在推荐"三支柱"方案时，世界银行反复强调各国需要权衡养老保险的目标是公平还是储蓄（世界银行，1994）。

除公平性外，现收现付的基金管理风险小，基金保值增值的压力小，制度简单明了等等这些特点都被忽视了。

其一，从理论上讲，个人账户制度只是个人收入在一生内的平滑机制，它远离了保险也远离的社会，不具有风险分散的功能，也不具高收入者向低收入者再分配的功能，它不是社会保险。正因为如此，个人账户制度下可能产生的贫困问题没有受到足够的关注。其二，个人账户持有者面临的长寿风险也是显而易见的。人们可能争辩，我们可以通过私人寿险来解决长期的风险。但购买寿险的成本是极其高昂的。其三，积累制度下，个人账户保值增值的风险被缩小了。个人账户的倡导者强调的是资本市场的长期收益率和平均收益率，这一理论忽视了基金对经济周期和经济危机的脆弱性对退休收入的负面影响。第四，正因为投资收益对个人账户的巨大影响，所以个人未来的退休收入更具不确定性。

第三节　强制性养老个人账户的新困境

选择了个人账户制度并不意味着所有问题的解决，相反，个人账户制度又会面临新问题。观察已经选择了个人账户的国家，按财务制度有名义账户制度和积累制度之分，积累制度又有市场化管理基金和非市场化管理基金的模式。名义账户在理论上也许能抑制效率损失，但它仍然是现收现付制度，并不能解决人口老龄化引起的制度财务长期平衡问题。如果一国决定选择积累制度，首先的难题就是转制成本由谁来负担的问题，其次，积累制度面临基金的保值增值的风险问题。

一、名义账户制度并不能解决人口结构老化带来的财务压力

正是基于具有财务可持续性和激励缴费、消除劳动力市场扭曲的认识，才有了个人账户制度（DC），但又由于转制成本的约束，以瑞典为代表的一些国家创造了名义账户制度（NDC）。一向主张强制性积累制个人账户的世界银行发现转制成本是改革的难题，转而推荐瑞典模式。所谓名义账户制度是现收现付的财务制度加私人所有的个人账户制度，即非积累的个人账户，工作一代所缴纳的保费（税）名义上记入个人账户并按一定的名义利息率积累，而当期的保费（税）收入实际上用于退休人口的退休金支出。名义账户的倡导者认为名义账户模式既实现了"转制"又无需支付任何转制成本（郑秉文，2003；Palmer，2006）。

笔者并不认为社会养老保险向名义账户转变是完全意义上的"转制"，它只是由公共年金转向个人年金，由待遇确定型（DB）转为缴费确定型（DC），即将制度的收支平衡责任转给了个人而已，它在财务上并没有从现收现付转向积累制度。正如我们前面提到的，私有化思潮对德国模式的主

要批评是它的现收现付制度在人口老龄化的情况下不具财务可持续性且对储蓄起负面作用，才主张由现收现付转变为积累制度。所以，瑞典模式很难说是真正意义的转制。

如果既不增加工作一代的税负又不降低退休金的话，在人口日益老龄化的情况下，长期内该制度的问题与公共年金制度一样不能解决财务的收支平衡问题。

我们来观察瑞典的例子。1994年瑞典开始探索名义账户模式，2000年通过立法全面推广该模式。在瑞典名义账户模式中，工作一代工资的16%用于当期的退休金支付，同时又名义上记入缴费者的个人账户，并按收入指数化记入名义利息。但为了求得长期内财务自动平衡，制度又规定：当它从改革前的公共年金制度继承的巨大的结余——缓冲基金投资收益下降时，名义记息率则会下降，下降的幅度和时期取决于基金是否收支平衡。收入指数化利息率是可以保障参保人利益不受损和未来的退休水平能盯住工资增长的。从理论上讲，如果按收入指数化利息率记入个人账户，在名义账户上积累的负债是巨大的，当目前工作一代退休时，他们的后代必须负担更高的费率，这和公共现收现付制度没有区别。如果账户利息率低于收入指数的话，那么不考虑其他因素，仅此一项，缴费者退休时的保障水平将大为下降。实践中，不幸的事情正在发生，由于缓冲基金投资受损，瑞典决定2010年开始下调名义账户的利息率，2010年的利息率将记为−3%。这意味着个人账户的名义资产不但不会增加，还会减少3%。

瑞典个人账户制度从改革前的公共年金制度继承了巨大的基金结余——缓冲基金，这笔基金将用于投资运营来补贴现行的名义账户制度。缓冲基金是瑞典的福气，不是每个国家都有如此庞大的遗产的。尽管有这样的优势，我们考察瑞典公共年金制度与私人年金制度，到目前为止，很难分出优劣。第一，个人账户制度只有轻微的再分配性质。个人账户不能承继，在不同寿命的同组人间有再分配的功能，但再分配性质肯定不如公共年金制度。第二，公共年金制度只有13%的费率，且有巨大的滚存结余，而个人账户制度下名义账户（NDC）加积累账户（FDC）的费率为18.5%，大大高于旧制度。第三，按中性的预测方案，个人账户的保障水平将逐步下降，1940年出生的人退休时的保障水平为社会平均工资的64%，1990年出生的人口的同一指标将下降到53%。[1] 第四，考虑到越来越多的人提前领取退休金以及实际利息率已经低于预期利息率，未来的退休金水平将比预期的水平进一步下降。

养老保险财务的可持续性的评判不应该只是制度的收支平衡，还应该包含合理的负担水平和合理的替代水平，如果以更高的负担水平和更低的保障水平为代价，养老保险的财务收支平衡是没有意义的。

二、建立积累制度的困境是转制成本的消化

根据世界银行（1994）的观点强制的积累制度可以克服人口老龄化下的财务压力问题。但实施个人账户积累制的第一个难题是转制成本的问题。智利的转制成本是改革当年GDP的100%以上，政府是通过数十年的财政支出来消化转制成本的，在政治上和经济能力上不是每个国家都可以学习智利的。从税负的归宿看，转制成本仍然是改革时期工作一代承担的。也就是说，这一代既要养老已退休的一代，又要为自己储蓄未来的退休金，这一代人养了两代人。

中国1997年引入强制性个人账户制度，由于没有明确的转制成本解决方案，所以中国的个人账户基本没有积累，并且个人账户只能按银行存款记入利息。目前中国政府正通过努力逐步使个人账户资产积累起来，但这将是一个长期的过程。

三、积累制度非市场管理的困境是低利率和资源误配置

一旦由非积累制度向积累制度转制成功，即个人账户上真正能够积累基金，基金管理的问题又提上日程。我们可以有两种选择：非市场化管理和市场化管理。

---

[1] The Swedish Social Insurance Agency, *The Swedish Pension System Annual Report* 2008.

非市场化基金管理制度是由政府决定基金用于存银行或购买国债的制度。它强调了养老资产的名义安全性，但并不能保证资产盯住通货膨胀率和工资增长率。如果投资收益率盯不住通货膨胀率则养老资产绝对贬值，如果投资收益率盯不住工资增长率，则个人账户制度比代际转移支付制度成本更高，退休保障的水平也不能达到预期的目标。经济增长速度越高的国家，这个问题会越严重。

这种情况已经在中国发生了。1997 年，中国在基本养老保险制度中引入了强制性个人账户制度，雇员缴费为自己工资的 8%，全部进入个人账户，考虑到基金的安全性，基金只能存入银行并按银行一年期利息记入个人账户。1997—2008 年，中国的社会平均工资年均增长率为 16.1%，而个人账户参照银行一年期存款利率记息，年均利息率仅为 2.9%。精算的结果是：8% 的缴费所能提供的未来退休保障水平低得让人吃惊（见表 11-2）。因为利息率低下引起的保障水平下降的问题已引起中国管理部门的高度关注，政府正在制订相关的基金管理政策。

表 11-2　中国现行制度下的个人账户收益率与替代率状况

	$c=8\%$, $n=40$ 年, $K=139$ 月				
	$r=2.9\%$	$r=8.98\%$	$r=8\%$	$r=10\%$	$r=16.1\%$
$g=8\%$	11.92%	33.43%	27.63%		
$g=10\%$	9.32%	22.96%		27.63%	
$g=16.1\%$	5.34%	9.73%			27.63%

注：①c—缴费率；n—缴费年限；K—计发月数；g—平均工资增长率；r—个人账户收益率。
②设男性 20 岁工作，60 岁退休，期间不间断缴费。

除此之外，非市场化管理会引致资源的误配置，扭曲金融资产的价格。公共年金制度受批评的原因之一是多数国家公共年金的结余用于购买国债，虽然保护了养老资金的安全性，但由于养老基金数量庞大，非市场化管理足以扭曲金融资产的价格信号。

四、积累制度下市场化运营的困境是经济波动风险

在有效的经济中，社会资本的收益率在长期会高于经济增长水平，并有可能高于工资增长的水平。无论是公共的或是私有的养老积累制度，只有其基金的投资收益能够盯住工资增长才是有效的。这种情况是可能发生的，比如美国加州公务员养老保险基金的收益率在绝大多数年份都高于美国的工资增长水平，所以这个制度是非常有效的。

但另一方面，从理论上讲，个人账户积累制度下，在几十年的积累过程中面临许多风险。这些风险包括通货膨胀的风险、政治经济不稳定的风险、经济周期的风险、投资政策及投资决策的风险、长寿风险等（李珍1997）。在社会经济越不发达的国家，这些风险表现得越突出。即使经济高度发达的国家也仍然受经济周期规律的支配，尤其是在经济全球化的情况下，一国的经济波动风险越来越多地受他国的影响，经济波动越来越频繁。2000年美国新经济泡沫的破灭、2007年以来次贷危机引发的金融危机都打击了全球的主要经济体，养老基金投资大幅亏损。高度开放并且养老金实施谨慎人管理原则的国家，情况大体相仿。美国加州公务员养老基金、瑞典的积累账户（FDC）以及智利的情况也大体相似（见表11-3、表11-4、表11-5）。

表11-3 美国加州公共雇员养老基金历史收益率（2000—2009年）

年份	基金余额（每年6月30日）（10亿美元）	基金余额（每年12月30日）（10亿美元）	年度收益（每年6月30日）（%）	年度收益（每年12月30日）（%）
2000	237.9	183.3	10.5	-1.4
2001	28.6	32.7	-7.2	-6.2
2002	58.2	57.5	-5.91	-9.5
2003	87.8	96.9	3.9	23.3
2004	100.7	108.0	16.7	13.4
2005	119.7	128.2	12.7	11.1

续表

年份	基金余额 （每年6月30日） （10亿美元）	基金余额 （每年12月30日） （10亿美元）	年度收益 （每年6月30日） （%）	年度收益 （每年12月30日） （%）
2006	MYM143.3	150.6	12.3	15.7
2007	159.1	171.9	19.1	10.2
2008	172.2	165.2	-4.9	-27.8
2009	181.0		-23.4	

资料来源：http://www.calpers.ca.gov/eip-docs/about/facts/investme。

表11-4 瑞典名义账户收入指数记息率及积累账户实际收益率（1995—2008年）

单位：%

年份	1995	1996	1997	1998	1999	2000	2001	2002	2003	2004	2005	2006	2007	2008
收入指数记息率	1.8	1.8	2.8	3.4	1.7	1.4	2.9	5.3	3.4	2.4	2.7	3.2	4.5	6.2
积累账户收益率	4.6	4.6	4.6	5.0	3.7	0.7	-8.6	-31.1	17.7	7.9	30.5	12.2	5.3	-34.3

资料来源：The Swedish Social Insurance Agency, *The Swedish Pension System Annual Report* 2008, Stockholm：Social Insurance Agency, 2009, p. 12。

表11-5 智利个人账户不同资产配置的实际收益率（2002年9月—2008年12月）

单位：%

基金	2007.12—2008.12 实际收益率	2002.9—2008.12 年均收益率	2002.9—2008.12 累积收益率
A	-40.26	4.21	29.53
B	-30.08	3.33	22.84
C	-18.94	3.42	23.5
D	-9.86	3.43	23.53
E	-0.93	2.74	18.45

资料来源：智利养老基金监管局（SAFP），www.safp.cl。

从长期看，养老基金制度是可以耐心等待并最终从经济复苏和经济繁荣中获利，但对个人和某个年龄组的人而言，是无法克服这种巨大的投资收益的波动带来的风险的。这些风险最终会演变为社会问题——老年收入无法保障。阿根廷在个人账户实施 14 年后，在 2008 年底选择放弃；英国养老金委员会也建议放弃从国家收入关联制度中"协议退出"的个人账户制度。

第四节　总结与政策建议

由上面的分析，我们看到在倡导社会养老保险私有化的理论中存在许多的误区，一方面忽视了公共年金制度的社会保险性质，同时将公共年金制度中存在的问题过分夸大并看做是该制度的本质特征；另一方面夸大了个人账户的激励作用和投资收益的能力，而对个人账户可能面临的问题估计不足。实践已经证明，社会养老保险制度的问题并不能靠私有化来解决。

在未来，在建设老年收入保障制度时，公共政策应该注意如下的问题：

第一，重视适当的总和生育率和劳动生产率对养老制度的影响。养老保险制度无论是公共的或是私人的，说到底是劳动者与退休者的对比关系，是生产与消费的对比关系。这两个对比关系失调的话，无论是公共的或私有的，养老金制度都是无以为继的。没有宏观环境的配合，养老金制度孤军奋战是不能成功的。

第二，重新思考"公共悲地"理论在社会保险领域的局限性。保险机制之所以起作用，是因为它在众多被保人间分散风险，"一私就灵"在分散风险领域是不适用的。而社会保险与商业保险的本质区别在于，它强调高收入者向低收入者的再分配。

第三，参量改革，完善公共年金制度。现收现付的公共年金制度的确面临长期内财务不可持续的问题，需要对其进行参量改革。提倡基本生活保障、提高法定退休年龄、提高获取退休金资格的缴费年限等等都是行之为效的办法。不进行参量改革，即使私有化社会保险制度也是不可持续的。

第四，慎重选择个人账户制度。强制性个人账户制度不是改革现收现付制度的必然选择。如果一个国家、一个地区或者某个人群还没有选择强制性个人账户制度，建议认真评估一国的社会价值观、社会政策的目标、人口结构、经济增长速度等因素，慎重选择个人账户制度。尤其是没有国民年金的国家，第一支柱中引入个人账户尤其应该慎重。

第五，个人账户积累基金应该实施市场化管理和严格的监管制度。如果一国已经选择了个人账户积累制度，则应该真实积累资产并进行市场化管理，市场化管理意味着资本的市场配置和分享经济增长的成果，非市场化管理则会引起资本的误配置和较低的收益率。市场化管理同时也意味着更大的风险，严格的监管制度和资产配置政策是必须的，尤其是在金融市场不完善的国家。

参考文献

[1] 尼古拉斯·巴尔：《福利国家经济学》，郑秉文译，中国劳动社会保障出版社 2003 年版。

[2] 罗伯特·霍尔茨曼、约瑟夫·E. 斯蒂格利茨：《21 世纪可持续发展的养老金制度》，中国劳动社会保障出版社 2004 年版。

[3] 世界银行：《防止老龄危机》，中国财政经济出版社 1996 年版。

[4] 郑秉文：《欧亚六国社会保障"名义账户"制利弊分析及其对中国的启示》，《世界经济与政治》2003 年第 5 期。

[5] 李珍：《个人账户的风险及其控制》，《管理世界》1997 年第 11 期。

[6] 李珍：《社会保障制度与经济发展》，武汉大学出版社 1998 年版。

[7] 李珍：《中国社会养老保险基金管理体制选择——以国际比较为基础》，人民出版社 2005 年版。

[8] 李珍：《城镇职工基本养老保险政策评估》，《公共管理评论》

2009 年第 11 期。

[9] Aaron,Herry J. , "The Social Insurance Paradox", *Canadian Journal of Economics*, Vol. 32, August 1966.

[10] Axel H. Börsch-Supan, "What are NDC Systems? What do They Bring to Reform Strategies?" in Robert Holzmann, Edward Palmer, eds. , *Pension Reform: Issues and Prospects for Non-Financial Defined Contribution(NDC) Schemes*, Washington D. C. : World Bank, 2006.

[11] Barr, Nicholas, "Non-Financial Defined Contribution Pensions: Mapping the Terrain", in Robert Holzmann, Edward Palmer, eds. , *Pension Reform: Issues and Prospects for Non-Financial Defined Contribution (NDC) Schemes*, Washington D. C. : World Bank, 2006.

[12] Barr, Nicholas, "Reforming Pensions: Myths, Truths, and Policy Choices" IMF/WP/00/139, 2000.

[13] Diamond, Peter, "Government Provision and Regulation of Economic Support in Old Age", in M. Bruno and B. Pleskovic, ed. , *Annual Bank Conference on Development Economics*, Washington D. C. : World Bank.

[14] Feldstein, M. , "Social Security, Induced Retirement and Aggregate Capital Formation", *Journal of Political Economy*, Vol. 85, Iss. 5, 1974.

[15] Feldstein, M. , "The Case for Privatization", *Foreign Affairs*, July/August 1997.

[16] Feldstein, M. , "Introduction", in Martin Feldstein, eds. , *Privatizing Social Security*, University of Chicago Press, 1998.

[17] James, Estelle, "Policy Views from the World Bank Policy Research Complex", Washington D. C. , World Bank Working Paper, 1995.

[18] Palmer, Edward, "What Is NDC?" in Robert Holzmann, Edward Palmer, eds. , *Pension Reform: Issues and Prospects for Non-Financial Defined Contribution (NDC) Schemes*, Washington D. C. : World Bank, 2006.

[19] Orsag, Peter R. , Stiglitz, Joseph E. , "Rethinking Pension Reform: Ten

Myths about Social Security Systems", www. world-bank. org/pensions, 1999.

[20] Robert Holzmann, and Edward Palmer, "The Status of the NDC Discussion: Introduction and Overview", in Robert Holzmann, Edward Palmer, eds. , *Pension Reform: Issues and Prospects for Non-Financial Defined Contribution (NDC) Schemes*, Washington D. C. : World Bank, 2006.

[21] Samuelson, Paul A. , "An Exact Consumption—Loan Model of Interest With or Without Social Contrivance of Money", *Journal of Economic Literature*, Vol. 66, December 1985.

[22] The World Bank, *Averting the Old Age Crisis*, Oxford University Press, 1994.

责任编辑:陈 登

图书在版编目(CIP)数据

基本养老保险制度分析与评估——基于养老金水平的视角/李珍 著.
—北京:人民出版社,2013.6
ISBN 978-7-01-012193-2

Ⅰ.①基⋯ Ⅱ.①李⋯ Ⅲ.①养老保险制度-研究-中国 Ⅳ.①F842.67

中国版本图书馆 CIP 数据核字(2013)第 119871 号

基本养老保险制度分析与评估
JIBEN YANGLAOBAOXIAN ZHIDU FENXI YU PINGGU
——基于养老金水平的视角

李 珍 著

人民出版社 出版发行
(100706 北京市东城区隆福寺街 99 号)

北京瑞古冠中印刷厂印刷 新华书店经销

2013 年 6 月第 1 版 2013 年 6 月北京第 1 次印刷
开本:710 毫米×1000 毫米 1/16 印张:16.75
字数:230 千字

ISBN 978-7-01-012193-2 定价:35.00 元

邮购地址 100706 北京市东城区隆福寺街 99 号
人民东方图书销售中心 电话 (010)65250042 65289539